组织依恋：概念、影响因素及作用结果的实证研究

陈玉玲　著

中国经济出版社

2020 · 北京

图书在版编目（CIP）数据

组织依恋：概念、影响因素及作用结果的实证研究 / 陈玉玲著 .-- 北京：中国经济出版社，2020.5（2025.6重印）

ISBN 978-7-5136-6145-4

Ⅰ.①组… Ⅱ.①陈… Ⅲ.①组织行为学 Ⅳ.①C936

中国版本图书馆 CIP 数据核字（2020）第 068217 号

责任编辑　耿　园
责任校对　李若雯
责任印刷　巢新强
封面设计　华子图文

出版发行　中国经济出版社
印 刷 者　三河市同力彩印有限公司
经 销 者　各地新华书店
开　　本　710mm × 1000mm　1/16
印　　张　17.75
字　　数　236 千字
版　　次　2020 年 5 月第 1 版
印　　次　2025 年 6 月第 2 次
定　　价　78.00 元
广告经营许可证　京西工商广字第 8179 号

中国经济出版社 网址 www.economyph.com 社址 北京市东城区安定门外大街 58 号 邮编 100011
本版图书如存在印装质量问题，请与本社销售中心联系调换（联系电话：010-57512564）

出版说明

本书得到了国家自然科学基金项目“企业员工工作疏离感影响因素、形成机制及干预策略实证研究”（71272210）的支持，特别是受到了四川大学商学院陈维政教授的倾力指导与帮助，在此特别致谢！

前言

• PREFACE •

近年来，西方学术界在员工—组织关系研究领域出现了一个新的研究热点——组织依恋（organizational attachment），主要指员工对组织的情感联结（affectional bond），或者指员工对组织产生的情感依附和眷恋。当员工进入组织时，他们带着对组织的期待，希望组织能像他们心目中理想的“家庭”一般，给予他们所需要的支持，一旦离开组织，他们又表现出对组织的不舍和留恋。

西方学者研究发现，组织依恋对员工的工作态度和工作行为有较大的影响作用，会直接影响员工的工作满意感、组织承诺、组织公民行为和工作绩效等，因此，组织依恋对研究员工与组织关系及其影响作用有着重要意义。但是，组织依恋在我国理论界还是一个较为陌生的概念，搜索中文数据库发现，与此相关的论文仅有寥寥数篇。

基于此，本书首先界定了组织依恋的概念，通过文献研究和访谈，归纳和提炼组织依恋的影响因素与边界条件，并基于依恋理论和社会交换理论构建理论模型；其次，以中国企业员工为研究对象，按规范的流程开发组织依恋问卷；最后，通过数据分析实证各变量之间的关系，并提出相应的管理对策。

本书有助于读者了解组织依恋相关研究的前沿动态，既可作为广大管理理论工作者的研究参考书和高等院校相关专业学生的教材，也可作为各类组织尤其是企业经营管理人才的参考用书。

目录

• CONTENTS •

第 4 章 中国企业员工组织依恋问卷的开发

第 5 章 研究方法及样本的描述性分析

·第1章　绪论·

本章主要阐述研究背景，提出研究问题、研究目的与研究意义，介绍研究的主要内容和采用的研究方法，以及研究的技术路线和本书的主要创新点，最后是本书的章节安排。

1.1　研究背景与研究问题

1.1.1　研究背景

在计划经济时代，我国企业实行单位制管理，个人和单位的关系由于单位垄断性分配资源的机制而变得异常紧密（李汉林，2014）。不仅如此，在许多单位存在夫妻、父子及兄弟姐妹在同一单位工作的情况，人们在单位中可获得人际关怀和情感归属（揭爱花，2000）。改革开放以后，特别是在中国经济迅速发展的今天，国家或全民所有的企业在整个中国社会中所占比重迅速下降，取而代之的是民营、外资或大量混合经济形态的股份制企业（李汉林，2014）。员工和组织的关系由原来靠单位制紧密绑定在一起变得越来越灵活和松散，尤其是在当前互联网高速发展和信息技术日新月异的背景下，员工和组织的关系面临着新的问题和挑战。

受几千年传统文化的影响，组织在某种程度上就像是员工的另一个家。尽管经历了经济体制的改革，但长期文化积淀形成的行为惯性以及组织与制度变迁过程中的“路径依赖”，使得中国单位组织中的价值观念和行为规范不可能马上消失，仍然可能以不同的方式反映出来（李汉林，2014）。不可否认，这种非单位组织中单位化倾向的存在，的确给员工带来了保障、安全和人情温暖，但是如果像计划经济时期那样，员工和组织的关系非常紧密，不仅会加重组织的负担，也会导致员工对组织的无尽依赖；而另一个极端是，如果员工和组织的关系过于松散，既不利于员工—组织关系的持续，也不利于员工和组织的共同发展。

此外，尽管分享经济、无边界组织、虚拟组织等理念的兴起给员工和组织的关系带来了更多的可能性，如员工和组织之间不再是雇佣关系，转而变成合作或者加盟的关系，员工和组织显性的关系可能会变得更加多元，但无论怎样改变，员工和组织隐性心理上的联结仍然不能替代个体同组织的真实联结，这对于个体的生存和适应至关重要。

基于此，本书以当前中国企业员工为研究对象，从员工与组织双方的角度分析如何促进员工对组织的依恋进而促进员工的态度和行为的改变。本书以依恋理论为切入点，重点围绕“组织依恋”这一核心概念，就组织依恋的内涵、维度、测量，以及组织依恋的影响因素和作用结果展开了一系列的研究。

1.1.2 研究问题

人的一生从出生到死亡离不开和他人的相处。在婴儿期，个体依靠养育者给予关怀和照顾，以便生存；进入学校后，个体与老师和同学建立联系，以获取知识和与同伴相处的能力；成年后，个体步入社会进入职场，也离不开与领导、同事和客户的沟通和交流。人们通过与他人的互动，满足自己被接纳、被尊重、被关注和自我实现等的需要。学者们经过研究发现，个体如果能在早期得到养育者（主要是母亲）的良好照料，成年后会更自信，也更容易与他人建立互信的关系，遇到困难和挫折时心态也更积极，在组织中的工作态度和工作绩效也更好。而如果在早期与养育者的互动中，养育者不够敏感、回应不及时、回应不一致，个体得到的关爱就会不足或质量不高，个体的需求特别是心理需求就不会得到合理的满足，内心会产生较强烈的匮乏感；如果这样的感受持续存在，个体要么会无意识地压抑，变得过于独立而忽略人际交往；要么过于需要外界的认同和关注，担心自己不被他人接纳。这两类人不仅在人际相处中存在一些困难，他们的工作绩效和工作满意感也差强人意（Hazan et al.，1990；Mikulincer et al.，2005）。

有研究指出，员工与组织的关系和儿童与养育者的关系具有一定的相似性（Misciagna，2005；Clair，2000）。关于儿童与养育者关系的研究，最著名的莫过于精神分析学家 Bowlby 提出的依恋理论。Bowlby 提出，婴儿期个体与养育者关系的质量，影响着个体一生的认知、情感和行为模式（Collins et al.，2004）。因此，当员工进入组织时，必然带着早期和父母互动的经验，内心承载着对组织的期待，希望组织能像他们心目中理想的“父母”一般，给予他们所需的支持。当员工遭遇困难、压力和挫败时，组织能够给员工提供保护和安慰，此时组织具有安全港湾（safe haven）的功能；而当员工感到安全时，组织能够鼓励员工进行探索和创造，此时组织又具备了安全基地（secure base）的功能（Ainsworth et al.，1991）。具备安全港湾和安全基地功能的组织，比较容易使员工对其形成持久、稳定的联结；反之，如果组织不能满足员工的期待，员工与组织的关系就容易被破坏，可能导致员工工作效率低下和产生离职倾向（Clair，2000）。

本书基于依恋理论，沿袭从个体对他人的人际依恋（Hazan et al.，1987）到个体对组织的依恋这一研究脉络（Hazan et al.，1990；Clair，

2000），通过回顾依恋研究的演化，重点研究员工对组织的依恋。“组织依恋”一词早在20世纪70年代就出现在外国文献中，用来研究学校职员的缺勤行为（Gibson et al.，1972），迄今已有四十余年。而“组织依恋”在我国理论界还是一个较为陌生的术语，与此相关的论文仅有几篇，对组织依恋的研究还相对不足。

根据传统经济学的观点，人力资源与物资资源、金融资源一样都是生产要素，都应该在市场中流动，达到最优配置，从而实现要素的效率最大化。从效率的角度来看，经济学的观点无疑是正确的。但是，经济学只注意到了效率的最大化，却忽略了人力资源不同于其他生产要素，其载体是活生生的、有血有肉的、有情感的人。作为人力资源的企业员工，在市场机制的调节下流动于不同的企业，不可避免地会产生与原工作单位和工作环境撕裂的心理挫伤。但是，如果企业都像计划经济时代那样实行终身雇佣制，员工虽然不会经受与其工作单位相分离的阵痛，但“铁饭碗”制度只会导致员工对企业的无尽依赖，丧失工作积极性和创新精神，最终导致企业乃至整个社会的沉沦。我国过去几十年计划经济和国有企业终身雇佣制的惨痛教训，早已证明了这一点。

随着中国成为全球第二大经济体，我国当前面临的内外部环境更加复杂和多元，已不能像计划经济时代那样实行固定用工制，员工面临的机遇和挑战也层出不穷，他们往往会主动寻求变化，加入更能满足其需要的组织。一方面，员工和组织的利益需要兼顾和平衡，既不能让员工过度依赖组织，也不能不顾员工的需要，使员工失去对组织的信赖；另一方面，中国的企业和员工面对着前所未有的变革，要在复杂多变的情境下保持相对持久和稳定的“依恋”比较困难。但无论外在环境如何变化，企业需要兼顾发展和稳定，需要员工积极、主动地投入，员工也需要在组织中获得安全感和归属感。基于上述分析，本书提出如下的具体研究问题：

第一，尽管西方学者提出了组织依恋的概念，并对此进行了界定，但几乎未能基于依恋理论提出组织依恋的概念。那么在当前中国组织情境中，组织依恋的概念如何界定？包括哪些维度？

第二，通过文献和访谈，可归纳和提炼的影响员工组织依恋的因素有哪些？企业内部存在的哪些因素可促使员工对组织产生依恋？

第三，如何测量组织依恋？已有的研究大多用其他变量进行替代测量，但未能测量组织依恋本身；且用来代替的变量多是组织依恋的因变量，容易造成自变量与因变量的混淆。组织依恋的操作化是本书实证的起点。

第四，组织依恋的影响因素对组织依恋有着怎样的影响？本书拟将组织依恋类型和企业用工模式作为调节变量，这两个因素是否在组织依恋影响因素与组织依恋之间起调节作用？通过结构方程模型的分析，能否找到影响组织依恋的核心因素？

第五，组织依恋对员工的工作满意感和组织公民行为有着怎样的影响？

第六，组织依恋在影响因素与作用结果之间是否起到中介作用？组织依恋是否能够揭示组织内影响因素与作用结果之间的中介机制？

第七，如何促进员工的组织依恋？有哪些管理建议和启示？

1.2　研究目的与研究意义

1.2.1　研究目的

目前国内对组织依恋的研究比较有限，而国外学术界对组织依恋却越来越关注，组织依恋逐渐成为员工组织关系研究领域的一个理论热点

（Davidovitz et al.，2007）。通过文献研究，可以发现国外对组织依恋的研究主要呈现出了两个方向：一是提出了组织依恋的概念，在组织依恋的测量方面，采用其他变量的组合，如正向的情感性组织承诺、组织认同、组织公民行为与负向的离职倾向、缺勤行为等相结合进行替代（Tsui et al.，1992；Gonzalez et al.，2009；van Olffen et al.，2007）；二是基于依恋理论，研究了个体在组织中与领导、同事、整个组织形成的依恋类型（attachment styles），以及不同的依恋类型下个体态度和行为的表现。然而，无论是用替代变量进行研究，还是研究依恋类型，都未对组织依恋概念本身进行研究。

此外，组织依恋的理论基础来源于依恋理论，但其与母婴依恋、成人依恋等人际依恋有所不同。已有的大部分研究更倾向于把依恋看成个体的一种人格特质（Ross et al.，2001），而组织依恋其实是一种关系（Clair，2000），受到依恋主体和依恋对象的影响。因此，本书围绕组织依恋的内涵、维度与测量，从关系互动的角度研究组织依恋的影响因素以及组织依恋对员工态度和行为的影响。本书主要的研究目的如下：

第一，对中国企业员工组织依恋概念进行界定。在回顾国内外已有研究的基础上，基于依恋理论，对组织依恋的概念进行界定，为后续研究奠定理论基础。

第二，对组织内组织依恋影响因素进行梳理。根据组织依恋的定义，从依恋对象入手，归纳有哪些因素可能会对组织依恋产生影响。通过文献研究发现，领导和同事是个体在组织中的重要他人，领导风格以及同事间的人际氛围对员工的组织依恋可能有重要影响，需要通过实证加以验证。同时通过访谈发现，组织为员工提供的薪酬和发展机会也是一个重要因素，本书将其界定为组织投入。那么，组织投入是否对组织依恋产生显著影响？除此之外，员工的组织依恋类型作为个性特征与企业采用的用工模式是否在影响因素与组织依恋之间起调节作用？

第三，针对我国企业员工的组织依恋问卷进行开发。基于文献回顾并结合深度访谈，按照问卷开发的程序开发中国企业员工组织依恋问卷。已有研究大多把组织依恋看作一个整合的概念，在测量时采用其他变量加以替代，而对于为什么要用这些变量并没有进行解释，同时在采用替代变量的时候也大多根据研究者的主观选择而未形成统一的标准。因此，本书需要开发中国企业员工的组织依恋问卷，真正测量组织依恋本身，并明确组织依恋的维度结构。

第四，对组织依恋的作用结果进行梳理，并提出整合研究模型。组织依恋作为员工的态度变量，是否会对其态度和行为产生积极的影响？已有研究主要探索了依恋类型对员工的态度和行为变量的影响（如工作满意感、组织承诺、组织公民行为等），但鲜有研究探索了组织依恋对员工的态度和行为的影响。本书选取工作满意感和组织公民行为作为结果变量，以实证组织依恋的影响，同时构建组织依恋影响因素与作用结果的整合模型，进一步实证组织依恋是否在前因与结果之间起中介作用。

第五，通过实证分析结果并结合案例研究，从企业和员工双方的角度提出促进企业员工组织依恋的管理启示。

1.2.2 研究意义

1.2.2.1 理论意义

本书基于依恋理论，并结合国内外已有研究，进一步完善和丰富了组织依恋的概念，将组织依恋界定为个体对所在组织的情感联结。而“情感联结”表现为个体基于对组织的认同而产生的对组织的信赖感和归属感，也表现为个体将要离开组织时对组织的留恋。

基于国内外学者对组织依恋影响因素的分析，结合访谈加以验证和补充，归纳出中国情境中组织依恋的影响因素，包括领导风格、人际氛围和组织投入，并构建了理论模型，为后续研究提供研究框架。

按照问卷开发的流程，开发了中国企业员工组织依恋问卷。该问卷与现有的用替代变量测量组织依恋的方法不同，也与单纯地测量依恋类型的量表有所差异，为后续进一步的研究提供了研究工具。

本书具体选取家长式领导、人际氛围和组织投入作为前因变量，并通过结构方程模式比较这些因素对组织依恋影响的差异，为企业促进员工组织依恋的策略提供理论支撑。

本书对组织依恋类型是否在组织依恋影响因素与组织依恋之间起调节作用进行了实证分析，同时对企业的用工模式是否起调节作用进行了验证，从而丰富和拓展了影响组织依恋的边界条件。

本书选取员工工作满意感和组织公民行为作为组织依恋的作用结果，实证了组织依恋在各影响因素与作用结果之间的中介作用，为找到组织内影响因素与员工态度和行为之间的"黑箱"提供了理论支持。

1.2.2.2 实践意义

"互联网 +"时代以及分享经济的来临，给中国企业带来了机遇，也带来了前所未有的挑战，如何更好地留住人才、用好人才、发挥人才的积极性和创造性，是企业管理者面临的共同问题。本书希望给企业管理者促进企业员工对组织的依恋带来借鉴，这对于提升组织凝聚力、促进企业长期持续发展具有重要意义。具体来看，本书的实践意义体现在以下几个方面：

本书有助于企业管理者根据开发的组织依恋问卷，通过实测和分析了解本企业员工组织依恋的现状；同时有助于管理者根据实证的结果，采取有利于员工组织依恋的领导风格、营造出和谐的人际氛围以及给员工提供发展机会和有吸引力的薪酬，从而促进员工对组织的依恋，并对不适应管理需要的影响因素进行调整和转变。

本书将实证员工的组织依恋类型与企业用工模式对组织依恋的影响效果，找到影响组织依恋的边界条件和情境因素，帮助企业管理者重视员工的组织依恋类型以及选择适合员工组织依恋的用工模式。

本书有助于企业管理者重视员工的组织依恋与员工态度和行为之间的关系，通过营造有利于员工组织依恋的因素进而提高员工的工作满意感和组织公民行为。

本书根据实证分析的结果，结合个案分析，归纳和整理出提高企业员工组织依恋的管理策略，为企业管理者提供可行的管理建议。

1.3　研究内容与研究思路

1.3.1　研究内容

首先，本书在大量文献研究的基础上，对组织依恋的内涵、类型和维度进行了梳理，并结合访谈，归纳和提炼出组织依恋的影响因素，并依据问卷开发的流程开发出中国企业员工的组织依恋问卷。其次，就家长式领导、人际氛围以及组织投入对组织依恋的影响作用进行了系统分析，通过结构方程模型，将三种影响因素同时纳入模型以揭示哪种影响因素更有利于提高员工的组织依恋。再次，对组织依恋的影响作用进行实证研究，验证中国企业员工的组织依恋与工作满意感和组织公民行为的关系。最后，选取某一家企业作为案例，进一步验证和完善理论，并就如何促进员工对组织的依恋提出对策建议。具体来说，本书的研究内容可以分为以下几个部分：

系统地梳理了组织依恋的相关研究，包括组织依恋的概念、类型、维度、测量方法以及组织依恋的影响因素和作用结果，并构建了整合的理论模型。

基于国内外组织依恋已有研究和对企业员工的访谈，按照问卷开发的流程和方法开发中国企业员工组织依恋问卷，为后续实证研究打下基础。

实证家长式领导、人际氛围和组织投入对组织依恋的影响作用，检验员工的组织依恋类型和企业用工模式在组织依恋影响因素与组织依恋之间的调节作用。

实证组织依恋对工作满意感和组织公民行为的影响，进一步分析组织依恋在家长式领导、人际氛围、组织投入与其结果变量之间的中介作用，明确组织依恋在各影响因素与其作用结果之间的中介机制。

选取有代表性的企业作为个案进行深入分析，通过访谈归纳出该企业组织依恋的影响因素，并通过问卷调查分析组织依恋对工作满意感和组织公民行为的影响。从较大规模的数据调研到个案分析，多角度验证本书的研究结论，同时也发现个案的独特性，为企业提供有针对性的对策建议，并为其他类似企业提供指导和借鉴。

本书构建了以家长式领导、人际氛围、组织投入作为组织依恋的前因变量，组织依恋类型和用工模式作为调节变量，工作满意感和组织公民行为作为结果变量的理论模型，如图 1-1 所示。

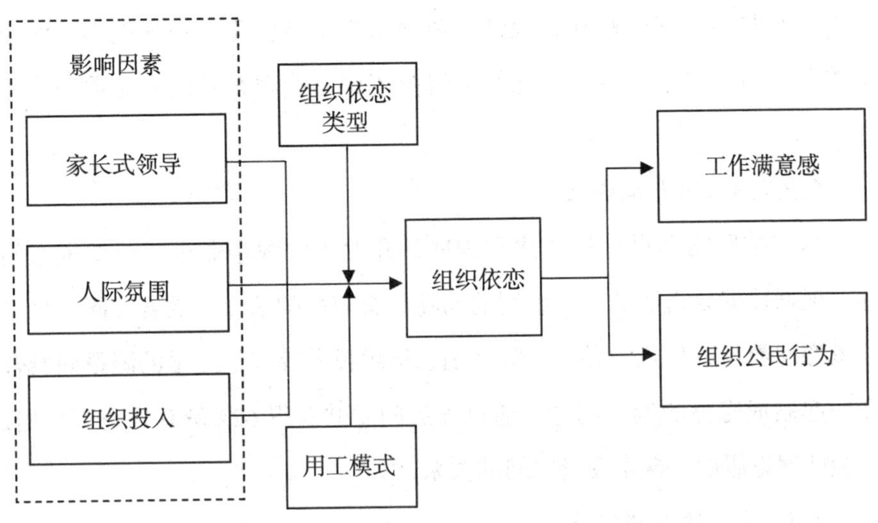

图 1-1　组织依恋影响因素及作用结果的综合理论模型

1.3.2　研究方法

本书运用文献研究、访谈、问卷调查以及案例分析的方法，针对上述内容展开研究。具体而言，本书主要采用的研究方法如下：

1.3.2.1　文献研究法

本书通过大量的文献阅读，对组织依恋的相关文献进行整理和分析，重点集中在组织依恋的概念、类型、维度、测量方法以及组织依恋的影响因素和作用结果等方面。通过对前人研究的阅读与梳理，总结了组织依恋领域的研究现状和已有研究成果，并在此基础上明确了本书的研究方向和要解决的研究问题。

1.3.2.2　访谈研究法

深入企业，与企业的管理者及普通员工进行访谈，了解员工组织依恋的具体表现以及组织依恋的影响因素。在正式访谈前，将设计好的访谈提纲和人力资源与组织行为学领域的专家进行讨论，并通过预访谈进一步确保访谈问题的可理解性和有效性。访谈采用半结构化的访谈提纲，按照受访者的回答收集词条，以此作为组织依恋影响因素及问卷题项的来源之一。

1.3.2.3 问卷调查法

本书按照问卷设计的方法和程序，开发了中国企业员工组织依恋问卷。根据数据分析的结果，编制的问卷具有较高的信度和效度。同时将组织依恋问卷与家长式领导、人际氛围、组织投入等其他变量的测量问卷合在一起制成完整的调查问卷。通过发放问卷共获得 622 份有效研究数据，并验证理论假设，探索变量之间的关系。

1.3.2.4 案例研究法

问卷调查只能获得大规模的调查结果，相对缺乏针对性，因此本书辅以案例研究方法对组织依恋影响因素、作用结果和管理策略进行分析和探讨。本书选取一家有代表性的企业作为研究对象，一方面分析该企业独特的影响因素，另一方面通过数据分析验证组织依恋的影响结果，并为企业提出有针对性的管理建议。

1.3.2.5 数据分析法

本书运用统计分析方法分析变量之间的关系，主要运用 SPSS 软件进行数据的初步分析，包括描述性统计分析、变量间相关分析、独立样本 T 检验、单因素方差分析、探索性因子分析、变量的信度及效度检验、回归分析等，运用 AMOS 软件进行验证性因子分析以及对组织依恋影响因素和作用结果的竞争模型进行比较。

1.3.3　技术路线和章节安排

1.3.3.1　技术路线

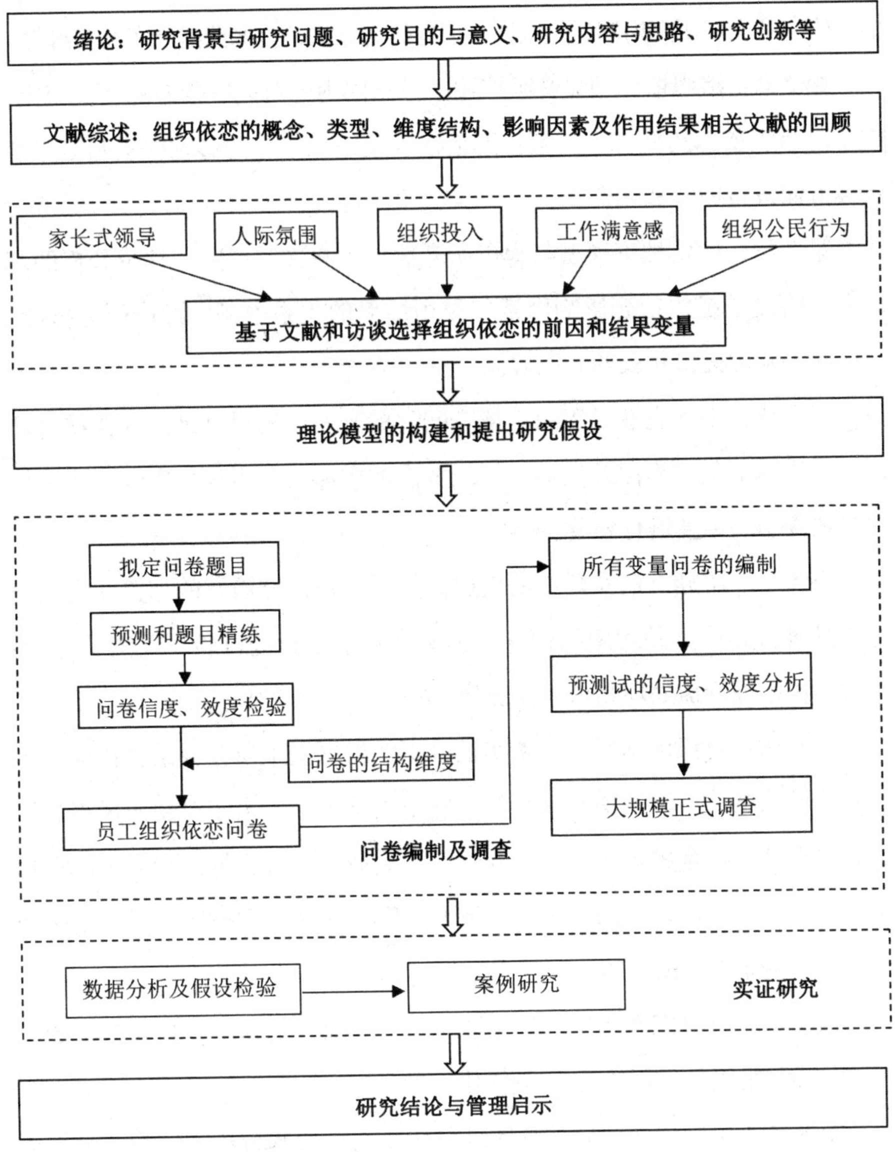

图 1–2　研究的技术路线

1.3.3.2 章节安排

本书每章节具体内容如下：

第1章：绪论。本章主要对整个研究进行概述，包括研究背景、研究目的、研究意义和研究内容，并阐述本书的研究方法、技术路线和章节安排等。

第2章：组织依恋相关文献综述。包括国内外对人际依恋的相关研究，重点对组织依恋的概念、类型、测量，以及组织依恋的影响因素和结果变量等方面进行回顾和述评。

第3章：构建理论模型与提出研究假设。在文献研究、理论分析的基础上，构建了组织依恋影响因素与作用结果的关系模型，形成研究框架，并在此基础上提出相关的研究假设。

第4章：中国企业员工组织依恋问卷的开发。通过文献研究并结合访谈，采用规范化的程序开发员工组织依恋的问卷，并根据探索性因子分析对组织依恋的维度进行划分。

第5章：研究方法及样本的描述性分析。对研究涉及的相关变量的测量工具进行介绍，并运用结构方程模型对测量工具进行验证性因子分析，对调查数据进行预处理和描述性统计分析。

第6章：组织依恋影响因素实证分析。根据文献研究并结合访谈，主要从领导风格、人际氛围和组织投入三个因素入手。由于对领导风格的研究非常丰富，结合中国企业员工的特点，选择家长式领导进行分析。通过回归分析验证上述影响因素对组织依恋的影响作用，同时验证员工组织依恋类型和企业用工模式的调节效应。

第7章：组织依恋作用结果实证分析。主要分析组织依恋对员工的工作满意感和组织公民行为的影响作用。

第8章：组织依恋中介效应实证分析。运用回归分析方法验证组织依恋的中介作用，明晰影响因素对员工工作满意感和组织公民行为产生影响的内在路径。

第 9 章：案例研究。选择一家有代表性的企业，发现影响该家企业员工组织依恋的因素，并检验组织依恋与作用结果之间的关系，为企业提出有针对性的建议。

第 10 章：研究结论与管理启示。对研究结论进行归纳并指出本书对企业管理者的启示，同时提出本书的研究局限以及未来的研究展望。

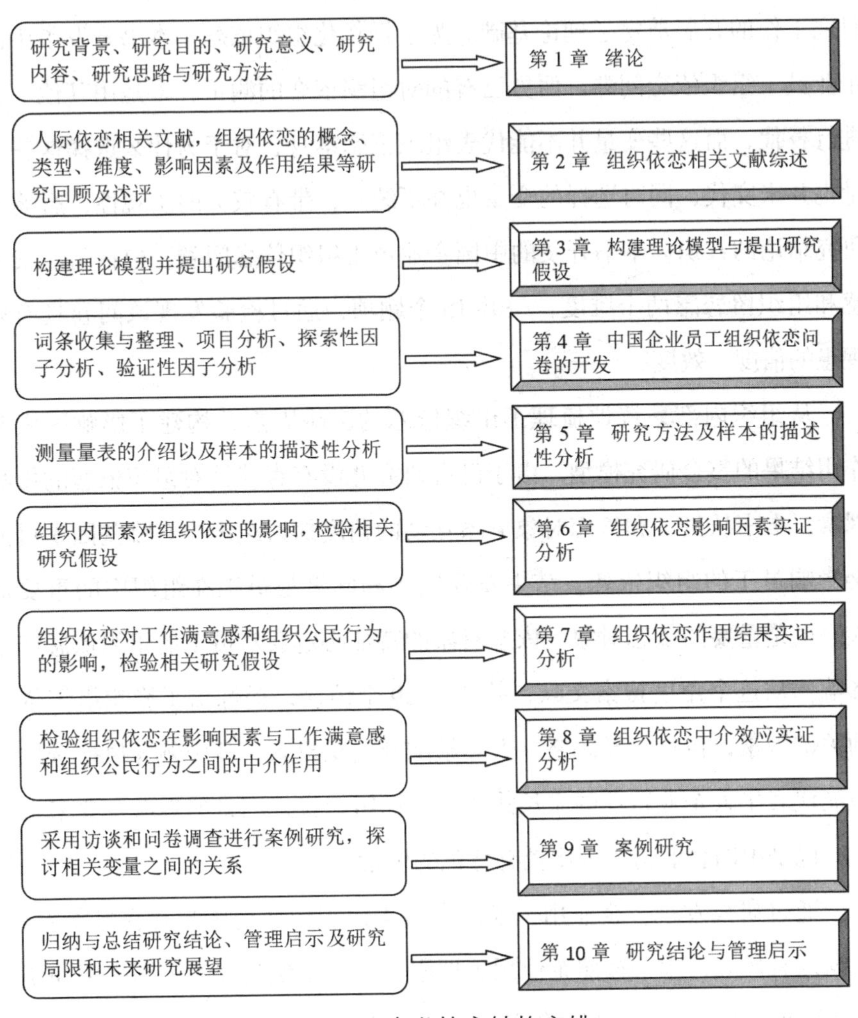

图 1-3 本书篇章结构安排

1.4 研究创新

本书基于组织依恋相关研究成果，通过文献研究和深度访谈等方法明晰了组织依恋的概念、维度、测量以及组织依恋的影响因素和作用结果，本书的特色与创新之处主要体现在以下几个方面：

结合已有研究并基于依恋理论对组织依恋的概念进行了界定，为后续研究工作的开展奠定了理论基础。为了操作化组织依恋，本书开发了中国企业员工组织依恋问卷。西方已有的对组织依恋的测量，多是用其他变量进行替代，而这些变量并不能代表组织依恋本身，对于为什么选择这些变量也并未交代，同时选择的变量也并不统一，带有较大的主观性，影响了研究结论的共识。本书开发的中国企业员工组织依恋问卷，包括组织安全感和组织留恋感两个维度，一共 15 个题项，通过检验发现该问卷具有较理想的信度、效度。

从组织内部系统地梳理了组织依恋的影响因素并构建了影响因素与作用结果的整合研究模型。由于已有研究并没有直接针对组织依恋的影响因素，本书从员工和依恋对象关系互动的角度探讨组织中有哪些因素可能会影响员工的组织依恋，结果发现领导和同事是员工在组织中的重要他人，也是重要的依恋对象。依恋对象的特征必定会对员工的组织依恋产生影响。从这个角度搜索文献，并结合 29 个访谈，提炼出了影响组织依恋的关键因素，包括领导风格、人际氛围及组织投入。其中领导风格选取了最能代表华人企业特征的家长式领导，而组织投入因素的选取主要来自访谈，也是中国企业情境中比较有特色的因素。

通过研究发现，企业用工模式对员工组织依恋的影响存在显著差异。根据已有研究，本书按照企业用工期限，将用工模式分为短期用工和长期用工两种。短期用工包括 3 年及以下劳动合同用工及劳务派遣和外包用工，长期用工包括 3 年以上劳动合同用工及无固定期限劳动合同用工。通过对企业用工模式的分组回归分析，发现企业用工模式是影响员工组织依恋的一个重要边界条件。

1.5　本章小结

本章主要阐述了本书的研究背景，提出了研究问题、研究目的、研究意义和研究内容，介绍了研究思路与采用的研究方法，以及本书的结构安排、主要创新点。对上述问题的系统梳理，为后续的理论分析以及实证研究奠定了基础。

·第 2 章　组织依恋相关文献综述·

本章从依恋理论的变迁和发展入手，回顾了人际依恋的概念，内部工作模式，人际依恋的类型、维度和测量方法，重点回顾了组织依恋的概念、类型、维度、测量，以及组织依恋的影响因素和作用结果。

2.1　人际依恋

2.1.1　人际依恋的概念

目前绝大多数对依恋的研究都集中在个体与他人的关系上，发生在人与人的互动中，包括母婴依恋和成人依恋。

20 世纪 60 年代，精神分析学家 Bowlby（1969）在观察了婴儿与照看者（主要是母亲）分离的表现后，提出了依恋理论，即婴儿与照看者之间形成的一种特殊的情感联结。

Hazan et al.（1987）研究发现，依恋理论同样适用于成人，并提出了成人依恋（adult attachment）的概念。成人依恋是指成人与重要他人（significant others）之间的情感联结。

2.1.2 内部工作模式

个体与生俱来有与依恋对象接近以免除自己在面临困境时受到心理和身体威胁的倾向（Mikulincer et al.，2005），而照看者的回应和敏感性影响着个体从出生直至成年后对自己和他人的看法。这种个体在早期依恋关系的基础上发展出来的关于自我和他人的表征被称为内部工作模式（internal working model）（Collins et al.，2004）。早期关于内部工作模式的研究主要关注依恋类型的稳定性和持续性（Elicker et al.，1992；Rothbard et al.，1994）；而 Collins et al.（1994）和 Ijzendoorn et al.（1997）研究指出，个体的内部工作模式是分层次的，个体面对不同的依恋对象，其依恋类型可能有所不同，Lieberman et al.（1991）甚至指出个体与同一个依恋对象的依恋类型也会发生变化。越来越多的研究发现，随着生活、工作环境的改变，很多人在成长过程中改变了自己的依恋类型（王争艳等，2005；Ross et al.，2001；Fraley et al.，2000），这说明即使早期与养育者的依恋关系并不理想，个体的内部工作模式仍然有可能发生改变。这为本书研究组织依恋，找到影响组织依恋的因素，并提出相应的管理措施提供了理论依据和现实可能。

2.1.3 人际依恋的类型、维度与测量

2.1.3.1 人际依恋的类型

（1）母婴依恋的类型

Ainsworth et al.（1991）通过陌生情境实验（strange situation procedure）观察婴儿在母亲“分离”与“在场”的不同情境下适应陌生环境、体验分离焦虑以及与陌生人相处的不同反应，并根据观察总结了三种不同的婴儿依恋类型：安全型（secure）、回避型（avoidant）和焦虑矛盾型（anxious/ambivalent），回避型和焦虑矛盾型合称非安全型依恋（Misciagna，2005）。

安全型依恋的婴儿在他们感到安全时，能够主动探索周围的环境，在他们感到不安全的时候，能从与母亲的联结中获得安慰；回避型依恋的婴儿无论母亲在场还是离开，都显得无动于衷，只是不停地探索着周围的环境，看起来容易被人误解为平静，但实则是一种防御性适应；焦虑矛盾型依恋的婴儿离不开母亲，无法自主探索周围的环境，对母亲的离开表现出特别悲伤（Wallin，2014；顾思梦，2014）。Main et al.（1990）发现了第三种非安全型依恋，即未解决型 / 混乱型（unresolved/disorganized）。这类婴儿在陌生的环境中或面对陌生人时，往往会表现出杂乱无章或缺乏组织的行为，具有很大程度的不安全感，并表现出敏感、恐惧以及面对养育者时过分任性等特征（张伶，2012）。

（2）成人依恋的类型

Hazan et al.（1987）依据 Ainsworth 的分类，将成人之间的依恋关系也分为安全型、回避型和焦虑矛盾型（简称焦虑型）三种。安全型指既能保持独立也能保持与他人的密切关系，信赖他人也乐意被他人信赖，在人群中大约占 56%；回避型指对亲密感到不安，很难完全信赖他人，希望保持一定的心理距离，约占人群的 24%；焦虑型指看重他人对自己的看法，担心不被接纳，过于渴求密切的人际关系，约占人群的 20%。

除了 Hazan et al.（1987）提出的成人依恋的三种类型外，Bartholomew et al.（1991）基于内部工作模式的自我（self）和他人（others）维度，把成人依恋划分为四种类型，即安全型、先占型（preoccupied，又称迷恋型）、冷漠型（dismissing）和恐惧型（fearful）。安全型的个体积极看待自己和他人，即认为自己是有价值的、值得关心的，他人是敏感的、友善的、能够也愿意提供帮助的，因此安全型的个体既能够与他人保持较亲密的关系，又能够保证一定的独立自主性，不会过度依赖他人；先占型的个体积极看待他人而消极看待自己，在关系中会显得过于关注他人和过度依赖他人，害怕被别人抛弃；冷漠型的个体积极看待自己而消极看待他人，他们认为自己有能力，但认为他人不值得信赖，在人际关系中表现为对关系的拒绝和排斥；恐惧型的个体看待自我和他人都是消极的，认为自己不值得别人的爱或者无法得到别人的关心，他人是不可靠的，害怕与他人建立亲密关系（陈国鹏，2013）。

2.1.3.2 成人依恋的维度

除了按类型来划分外，还有研究者用维度来划分成人依恋，将成人依恋分为焦虑和回避两个维度（Brennan et al.，1995）。焦虑维度指害怕被拒绝和被抛弃，回避维度指对他人的亲近和依赖感到不舒服（陈燕蕾等，2008）。结合 Bartholomew et al.（1991）的四种成人依恋类型，成人依恋的类型和维度可综合考虑，即安全型依恋表现为低焦虑低回避，先占型依恋表现为高焦虑低回避，冷漠型依恋表现为低焦虑高回避，而恐惧型依恋表现为高焦虑高回避（钟歆等，2013）。

2.1.3.3 成人依恋的测量

Hazan et al.（1987）将依恋理论用于成人依恋后，推动了成人依恋的相关研究，而成人依恋理论的丰富和发展离不开测量工具的完善。通过文献回顾可以发现，成人依恋的测量方法主要包括访谈法、问卷法和投射法。其中访谈法和问卷法更为常见，投射法由于对研究者的要求高而且需要经过专业的培训，一定程度上限制了其使用。

（1）访谈法

成人依恋访谈（adult attachment interview，AAI）是由 George、Kaplan 和 Main 于 1985 年开发设计的半结构式访谈。AAI 要求被访对象对其早期依恋关系、失去依恋对象以及与依恋对象分离等经历进行回顾和描述，并对这些经历在其个人发展过程中的影响加以评价（周春燕等，2004）。访谈的问题如“请用五个形容词描述自己小时候与父母的关系，并举例说明”“能否描述自己第一次与父母的分离”等。AAI 将成人依恋类型分为安全型、迷恋型、冷漠型和未解决型 / 混乱型四种（Wallin，2014）。安全型、迷恋型和冷漠型的特征前文已有介绍，对于未解决型 / 混乱型的个体而言，他们往往有严重的未解决的依恋创伤，兼具冷漠型和迷恋型的特征（周春燕等，2004）。

依恋访谈（attachment interview，AI）是由 Bartholomew et al.（1991）基于 Bowlby 的内部工作模式设计的。AI 要求被访者描述当感到孤独和遭遇困境时，对朋友、伴侣等重要关系的信任程度以及对自己状态的评估。AI 将依恋类型分为安全型、先占型、冷漠型和恐惧型四种。

（2）问卷法

成人依恋类型（adult attachment styles，AAS）是由 Hazan et al.（1987）开发的一种自陈量表，由简短的三段式描述组成。该量表把成人依恋类型分为安全型、回避型和焦虑型三种。

亲密关系经历量表（修订版）（experiences in close relationships revised，ECR–R），是由 Fraley et al.（2000）基于 Brennan（1998）编制的 ECR 量表修订的，共 36 个题项，分为依恋回避和依恋焦虑两个维度。Smith et al.（1999）对 ECR 量表进行了改编，形成了社会团体依恋量表（social group attachment scale，SGAS），国内学者李同归等（2012）对 SGAS 进行了修订，形成了适用于中国情境的团体依恋量表（GAS）。

成人依恋量表（adult attachment scale，AAS）由 Collins et al.（1990）设计。该量表共有 18 个条目，分为三个因子：信赖、亲近和焦虑。信赖因子描述当一个人需要帮助时对他人的信任程度；亲近因子指一个人对他人的接近和亲密感到舒适的程度；焦虑因子是衡量一个人对被抛弃和不被爱的担心程度。其中，信赖因子和亲近因子与回避维度有关，焦虑因子与焦虑维度相关（Ravitz et al.，2010）。AAS 主要测量依恋维度，再把依恋维度转化为依恋类型（吴薇莉等，2004）。

此外，还有关系问卷、成人依恋问卷等测量方法。关系问卷（relationship questionnaire）是由 Bartholomew et al.（1991）开发的。与 Hazan et al.（1987）的测量工具类似，由四段描述组成，用来测量安全型、先占型、冷漠型和恐惧型四种依恋类型；成人依恋问卷（adult attachment questionnaire, AAQ）由 Simpson et al.(1996）开发，将成人依恋分为安全型、回避型和焦虑型三种。

（3）投射法

成人依恋投射法（adult attachment project，AAP）由 George et al.（2001）提出。AAP 通过围绕图片讲故事的方式，使被试降低心理防御，呈现真实的依恋体验和感受。AAP 一共有八张图片，除一张较为中性外，其余七张均与依恋情境有关，图片上会标明场景或事件，如"分离""角落里的孩子""墓地"等，而图上人物的面部表情和其他信息都不确定，需要被试描述完成。根据被试的描述，AAP 把依恋类型分为安全型、先占型、冷漠型和未解决型。

值得注意的是，在正式施测中，研究者们通常会将那些指代母婴依恋或成人依恋的词汇进行修订，以测量在工作情景中个体与他人或个体与团体的依恋类型或维度。

2.2 组织依恋

2.2.1 组织依恋的概念

Hazan et al.（1990）不仅将依恋理论用于研究成人依恋，还将其运用于组织工作情境，探索不同依恋类型的员工在工作中的态度和行为差异。除此之外，也有文献直接提到组织依恋的概念。Gibson 和 Lafornara 在 1972 年就运用“组织依恋”对学校职员的缺勤行为进行研究。近年来，越来越多的西方学者开始将员工在工作情境中的人际依恋研究扩展到员工对组织的依恋研究，但学者们对“组织依恋”的界定并不一致，通过梳理，大致可以分为以下三类：

一是将组织依恋界定为个体对组织的情感联结和依赖，如 Sahu et al.（2014）指出组织依恋是个体对所属组织的心理联系。

二是将组织依恋界定为个体对组织的投入程度，如 Tsui et al.（1991）将组织依恋界定为个体对其所在的社会群体或单位的心理和行为投入。有不少学者采用这一定义，如 Stainback et al.（2012）、Gonzalez et al.（2009）、Pelled et al.（1997）等。

三是将组织依恋界定为个体对组织的认同，如 Bolanowski（2007）认为组织依恋包括对组织目标、价值观、合法性的认同和确信，为了组织的利益甘愿作出努力，以及强烈的留职意愿。

除以上三类界定外，还有学者认为组织依恋与组织承诺是同义词，如 Bennett et al.（2000）、Kashefi（2004）、Schaubroeck（1996）。但也有学者对此并不认同，如 Clair（2000）认为组织依恋与组织承诺是不同的，组织依恋相对稳定，是个人与组织间存在的一种更深层的心理联结，而组织承诺是一种情感状态或暂时的态度，被视为组织依恋的外在表现。

国内学者的相关研究较少。Wu et al.（2011）认为组织依恋是个体对组织情感性依赖的程度。林秀君（2013）指出，员工带着早期母婴依恋、成人依恋的情感经验进入组织，与组织形成的依恋关系是组织依恋，表示个体与组织之间情感的强度。陈琳等（2015）指出，组织依恋是个体对其所工作的组织（或团体）持久而稳定的情感联结，这种联结反映了个体与组织的关系，与个体的成人依恋有着极为密切的关系，并受到组织情境的影响。李晓阳（2011）和沈涛（2015）将组织依恋定义为：员工对组织所产生的亲和性的认知和情感联系。

综合国内外已有研究，本书将组织依恋界定为：个体对所在组织的情感联结。“情感联结”表现为个体对组织的信赖感和归属感，以及个体将要离开组织时对组织的留恋。

2.2.2 组织依恋的类型

Clair（2000）在 Hazan et al.（1987）成人依恋类型的基础上，将组织依恋分为安全型、焦虑型和回避型三种。

为了说明为什么将成人依恋类型迁移至组织依恋类型，Clair（2000）首先对两种依恋进行了区分。Clair 指出，成人依恋和组织依恋主要存在两点不同：一是由原来人与人之间实际的接触（physical proximity）变成人与组织心理上的亲密（psychological closeness）；二是依恋对象由原来实体的对象，变成抽象的对象，个体与组织的依恋关系取决于个体对组织的态度和动机。尽管依恋对象和依恋的表现形式有所差异，但 Clair 发现，有学者从心理动力学理论的视角研究组织，比如 Diamond（1993）就利用个体无意识理论研究组织的无意识和防御机制。受此启发，Clair 将组织拟人化（personify），认为组织作为个体的依恋对象，员工在与其互动的过程中也会形成上述三种依恋类型。

组织拟人化在我国学者的研究中也有体现，比如齐善鸿等（1999）指出，企业是具有群体人格特质的组织；又如罗霞、陈维政（2009）指出，组织也具有与个体人格相类似的能被外界感知的个体特征。由此可见，Clair 将组织与个人进行类比，基于成人依恋类型提出组织依恋类型是可以接受的。

Clair 对三种组织依恋类型的表现描述如下：安全型组织依恋表现为信

赖组织也被组织信赖，不担心被组织抛弃也不会过于依赖组织，遇到困难时会主动寻求组织的帮助也愿意向组织提供帮助；焦虑型组织依恋常常担心组织是否真正关心自身的利益或者是否在困难时给予支持，个体强烈希望成为组织的一个组成部分，但组织似乎仅仅要求个体完成分配的任务；回避型组织依恋很难完全信赖组织，当组织试图成为个体的"家庭"或者与个体太亲近时，个体会感到紧张，表现为对组织的拒绝和回避。

Clair 进一步总结出不同的组织依恋类型在员工与组织的互动以及员工相应的行为表现方面的特征：安全型组织依恋表现为员工与组织积极互动，组织支持员工的需求，员工以组织期待的方式投入工作；焦虑型组织依恋表现为组织有时但不经常回应员工的需求，员工可能有时表现出对组织的依恋，有时又表现出对组织的对抗；回避型组织依恋表现为员工与组织消极互动，员工的需求得不到组织的回应，员工用对抗的行为以表示对组织的失望。组织依恋的类型及特征见表 2–1。

表 2–1　组织依恋的类型及特征

组织依恋的类型	特征
安全型组织依恋	组织积极回应、支持员工；员工信任组织、投入工作
焦虑型组织依恋	组织偶尔回应员工的需求；员工可能既依恋又对抗组织
回避型组织依恋	组织消极或对员工没有回应；员工消极对抗组织

资料来源：Clair（2000）。

2.2.3　组织依恋的维度结构

除了组织依恋的概念和类型以外，组织依恋包括哪些维度结构？通过搜索相关发献，发现 Kelvin（2009）在 Ainsworth 研究的基础上提出了组织依恋的维度结构。

Ainsworth（1989）指出，个体的依恋行为主要包括如下四个方面：①寻求亲密感（proximity seeking），指个体试图在物理空间或心理空间上寻求和保持与依恋对象的亲近；②安全基地行为（secure base behavior），指当个体感到安全时，就会远离依恋对象而对外部世界进行探索或从事自己感兴趣的活动，此时依恋对象提供了安全基地的功能；③安全港湾行为（safe haven behavior），指个体在感到威胁时，个体向依恋对象寻求支持和安慰；④分离痛苦（separation distress），指当个体与依恋对象的分离不是出于自愿时，个体会抗拒这种分离，并会感到痛苦（钟歆等，2014）。Kelvin（2009）基于 Ainsworth 的研究，提出组织依恋包括安全基地行为和安全港湾行为两个维度。安全基地行为是组织愿意并支持员工个人的成长和探索，鼓励员工"走出去"（going out）；安全港湾行为是组织在员工感到压力和挫折时，敏感且及时地回应员工的需求，帮助员工恢复安全感，促使员工"走进来"（coming in）。

此外，李晓阳（2011）通过问卷开发提出组织依恋包括四个维度，即满意与积极期待、支持感知、制度信任、价值内化，沈涛（2015）指出组织依恋包括领导支持、组织回报、组织氛围和价值认同。

2.2.4 组织依恋的测量

西方学者对组织依恋的测量，大多以其他变量来代替，如表 2–2 所示。

表 2–2 测量组织依恋的替代变量

测量组织依恋的替代变量	文献来源
缺勤、心理承诺和留职倾向	Tsui et al.（1991）
情感承诺和离职倾向	Casper et al.（2008）
组织认同和离职倾向	Cardador et al.（2011）
情感承诺、组织认同和离职倾向	Gonzalez et al.（2009）
情感承诺和离职倾向	Grover et al.（1995）
情感承诺、离职倾向和组织公民行为	Haque et al.（2011）

续表

测量组织依恋的替代变量	文献来源
情感承诺、留职意愿和组织公民行为	van Olffen et al.（2007）
对雇主忠诚和寻职倾向	Stainback et al.（2012）
组织忠诚、工作投入和工作满意感	Stroh et al.（1994）
情感承诺、离职倾向	Thompson et al.（1999）
情感承诺、工作参与和离职倾向	Tucker et al.（2005）
情感承诺、工作满意感、离职倾向	Venkataramani et al.（2013）
组织承诺、工作专注和内在动机	Veldsmana et al.（2014）
离职倾向	Shapiro et al.（2016）
情感承诺、留职意愿和组织公民行为	Menon et al.（2015）

从表 2–2 可以看出，西方学者对组织依恋这一概念的测量多采用心理承诺、情感承诺、组织承诺、组织公民行为、组织认同、对雇主忠诚、工作参与、工作投入、工作满意感、工作专注、内在动机等正向变量，并与缺勤、离职倾向等负向变量相结合。

国内学者对组织依恋的研究还不多，通过检索发现仅有两篇文献提及了对组织依恋的测量。李晓阳（2011）和沈涛（2015）分别开发了针对我国企业员工的组织依恋调查问卷，得出的维度在前文已作介绍。

2.2.5　组织依恋维度结构和测量研究述评

尽管 Kelvin（2009）指出员工组织依恋包括安全基地行为和安全港湾行为两个维度，但这未能完整反映出员工对组织的依恋情感，比如未能涉及当员工离开组织时或与组织分离时的心理撕裂感和分离焦虑。

在测量方面，国外学者采用替代性变量对组织依恋进行测量的方法存在较大缺陷，因为替代性测量实际上并未测量员工的组织依恋本身，也未能反映出组织依恋的维度。另外，这些替代性变量很多是组织依恋的作用结果，即组织依恋的因变量，用这些替代变量来测量组织依恋，势必造成自变量与因变量的混淆。

国内两位研究者对组织依恋的测量的主要问题存在于问卷开发的访谈阶段。他们在访谈中直接让被访对象来界定组织依恋是什么。“组织依恋”是一个抽象的专业术语，由被访对象界定概念的风险在于被访对象对“组织依恋”这一概念的理解不同、界定不清以及认识不统一，还可能造成组织依恋和影响组织依恋的因素的混淆。例如，沈涛（2015）开发出的组织依恋问卷有四个因子，但其中“领导支持”“组织回报”和“组织氛围”三个因子更多的是影响组织依恋的前因变量。

2.2.6 组织依恋的影响因素研究

Ross et al.（2001）和 Clair（2000）均指出依恋不仅仅是一种特质，也是一种相互影响的关系。也就是说，组织依恋是员工与组织互动影响的结果。那么，就组织内部的影响因素而言，有哪些因素会导致员工对组织的依恋？已有研究主要集中在员工在组织中的重要他人（包括领导和同事）对员工的组织依恋的影响上；从员工自身的个性特征来看，已有研究主要分析了大五人格特征与员工依恋类型的关系。

2.2.6.1 领导对组织依恋的影响

国外学者主要从以下四个方面进行了研究：领导风格对员工依恋类型的影响、领导依恋类型与员工依恋类型的相互作用、领导依恋类型对员工态度和行为的影响，以及个体依恋类型与其领导才能的关系。下面分别进行回顾。

（1）领导风格对员工依恋类型的影响

Popper et al.（2000）和 Popper et al.（2003）认为变革型领导就像父母一样，是敏感、支持、灵活、非评判并正面示范的，他们为员工提供指引、指导、安排和照顾，能及时响应和回应员工的需求，比较容易使员工形成安全型依恋。Molero et al.（2013）研究了领导风格对下属依恋类型的影响，结果表明变革型领导与下属的安全型依恋正相关，被动 / 回避型（passive/avoidant）领导与下属的非安全型依恋（包括焦虑型和回避型）正相关，交易型领导与员工的焦虑型依恋正相关。Hinojosa et al.（2014）研究发现，真诚型领导与员工的安全型依恋正相关。Rahimnia et al.（2015）研究发现，真诚型领导与员工的非安全型依恋负相关。

（2）领导依恋类型与员工依恋类型的相互作用

Keller et al.（2001）研究表明，安全型依恋的员工认为他们的领导是敏感、支持性、有回应的，并且会把这种期待传递给领导，而领导也会相应地以积极的形象予以支持和回应；焦虑型依恋的员工认为他们的领导不总是敏感、支持、有回应的，他们对领导过于依赖，而领导反而会与他们保持距离，给予较少的支持和关注；回避型依恋的员工认为他们的领导是不敏感、非支持性和没有回应的，而领导会认为这类员工疏远，甚至充满敌意，相应地也给予他们较少的支持和关注。

Keller et al.（2001）还提到，从领导的层面来说，安全型的领导面对非安全型的员工，其依恋类型也可能会发生变化。例如，安全型的领导面对焦虑型的下属时，由于下属过于要求关注和确认自身价值，该领导会将这样的下属视为负担，并减少对其的情感支持，导致其在焦虑型依恋员工的眼里成为回避型的领导；又如，安全型的领导面对回避型的下属时，由于下属的距离感和自我依赖，该领导会因试图与其建立关系而受挫，而具有部分焦虑型领导的特质。

Keller（2003）基于内隐领导风格理论还发现，当领导和下属为同一依恋类型时，二者的关系最为匹配，而当一方是安全型、另一方是非安全型，或双方的非安全型依恋不一致时则会出现问题，见表 2–3。

表 2–3 领导与下属依恋类型的匹配关系

领导的依恋类型	下属的依恋类型		
	安全型	回避型	焦虑型
安全型	积极的关系	领导同下属建立关系受挫；下属拒绝亲密	领导对下属保持距离；下属过于依赖
回避型	领导漠视或几乎不提供情感支持；下属采用自我依赖的策略	积极的关系	领导对下属感到厌烦；下属怀疑自己反而加倍与领导亲近
焦虑型	领导黏紧下属；下属怀疑自身能力	领导对自身能力产生怀疑；下属回避亲密	积极的关系

资料来源：Keller（2003）。

表 2–3 中，“积极的关系”（positive relationship）具体是指当领导和下属都是安全型依恋时，领导为下属提供支持和鼓励，下属对领导充满信任；当领导和下属都是回避型依恋时，领导欣赏下属的独立，下属不会受到领导的干涉；当领导和下属都是焦虑型依恋时，领导由于下属的依恋而增强了自信心，而下属的无助和焦虑获得了领导的关心，双方的需求都得到满足（Keller，2003）。

Keller（2012）对比了焦虑型依恋的员工对变革型领导和交易型领导的偏好，发现焦虑型依恋的员工认为变革型的领导更能满足其强烈的人际联结的需要。原因在于依恋理论假设人们早期未被满足的需要会促使人们在工作中寻找机会满足（Yanai et al.，2000），尽管焦虑型依恋的员工过度要求关注的需要可能会给领导的时间和资源带来压力，但是变革型领导的回应可以为焦虑型依恋的员工提供矫正性的经验（corrective experience），从而满足他们依恋的需求。Keller（2012）还指出，交易型领导由于专注于目标和绩效，因此不能满足焦虑型依恋员工强烈联结的愿望。

（3）领导依恋类型对员工态度和行为的影响

Ronen et al.（2012）研究了领导依恋类型对员工工作满意感和职业耗竭的影响，结果表明焦虑型的领导导致员工较高的职业耗竭和较低的工作满意感，而回避型领导对员工的职业耗竭和较低的工作满意感没有显著影响。Mikulincer et al.（1995）发现，回避型的领导在面对困境时的情绪隔离和自我依赖可能会使自己较受下属的欢迎，或许是因为回避型领导的自信给下属带来了安慰和安全感，这可能会减少下属的工作不满意感和职业耗竭。关于回避型领导对员工产生积极作用的研究还有 Kafetsios et al.（2014），他们研究发现回避型领导与员工的正面情感和工作满意感呈正相关，这可能是因为回避型领导给予了下属更多的自主权而产生的积极结果，而焦虑型领导对员工正面情感和工作满意感的影响却正好相反。

关于领导依恋类型对员工态度和行为影响的研究还有：Hudson（2013）指出安全型的领导能够留意并支持下属应对压力情境和从事探索与冒险活动，能够促进下属实现组织的目标。Wu et al.（2014）也发现具有安全基地功能的领导能积极预测员工的主动行为，能提升焦虑型依恋员工的角色广度自我效能（role breadth self-efficacy），以及提升回避型依恋员工的自主动机。Goleman et al.（2002）研究表明，焦虑型领导不能有效地回应员工的需求，使得员工认为领导不可靠，从而破坏领导和员工的关系，进而影响员工的动机、工作满意感和工作投入。Harms（2016）研究结果显示，回避型领导导致焦虑型的下属体验更多的压力，使回避型的下属更少参与组织公民行为。Mikulincer et al.（2007）研究指出，非安全型依恋的领导往往容易忽视为下属提供帮助和协助。

（4）个体依恋类型与其领导才能的关系

Mikulincer et al.（1995）研究发现，新进士兵经过四个月的基本训练后，安全型依恋和回避型依恋的士兵展现出更优秀的领导才能。Popper et al.（2004）研究发现，安全型依恋的个体与领导才能呈正相关。Towler（2005）研究表明，早期形成安全型依恋的个体与魅力型领导特质呈正相关。Berson et al.（2006）发现安全型依恋的个体对自己充满自信并认为自己比非安全型依恋的个体更具管理才能，且团队其他成员也认为安全型依恋的个体更能成为团队的领导；Mayseless（2010）也指出安全型依恋的个体更易被提名为领导。Popper（2002）研究指出，安全型依恋与社会化（socialized）魅力领导呈正相关，而回避型依恋与个人化（personalized）魅力领导呈正相关。Underwood（2015）研究得出安全型依恋与变革型领导和魅力型领导呈正相关，恐惧型依恋与放任型领导呈正相关，与魅力型领导呈负相关。

Grosvenor et al.（2006）对 121 名来自医院、投资银行和大型制造公司的员工进行了调查，发现安全型依恋与变革型领导风格、LMX 的质量和领导的仁慈呈正相关。Johnston（2000）指出，安全型领导比非安全型领导更有责任心，更注重分权；回避型领导对他人缺乏信赖，倾向依靠自己、高度集权，容易成为工作狂；焦虑型领导希望与他人保持亲密，自己缺乏信任，期待他人参与决策却较少授权。

2.2.6.2 同事对组织依恋的影响

同事作为员工在组织中除领导以外的重要他人，尽管已有的研究还未提到同事对组织依恋的影响作用，但通过回顾青少年同伴依恋的重要性，或许可以找到一些证据和支撑。

在青少年期间，个体开始发展非血缘关系，使他们的联结对象发生很大的变化，越来越多地向同伴寻求支持（Wilkinson et al.，2004），随着个体的成熟和发展，个体的交往圈又由学校的伙伴转向职场中的同事。组织中员工对同事的依恋与青少年的同伴依恋（peer attachment）类似，二者在个体的认知、情感、人格、行为的健康发展以及社会适应中发挥着重要作用（钟歆等，2014）。

Blos提出同伴依恋是为了满足早年在父母或家庭里无法满足的需求，Bowlby提出同伴关系的建立是对父母、家庭关系的一种扩展，它们是连续的、相互关联的，而不是竞争关系（琚晓燕等，2011）。无论同伴依恋是对早期依恋关系的互补还是延续，很多学者指出同伴依恋能够满足双方亲密的需要，并给予双方温暖和支持（李小青等，2009；连帅磊等，2016；Nickerson et al.，2004）。

当个体进入工作场所后，同事成为其重要的依恋对象，与同事经过长期的沟通和交流建立起来的情感联结不仅能为个体提供重要的人际支持，而且为工作的协作提供了条件。然而，组织成员不是将所有的同事都作为依恋对象，而是有一定的选择性的，人们更倾向于将那些能够满足自身需要，能激发特定情感和行为的个体，或者与自己有着相同价值观和生活态度的同事作为依恋对象（刘廷华，2007）。

2.2.6.3 人格特征与依恋类型的关系

Shaver et al.（1992）以及Griffin et al.（1994）研究表明，大五人格的外倾性、宜人性与安全型依恋呈正相关；神经质与焦虑型依恋呈正相关；而低的宜人性、内倾性、神经质与回避型依恋呈正相关。Picardi et al.（2005）的研究显示大五人格与回避型依恋没有显著关系，而神经质与焦虑型依恋呈正相关。Neustadt et al.（2006）也得出大五人格的神经质与安全型依恋呈负相关，而外倾性、宜人性、开放性和责任性与安全型依恋呈正相关。Noftle et al.（2006）发现大五人格的责任性与焦虑型依恋和回避型依恋呈负相关。

还有学者研究了不同依恋类型的个体的人格特征：Hazan et al.（1990）研究发现，安全型依恋的个体比焦虑型的个体有更高的自尊，较少体验到孤独，Kobak et al.（1988）指出，安全型依恋比非安全型依恋具有更高的心理弹性和更低的焦虑感。Gillath et al.（2009）对不同依恋类型的个体在注意力控制方面的差异进行了研究，结果发现回避型依恋的个体表现最好，可能的原因是回避型依恋的个体采用了前注意机制或认知控制策略，以忽略外界对其思维和情感的干扰（Niedenthal et al.，2002）。此外，根据内部工作模式的理论假设，安全型依恋的个体具有积极的自我评价和他人评价，同时也具有较高的自我效能感（陈国鹏，2013）。

2.2.6.4 不同文化背景下依恋类型的差异

还有学者对不同文化背景下个体依恋类型的差异进行了研究：Van Ijzendoorn et al.（1988）对美国、德国、日本、荷兰、瑞典、以色列等 8 个国家近 2000 个陌生情境实验进行元分析发现，依恋类型跨文化的差异较小，相较而言，西欧国家回避型依恋相对多一些，而在以色列和日本，焦虑型依恋则相对多一些。

Harms（2011）就文化背景对依恋类型的影响进行了研究。他提到 Mikulincer et al.（1995）通过对以色列士兵依恋类型与领导才能的研究，得出回避型依恋的个体不会被看成社会功能不良，反而他们的冷静和自信使得他们容易被提升为领导者，而不可忽视的是，该研究的背景是在极端环境和高男性化气质的背景下展开的。Mayseless et al.（2007）也建议在高权利距离、高不确定性和高集体主义文化下进行依恋研究。

2.2.6.5 组织依恋影响因素研究的述评

通过对组织情境中依恋对象（包括领导和同事）相关研究的回顾，发现尽管现有研究较为丰富，但依然存在以下不足：

第一，对组织依恋影响因素的探讨不够全面，缺乏针对其他相关影响因素的研究。既然依恋是指个体对重要他人的情感联结，那么同事作为个体在组织中的重要他人，与同事的人际氛围对个体是否留在组织必然有着重要影响，但已有研究并没有提出人际氛围对组织依恋会产生怎样的影响。

第二，现有领导风格与组织依恋关系的研究集中在某种特定的领导风格对依恋类型的影响上，如变革型领导、真诚型领导等，这类领导风格彼此接近，都与员工的安全型依恋呈正相关，而本书主要想探讨领导风格与组织依恋本身的关系。此外，这些领导风格大多来源于西方，未能完全代表中国的管理情境。通过文献搜索，发现家长式领导根植于我国儒家和法家文化，能够体现我国企业管理特征。那么家长式领导对组织依恋会产生怎样的影响？

第三，在现有对组织依恋影响因素的研究中，还忽略了组织投入对组织依恋的影响。社会交换理论的员工—组织关系研究表明，组织投入对员工的归属感和承诺感都有显著的影响（吴继红等，2009），而组织依恋常表现为员工对组织的信赖、归宿和留恋（Bolanowski，2007；Clair，2000），因此组织投入很有可能是影响组织依恋的重要因素之一。

第四，现有组织依恋影响因素的研究，几乎完全忽略了员工的个性特征以及企业的用工模式对组织依恋的调节作用。在同一组织里，员工面对同样的领导，在同样的工作环境中从事同样的工作，但他们表现出的组织依恋却可能大相径庭，这是因为员工的个性特征在起作用。而员工的组织依恋类型作为员工一种相对稳定的个性特征，在影响因素与组织依恋之间是否起调节作用？会不会因为员工组织依恋类型的不同而产生显著差异？而关于企业的用工模式，基于已有的研究，按照用工期限的长短可分为短期用工和长期用工，本书试图探讨不同期限的用工模式下，组织内的影响因素对组织依恋的影响是否存在显著差异。

第五，目前在中国企业管理情境中组织依恋的研究比较有限，同时已有影响因素的研究未能体现中国企业员工组织依恋的独特性，需要进一步提炼和选取能代表中国企业的影响因素并加以实证。

2.2.7 组织依恋的作用结果研究

组织依恋的作用结果研究主要集中在员工依恋类型对员工工作态度和工作行为的影响，具体包括以下几个方面。

2.2.7.1 对工作绩效的影响作用

Simmons et al.（2009）研究表明，安全型依恋与希望、信任呈正相关，信任在安全型依恋与工作绩效间起中介作用。Neustadt et al.（2011）研究发现，安全型依恋与自尊，情绪智力，大五人格中的外倾性、宜人性以及责任性呈正相关，也与工作绩效呈正相关。杨安博等（2012）研究发现，迷恋型的员工由于沉浸在自身的情绪中，容易体验到更多的消极情绪，使得他们在情境绩效上的得分显著低于安全型和恐惧型的员工。原因在于，恐惧型的个体特别担心他人对自己的评价，以及内在自我评价较低，为了更好地维持与他人的关系，反而表现出较好的情境绩效。

还有的研究并未发现依恋类型与绩效之间的关系，如 Joplin et al.（1999）、Daus et al.（1999）以及 Ronen et al.（2010）。

2.2.7.2 对工作满意感的影响作用

Hazan et al.（1990）研究发现，安全型的员工享受工作，不怕失败，充满自信，同时也容易受到他人的肯定，具有更高的工作满意感；焦虑型的员工常害怕遭到拒绝，工作的动力主要来自他人的尊重和赏识，工作满意感较低；回避型的员工过于投入工作以回避社会交往，工作绩效较高，但工作满意感较低。

Krausz et al.（2001）指出，安全型的员工工作满意感最高，回避型的员工工作满意感最低，而焦虑型的员工与工作满意感没有显著关系。Reizer（2014）以职业耗竭（burnout）和工作满意感为中介变量，研究了依恋类型与员工生活满意感的关系，结果表明，回避型依恋在职业耗竭和工作满意感的中介作用下与生活满意感呈负相关，焦虑型依恋在职业耗竭的中介作用下与生活满意感呈负相关，与工作满意感没有显著关系。

2.2.7.3 对组织公民行为的影响作用

Little et al.（2011）以及 Frazier et al.（2009）指出，安全型依恋的员工能更有效地运用自身的健康、情感和认知资源，在工作中展现更多的活力，能提高组织公民行为。Erez et al.（2008）发现，回避型依恋的个体更少参与志愿活动（volunteer activities）。Geller et al.（2009）、Richards et al.（2011）、Desivilya et al.（2006）以及 Rom et al.（2003）的研究都表明，焦虑型的员工表现出较低的组织公民行为，面临困难倾向于寻求他人的帮助；回避型的员工不信任他人，自我依赖，较少寻求工具性和情感性支持，即非安全型依恋与安全型依恋相比，非安全型依恋具有较少的组织公民行为。

2.2.7.4 对组织承诺的影响作用

Mikulincer et al.（2007）研究表明，焦虑型的员工与回避型的员工呈现较低的组织承诺。但也有研究得出与上述结果相反的结论：Schusterschitz et al.（2011）对三种依恋类型与组织承诺的关系进行了实证研究，结果表明，焦虑型的员工需要与同事建立密切的人际关系，出于离职成本的考虑，加之他们把对组织的忠诚作为获得他人赏识的重要方式，因此显示出较高的组织承诺；回避型的员工通过对工作的倾注以回避社交关系，他们可以在组织中满足自己的情感需要，因此与情感性承诺呈正相关；而安全型的员工由于更看重私人生活和非工作人际关系，以及更易于适应变化和新环境，反而显示出较低的组织承诺。郭亚鸣等（2009）研究了成人依恋四种类型（安全型、先占型、冷漠型和恐惧型）与组织承诺的关系，显示四种类型在组织承诺上没有显著差异。

2.2.7.5 对职业耗竭的影响作用

Pines（2004）对以色列 MBA 学生的依恋类型与职业耗竭的关系进行

了研究，发现安全型依恋与职业耗竭呈负相关，而非安全型依恋与职业耗竭呈正相关，Hawkins et al.（2007）、Leiter et al.（2015）、West（2015）以及 Jallalmanesh et al.（2015）均得出与上述一致的结论。Vanheule et al.（2008）研究也证实安全型依恋与职业耗竭呈负相关，而恐惧型和迷恋型依恋与职业耗竭呈正相关。

Falvo et al.（2012）研究发现，安全型依恋在情感承诺的中介作用下与离职倾向和职业耗竭呈负相关，而回避型依恋与职业耗竭呈正相关。Ronen et al.（2010）对社会拒绝（social rejection）以及感知到的压力（perceived stress）在焦虑型依恋与职业耗竭之间的中介作用进行了研究，结果表明社会拒绝和感知到的压力在其中起完全中介作用。Ronen et al.（2009）研究显示，焦虑型依恋和回避型依恋与职业耗竭呈正相关，同时组织公平在回避型依恋与职业耗竭之间起完全中介作用，团队凝聚力（team cohesion）在焦虑型与职业耗竭之间起部分中介作用。

Ronen et al.（2012）研究了领导的依恋类型对员工工作满意感和职业耗竭的影响，结果表明非安全型依恋的领导会导致员工较高的职业耗竭和较低的工作满意感。Park et al.（2004）研究了工作特征中的自主性对非安全型依恋以及职业耗竭和工作参与的调节作用，认为高回避型的员工更希望在工作中获得自主、掌控和自我依赖，而 Littman–Ovadia et al.（2013）的研究得出相反的结论，即回避型依恋个体面对高自主性的工作反而导致较高的职业耗竭和较低的工作参与。

2.2.7.6 组织依恋作用结果研究的述评

现有关于组织依恋对员工绩效、态度和行为影响的研究，集中在员工的依恋类型对上述结果变量的影响上，具体来说现有研究存在以下不足：

第一，员工的依恋类型与组织依恋并不是一回事，员工的依恋类型是成人依恋类型在组织中的体现，是一种相对比较稳定的风格或者特质，而组织依恋是员工与组织在互动中形成的关系，受到组织中的因素和自身特征的共同影响，因此组织依恋对于结果变量的影响还需要探讨。

第二，已有研究对员工依恋类型和工作满意感之间的关系进行了探讨，有研究得出焦虑型的员工其工作满意感较低，也有研究得出焦虑型依恋与工作满意感没有显著关系，这些研究结果不尽一致，而就组织依恋而言，对员工的工作满意感产生的影响还需要进一步研究和实证。

第三，组织依恋对组织公民行为是否具有促进作用还需要进一步探讨。已有研究表明，安全型依恋与组织公民行为呈正相关，而非安全型依恋与组织公民行为呈负相关，那么员工对组织的依恋是否有助于促进员工的组织公民行为呢?

尽管已有研究还分析了依恋类型与工作绩效、组织承诺以及职业耗竭的关系，但由于研究精力和篇幅所限，本书选取工作满意感和组织公民行为作为员工的态度和行为变量，以深入分析组织依恋对这两个变量的影响。

2.3　本章小结

本章对人际依恋的概念，内部工作模式，人际依恋的类型、维度和测量以及组织依恋的概念、类型、维度和测量进行了回顾，并基于文献研究，归纳和提炼出了组织依恋的影响因素，最后对组织依恋的作用结果进行了回顾，明晰了已有研究的贡献和需要进一步研究的问题，为本书后续研究的开展奠定了基础。

本章在梳理国内外组织依恋文献的基础上，提出了中国企业员工组织依恋的概念，即个体对所在组织的情感联结。情感联结表现为个体对组织的信赖感和归属感，以及个体要离开组织时对组织的留恋。

从文献中发现影响员工组织依恋的因素包括领导风格和人际氛围。由于领导风格的研究非常丰富，本书最终选取最能代表华人企业特征的家长式领导进行深入研究，而组织依恋的结果变量选取员工工作满意感和组织公民行为作为衡量员工的态度和行为变量。

为了深入了解企业管理实践中影响组织依恋的因素，并对文献进行补充，本书将在第 3 章详述通过企业访谈得出的因素，为进一步构建理论模型和提出研究假设提供支持。

·第 3 章　构建理论模型与提出研究假设·

第 2 章通过文献回顾对组织依恋的影响因素和作用结果进行了归纳和总结，本章将结合访谈对企业员工的组织依恋影响因素进行补充，并构建组织依恋影响因素与作用结果的整合研究模型，通过回顾和分析各变量之间的关系，提出研究假设，为后续的实证研究奠定基础。

3.1　访谈调查组织依恋影响因素

在文献回顾和总结的基础上，本书还结合个人访谈，对组织依恋在我国企业情境中的影响因素进行了调查和归纳。访谈调查共分为三个阶段：第一个阶段从 2014 年 12 月到 2015 年 3 月；第二个阶段从 2016 年 6 月到 8 月；第三个阶段从 2016 年 10 月到 11 月，前后共有来自 28 家单位的 29 名访谈对象接受了访谈调查。受访对象的基本情况如表 3–1 所示。

表 3–1　受访对象的基本情况

变量	分类	变量	分类
性别	男：12 人	学历	大专、高中及以下：4 人
	女：17 人		本科及以上：25 人

续表

变量	分类	变量	分类
年龄	20～29岁：8人	在本单位的工作年限	不到1年：6人
	30～40岁：17人		1～5年：8人
	40岁以上：4人		5年以上：15人
职务层级	普通员工：11人	工作单位性质	14家民营企业：15人
	基层管理者：3人		7家国有企业：7人
	中层管理者：9人		1家事业单位：1人
	高层管理者：6人		6家外资企业：6人

本次调查采用半结构化访谈，主要了解有哪些因素会影响员工对组织的依恋，旨在对文献研究得出的组织依恋影响因素进行补充和验证，并为建构理论模型和后期组织依恋问卷的开发打下基础。在完成前两个阶段共24个访谈后，笔者发现访谈对象的回答基本完整，出现理论饱和的迹象，再通过第三个阶段补充的5个访谈加以验证，确认理论达到饱和，即通过最后5个访谈获取的信息与已有的信息基本一致，不再需要增加访谈（卡麦兹，2009；王璐等，2010）。

为了便于员工对“组织依恋”这一概念的理解，在访谈时将其描述为“个体对组织的依赖感和归属感，也表现为个体将要离开组织时对组织的留恋”。通过对访谈材料的分析和编码，员工组织依恋的影响因素主要有五大类，包括组织因素、领导因素、工作因素、员工个体因素以及其他因素。为了说明编码的过程，以员工个体因素中的“可雇佣性”为例加以呈现，见表3–2。

表3–2　员工可雇佣性编码

资料来源	一级编码	二级编码	三级编码
C9，3，43～44	有一些老员工觉得年龄大了，你晓得现在出去找工作不容易，主要是这个	自身素质的限制（2）	可雇佣性（8）
C6，6，12～15	我在这家公司做了四年“搬砖”的工作（指基础操作工），要是离开公司，我真不知道自己还能不能找到更好的		

续表

<table>
<tr><th>资料来源</th><th>一级编码</th><th>二级编码</th><th>三级编码</th></tr>
<tr><td>C11，9，43 ~ 44</td><td>我个人比较喜欢在现在的公司，能提升自己的能力，我感觉这个蛮不错的</td><td rowspan="3">工作能力的提升（3）</td><td rowspan="6">可雇佣性（8）</td></tr>
<tr><td>C3，4，29 ~ 30</td><td>我在公司 8 年多，能力一步一步提升，从基础员工到主管再到现在的经理，说实话，我对公司是相当有感情的</td></tr>
<tr><td>C7，9，13 ~ 15</td><td>我们公司的员工是来做研究的，他们要分析报表，出客户报告，在我们这里一年当在别的地方学几年</td></tr>
<tr><td>C8，11，27 ~ 28</td><td>公司不会给你太多的安全感，安全感主要来源于你的工作能力</td><td rowspan="2">自身的工作能力（2）</td></tr>
<tr><td>C1，8，32 ~ 33</td><td>我这个年纪，能不能留在公司，更多地看我自己还能不能给公司带来业绩</td></tr>
<tr><td>C10，5，17 ~ 22</td><td>很多“90 后”的员工，这是他们的第一份工作，很容易被梦想激励，跟组织的情感很深</td><td>自身的工作经历（1）</td></tr>
</table>

表 3–2 中，“资料来源”栏“C9，3，43 ~ 44”是指一级编码的材料来源于公司 9，逐字稿第 3 页，第 43 ~ 44 行，“二级编码”以及“三级编码”括号中的数字是指出现的条目总数。“可雇佣性”是指个体为应对技术与劳动力市场的变化，通过教育和培训获得的可随身携带的能力和资格，以实现组织内和组织间的流动，获得和保持体面劳动（凌玲等，2013）。根据可雇佣性的定义，员工自身的能力和任职资格构成了可雇佣性，因此将二级编码中的能力、工作经历和自身素质合并在“可雇佣性”之下。

按照上述编码方法，将被访对象提及的组织依恋的影响因素及所占比例汇总于表 3–3。

表 3–3　被访对象提及的影响因素及所占比例

<table>
<tr><th>影响因素分类</th><th>具体因素</th><th>提及的人数 / 人</th><th>所占比例 / %</th></tr>
<tr><td rowspan="5">组织因素</td><td>组织文化</td><td>16</td><td>55</td></tr>
<tr><td>人际氛围</td><td>19</td><td>66</td></tr>
<tr><td>组织投入</td><td>19</td><td>66</td></tr>
<tr><td>组织的品牌</td><td>8</td><td>28</td></tr>
<tr><td>工作场所的自由</td><td>1</td><td>3</td></tr>
</table>

续表

影响因素分类	具体因素	提及的人数 / 人	所占比例 / %
领导因素	领导风格	16	55
	与领导的关系	5	17
工作因素	工作内容	3	10
个体因素	个性特征	14	48
	可雇佣性	8	28
	追求稳定	3	10
其他因素	家庭责任	1	3
	社保的限制	1	3
	行业的影响	3	10

从表 3–3 可以看出，超过 50% 的受访对象提及的组织依恋影响因素有：组织文化（占 55%）、人际氛围（占 66%）、组织投入（占 66%）、领导风格（占 55%）。其他未超过半数访谈对象提及的影响因素有：个性特征（占 48%）、可雇佣性（占 28%）、组织的品牌（占 28%），以及与领导的关系（占 17%），工作内容、追求稳定、行业的影响各占 10%，工作场所的自由、家庭责任和社保的限制（指现在的单位是体制内的编制，无须购买社保，而从现在单位离职社保年限要从头开始累积）都只有 1 人提及，各占 3%。

综上所述，本书根据访谈调查的结果，并结合文献研究，提炼出中国情境下组织依恋的影响因素，即领导风格、人际氛围、组织文化和组织投入。根据依恋理论，个体与依恋对象互动的质量会影响依恋类型，而领导和同事是个体在组织中的重要他人，也是主要的依恋对象，因此领导风格以及同事间的人际氛围对员工的组织依恋起着重要的影响作用。

组织文化和组织投入两个因素主要来源于访谈。“组织文化”如果取大概念，可谓囊括了组织的方方面面，既包括组织的全部硬件，如物资、建筑、设施等，还包括了全部软件，如战略、架构、制度、价值、形象、领导、行为等，甚至有学者指出组织本身就是文化（张勉等，2004）。人际氛围属于组织氛围的细化和具体化（李云，2012），很容易被看作组织文化的一部分。王庆燕等（2005）指出，组织文化更看重深层的组织价值与在这些组织价值基础上的假设，而组织氛围包含结构性与主观性的知觉，即成员心理互动的主观意识，对个人的动机与行为的联结更贴近。考虑到员工的组织依恋更多受到依恋对象的影响，因此同事间的人际氛围比组织文化对组织依恋的影响更为直接，同时也为了防止大概念的组织文化可能与领导风格、人际氛围等变量交叉，因此本书最终选择的影响因素包括领导风格、人际氛围和组织投入。

尽管没有实证组织文化对组织依恋的影响，但不可否认组织文化是影响组织依恋的重要因素之一，它和组织投入反映出中国情境下组织依恋的特色，可为后续的研究奠定理论基础。

现有的关于领导风格的研究比较丰富，前面回顾文献已知关于领导风格与组织依恋关系的研究主要基于西方文化情境，而对于中国企业而言，家长式领导根植于中国的儒家文化和法家文化，切合本土情境，因此本书将具体分析家长式领导对组织依恋的影响。同时，从访谈结果来看，有接近半数（48%）的被访对象提及个性特征的影响，因此本书将其作为上述影响因素与组织依恋之间的调节变量之一加以分析。测量员工的个性特征的变量也非常丰富，如大五人格、主动性人格、内—外控人格等，本书选取员工的组织依恋类型作为个性特征的代表变量。选择的主要原因在于，进一步说明组织依恋类型和组织依恋是两个不同的概念，前者属于个体的个性特征，后者是个体对组织的情感联结，是一种互动关系，验证组织依恋类型是否在各影响因素与组织依恋之间起调节作用，并为后续完善组织依恋类型的研究打下基础。

另一个调节变量是企业的用工模式。根据企业访谈的结果，企业的人力资源管理者普遍指出用工期限的长短会对员工的组织依恋造成影响。李萍等（2014）对不同的劳动合同期限进行划分，将劳动合同期限在 1 年及 1 年以内的称为短期劳动合同；1 年以上到 3 年的称为中期劳动合同；3 年以上（含无固定期限劳动合同）的称为长期劳动合同。本书参照李萍等的分类，同时为了尽量平衡研究数据，将 3 年及 3 年以内的劳动合同工以及劳务派遣和外包工统称为短期用工，将 3 年以上的劳动合同工及无固定期限劳动合同工统称为长期用工，拟检验不同期限的用工模式在上述影响因素与组织依恋之间的差异性是否达到显著。

3.2 构建理论模型

基于依恋理论，员工对组织的依恋受到员工和依恋对象特征的影响，再根据情感事件理论（Weiss et al.，1996），员工所处的工作环境和经历的工作事件会诱发其情绪反应，组织依恋作为员工的一种情感，受到来自依恋对象的影响。

根据第 2 章的文献回顾以及本章通过访谈得出的组织依恋的影响因素，结合本书具体选择的变量，构建了组织依恋影响因素的综合理论研究模型（见图 1–1）。

从模型中可以看出，组织依恋的前因变量包括领导风格、人际氛围和组织投入，其中领导风格选取最能代表华人企业特征的家长式领导。家长式领导和人际氛围更多是从员工在组织中的重要他人的角度，提出他们会对员工的组织依恋产生影响，而组织投入这一因素主要来源于访谈资料。组织依恋类型作为员工的个性特征，可能在影响因素与组织依恋之间起到调节作用；用工模式可能是本书的另一个调节变量。工作满意感、组织公民行为是本书选取的组织依恋的结果变量。

3.3　组织依恋影响因素的研究假设

下面分别就组织依恋的影响因素与组织依恋的关系以及调节变量与影响因素和组织依恋的关系提出相应的研究假设。

3.3.1　家长式领导与组织依恋的关系

台湾学者郑伯埙等（2000）基于法家和儒家的思想提出的家长式领导，是目前影响最广的本土领导理论。已有研究证实家长式领导广泛存在于各类华人企业组织、团队中，是中华文化下组织的普遍特征（郑伯埙等，2003；邱盛林，2001；周浩等，2005）。

家长式领导是一种在人治的氛围下所显现出来的具有严明纪律与权威、父亲般的仁慈及道德廉洁性的领导方式（樊景立等，2000）。家长式领导包括威权领导、仁慈领导和德行领导三个维度。威权领导强调领导者的绝对权威和对下属的支配，体现了领导与下属之间的尊卑关系；仁慈领导是领导者对下属进行个别且持久的关怀，不仅包括下属本人，还会扩及下属的家人；德行领导强调领导者的个人品质，如正直无私、尽职尽责等，能为下属树立榜样、做好表率，它通过员工的认同和效仿来影响下属的行为（龙立荣等，2014）。

关于把家长式领导作为前因变量，以探讨家长式领导的影响作用的研究，主要有两个取向：一是把家长式领导作为整体构念；二是重点分析家长式领导的三个子维度。

取向一，把家长式领导作为整体时的影响作用。已有研究验证了家长式领导对主管忠诚、领导满意、工作满意、组织承诺、组织公民行为以及工作绩效等具有一定的影响力（郑伯埙，2004）。Sheer（2012）对内地和香港小型家族企业员工对比数据的研究表明，在内地样本中，家长式领导作为一个整体正向预测员工感知到的结果变量（包括主管忠诚、组织忠诚、顺从、承诺、工作满意感、对领导风格和领导关系的满意感）。吴敏等（2007）的研究发现家长式领导与分配公平和互动公平呈正相关，与程序公平和信任呈负相关。于海波等（2012）研究表明，家长式领导对组织学习有显著的推动作用。邓志华等（2012）研究表明，家长式领导对工作满意感、组织公民行为有显著的正向影响，对工作场所偏离行为有显著的负向影响。

取向二，分析家长式领导三个子维度的影响作用。这是目前家长式领导理论实证研究的主流。有研究发现，家长式领导中的威权领导与德行领导以及威权领导与仁慈领导呈负相关，家长式领导整体构念与三个维度之间的关系并不明晰（李艳等，2013）。樊景立等（2000）认为，德行领导与仁慈领导呈正相关，威权领导与仁慈领导呈负相关，但三种家长式领导的子维度似乎很难在同一个领导身上共存。Sheer（2010）通过实证分析发现，由于威权领导、仁慈领导和德行领导三个维度关系的不一致，导致家长式领导的聚合效度和区分效度均不理想。有学者在研究家长式领导时只涉及其中两个维度，比如探讨威权领导和仁慈领导（傅晓等，2012；刘善仕等，2004），或者探讨威权领导和德行领导（张鹏程等，2010），还有学者单独研究家长式领导的某一个维度。目前，威权领导、仁慈领导和德行领导均有专门的研究（Wang et al.，2010；Wu，2012；吴宗佑，2008）。

本书将结合上述两个研究取向，探讨家长式领导作为整体构念以及家长式领导三个子维度对组织依恋的影响。

中国人看重“家文化”，会将在家庭中习得的经验推广并迁移至非家族的团体和组织中，形成人与社会（或组织）互动的“泛家族主义”（朱苏丽等，2015）。组织与中国传统的家庭有很多相似之处，领导扮演着类似于家长（父亲）的角色，下属则扮演着类似于孩子的角色（周浩，2014）。组织依恋的理论基础是Bowlby提出的依恋理论，最初指孩子对养育者的情感联结（Collins et al.，2004）。家长式领导既有对员工的关怀照顾、德行垂范，又有家长般的权威，中国企业员工面对家长式领导，可能会在其身上找到自己父母的那种熟悉感，从而对其产生依恋。组织依恋尽管是指员工对组织的情感联结，但领导常常作为组织的代言人（Liden et al.，2004），在家长式领导的影响下，组织依恋很有可能像已有的态度变量（如工作满意感、组织承诺）一样，二者呈现出正相关关系。因此本书提出研究假设 H1：

研究假设 H1：家长式领导对组织依恋有显著正向影响。

关于家长式领导三个子维度，有研究表明，仁慈领导和德行领导在维系员工情感方面具有优势（鞠芳辉等，2009）。仁慈领导关心下属的身体健康及家庭生活，帮助下属应对生活以及工作上的问题，平时嘘寒问暖，在下属有急难时也会伸手援助（张新安等，2009）。根据陈维政等（2015）的研究，在中国传统文化的影响下，以"儒家伦理"为文化根基，以"差序格局"为理论依据的人情关系普遍存在于企业中。人情关系作为一种特殊的人际情感，是个体之间关系得以维系的纽带，当下属受到领导的关怀和恩惠后，受"滴水之恩当涌泉相报"思想的影响，下属会给予积极的回报。因此，本书提出研究假设 H1a：

研究假设 H1a：仁慈领导对组织依恋有显著正向影响。

德行领导表现出较高的个人操守和修养，尤其是公私分明、以身作则等树德行为（樊景立等，2000）。根据社会学习理论，员工可以通过榜样学习和对他人的效仿来改变自身的行为（Bandura，1977）。当领导者的行为符合员工对领导者道德水准的期待时，将会对员工的一系列态度反应产生积极的影响（张新安等，2009）。有研究表明，德行领导对工作满意感和组织承诺有显著正向影响（郑伯埙等，2006），彭诗雯（2005）也发现德行领导与工作满意感正相关，与离职倾向呈显著负相关。周浩等

（2007）指出，德行领导尊重下属的价值和尊严，并与下属进行积极的互动，对员工的组织公正感有显著积极影响。根据上述分析，受仁慈领导的影响，组织依恋作为员工一种积极的态度，二者可能也呈显著正相关。本书提出研究假设 H1b：

研究假设 H1b：德行领导对组织依恋有显著正向影响。

郑伯埙（2000）的研究表明，领导者的威权行为会降低下属的信任感、满意感及忠诚感，也有研究证实威权领导会导致员工感知到的组织支持、组织承诺、程度公平和分配公平降低（王辉等，2006）。尽管组织依恋与上述结果变量并不相同，但组织依恋作为一种员工对组织积极的情感，我们也可以根据已有的研究推测威权领导可能会抑制员工的组织依恋。同时，从领导和员工的互动来看，威权领导强调服从和支配，员工可能比较容易感到焦虑、紧张和压抑，担心犯错，表现为凡事请命于领导，也可能表现为尽量避免与领导有过多的交往，从而影响员工对组织的依恋。因此，本书提出研究假设 H1c：

研究假设 H1c：威权领导对组织依恋有显著负向影响。

3.3.2 人际氛围与组织依恋的关系

社会学将人际氛围定义为人们在生产或生活过程中因交往而形成的相互依存、相互联系的社会关系（杜跃平等，2015）。人们处于各种有形或无形的网络结构中，人际氛围作为一种基本的精神需求与物质需求手段，能够极大地激发人们的工作主动性（黄江泉，2009）。人际氛围是组织内部人与人之间关系整体的相对持久的特性，是一系列可测量的人与人之间关系属性的集合；它能被组织成员直接或间接地知觉或感受，可通过组织成员的主观知觉进行测量；它能影响组织成员的行为和工作表现，是介于组织系统与组织成员行为之间的桥梁（李云，2012）。

钟学忠等（2005）指出，和谐的人际关系表现为人们能够求同存异、取长补短、通力合作、配合默契，情感容易沟通，在工作中心情愉快，能够充分发挥人的主观能动性，有助于提高工作效率；还有研究指出，同事间良好的人际氛围有助于员工个体绩效的提升（Farh et al.，1998）；而在冲突的人际氛围中，人们对目标、认知或情感互不相容、相互排斥，人们沟通不畅，容易发生内耗（陈维政等，2015），随着时间的推移，还可能引发个体对未来工作的担忧，并可能导致抑郁（Spector et al.，1998），使得员工工作满意感下降、降低组织承诺和引发较高水平的离职倾向（Prone，2000）。

与西方相比，中国人更注重人际关系。黄光国等（2010）对台湾地区的家族企业中的人际氛围进行研究发现，提出中国文化背景下人际氛围的基本模式是一种情感性的关系，主要用来满足关心、温情、安全感和归属感等情感方面的需要。Chen et al.（2008）通过实验研究和问卷调查也发现，同事关系中除了工具性成分外，同样也存在情感性成分。

关于人际氛围与依恋的关系，目前少有学者对此进行研究。有学者提到个体的依恋类型对其人际关系的影响（许丽华，2008；姜凌云，2006），但本书主要探讨人际氛围作为前因，人际氛围的和谐程度对员工组织依恋的影响。“依恋”最初是指个体对依恋对象的情感联结，大部分的研究集中在母婴依恋和成人亲密依恋，属于人际依恋的范畴。个体作为人际中的一员，人际氛围的质量可能会对他们进一步依恋组织产生较大影响。人际氛围就像员工在组织中的“软环境”，对员工起着潜移默化的影响。如果人际氛围和谐，员工在组织中感到愉悦，感到被接纳和被尊重，那么即使员工对组织的其他条件并不是十分满意，也可能舍不得离开现在的组织，表现出依恋情感。Gallup 2013 年的一项研究也指出，30% 的职场人士报告在工作中拥有良好的人际关系，其中超过一半的人感觉自己对工作充满激情并且与组织有深厚的联系（张晓舟，2014）。根据以上研究不难发现，拥有良好的人际氛围有助于员工对组织的依恋。反之，如果人际氛围冲突，个体会感受到被他人忽视或拒绝而产生被排斥感（尹奎等，2013），个体的情感需要得不到满足，很有可能会导致员工对组织的依恋情感断裂。基于此，本书提出研究假设 H2：

研究假设 H2：人际氛围对组织依恋有显著正向影响。

3.3.3 组织投入与组织依恋的关系

在访谈过程中，29 位访谈对象有 19 位提到组织提供的薪酬和发展机会对他们是否依恋组织具有重要影响，占比为 66%。根据员工与组织的社会交换理论，为了兼顾组织和个人的目标，组织为员工提供相应的投入，员工付出相应的回报。

组织投入是指组织对员工提供的薪酬和发展机会，前者称为物质性投入，后者称为发展性投入。物质性投入主要包括员工的薪酬和经济性福利。薪酬是组织按照员工所做的贡献，包括员工的绩效、付出的努力、时间、学识、技能、资历等，付给员工的相应的回报（陈维政等，2015）；经济性福利是指以金钱或实物为形式的福利，如医疗保健福利、住房福利、教育培训性福利及文体旅游性福利等。发展性投入主要包括员工职业生涯管理、参与决策、充分授权、公平地对待员工、尊重和关心等方面（吴继红，2006）。

吴继红（2009）将员工对组织投入的回报体现在员工的工作绩效以及组织承诺上，其中工作绩效包括任务绩效和组织公民行为。吴继红通过研究还指出，物质性投入对员工的任务绩效和组织公民行为均有正向影响，对员工的组织承诺无影响，而发展性投入对员工的任务绩效、组织公民行为和组织承诺均有正向影响。吴雪（2014）研究得出，物质性投入和发展性投入对组织承诺和员工关系氛围均有正向影响。

根据马斯洛的需要层次理论，个体有生存的需要、安全的需要、归属和爱的需要、尊重的需要以及自我实现的需要。物质性投入中的薪酬与经济性福利，能够满足个体生存和安全的需要，而发展性投入更多满足员工更高层次的需要，如归属、尊重和自我实现。正如婴儿要生存下来需要照看者提供食物和照顾一样，员工要对组织产生依恋，也需要组织提供薪酬和发展机会。这里把组织拟人化，当成一个生命有机体，组织作为员工的依恋对象，是否像父母一般提供给员工生存和发展所必需的资源，也决定着员工是否能够继续留任在组织中，表现出对组织的依恋情感。因此，如果组织投入较高，则可能有助于员工对组织的依恋。基于此，本书提出如下研究假设：

研究假设 H3：组织投入对组织依恋有显著正向影响。

研究假设 H3a：物质性投入对组织依恋有显著正向影响。

研究假设 H3b：发展性投入对组织依恋有显著正向影响。

3.4　组织依恋调节变量的研究假设

3.4.1　组织依恋类型的调节作用

Clair（2000）在 Hazan et al.（1987）研究的基础上，把员工对组织的依恋类型分为三类：安全型、焦虑型和回避型。安全型组织依恋表现为员工和组织互信互赖；焦虑型组织依恋表现为员工过于依赖组织，时常担心组织不能满足自身需求；回避型组织依恋表现为员工难以信赖组织，倾向于依靠自身的力量，和组织的关系较为疏远。

依恋类型更多被看作一种相对稳定的人格特质（唐海波等，2008；曾恺等，2015），Bowlby 也认为依恋的内部工作模式在一生的发展中很少会发生变化，但是也有来越来越多的研究发现人们在成长过程中改变了自己的依恋类型（温颖，2013）。依恋类型的改变是对生活事件和情景的正常反应，也与个体对变化的敏感性和易感性有关（周春燕等，2004）。组织依恋类型与成人依恋类型相比，依恋的对象从实体的人变为抽象的组织，同时由原来实际的接触变成心理上的亲密（Clair，2000）。由依恋类型的可变性可以推断，即使从母婴依恋到成人依恋的类型未发生改变，其组织依恋类型也可能发生变化。

把依恋作为调节变量的研究，主要集中在把成人依恋的焦虑维度和回避维度作为调节变量（刘艺羚等，2015），也有把成人依恋的信任、沟通与疏离维度作为调节变量（王英芊等，2016）。通过研究发现，首先，学者们比较支持用连续的维度得分来替代具体的依恋类型（Fraley et al.，1998）。尽管如此，本书选择把组织依恋的三种类型作为调节变量，主要基于如下考虑：已有关于依恋的维度和依恋类型的测量，主要集中在成人依恋，而组织依恋和成人依恋由于依恋对象发生了改变，不能简单地进行迁移。其次，组织依恋类型的测量目前只有 Clair（2000）进行了研究，尽管组织依恋类型的测量还不完善，但却是目前可以参考的唯一测量工具。员工的组织依恋类型作为员工的人格特质，具有相对稳定性和一定程度的可变性，面对同样的组织内影响因素，员工由于自身组织依恋类型的不同，可能展现出不同的组织依恋。为了探讨不同的组织依恋类型是否在影响因素与组织依恋之间存在显著差异，提出如下研究假设：

研究假设 H4：不同的组织依恋类型在组织依恋各影响因素对组织依恋的影响中存在显著差异。

研究假设 H4a：不同的组织依恋类型在家长式领导对组织依恋的影响中存在显著差异。

研究假设 H4b：不同的组织依恋类型在人际氛围对组织依恋的影响中存在显著差异。

研究假设 H4c：不同的组织依恋类型在组织投入对组织依恋的影响中存在显著差异。

3.4.2　企业用工模式的调节作用

企业的用工模式，也称为雇佣模式，是企业为完成一定的生产经营目标而进行的有计划的用工选择和制度安排（杨燕绥等，2006）。用工模式体现了劳动者与企业之间达成的法定或约定的关系，反映了在不同的情境下企业对劳动力的选择、使用、激励的方法和规则（周德生，2008）。根据劳动合同法的规定，劳动合同用工和劳务派遣用工是我国受法律保护的两种用工形式。

随着经济体制改革的深入以及全球经济一体化的影响，我国企业的用工模式在实践中呈现出多样化的特点：除了劳动合同用工和劳务派遣用工外，还出现了外包工、临时工、季节工等其他用工形式（刘红霞等，2015；蒋建武等，2015）；加之随着“互联网 +”行动计划的开启，以滴滴、Uber 等为代表的分享平台的兴起，还出现了难以被现有法律准确界定的更为灵活和松散的用工模式。回顾中华人民共和国成立以后我国企业用工模式的变迁，从计划经济时代单一的固定工制度（沈士仓，1998），到现在多种用工形式的并存，按照经济体制改革的历程，大致可以把企业用工模式的变迁分为两个阶段，即从中华人民共和国成立到中国共产党十一届三中全会的召开，是计划经济体制下的固定工制阶段；1978 年以后进入“改革开放”新时代，我国企业开始逐步进入市场经济体制下的劳动合同制阶段（周德生，2008；李宝元等，2015）。

3.4.2.1 固定用工制阶段

中华人民共和国成立初期，百业待兴，随着土地改革和社会主义“三大改造”的完成，我国逐步建立起了高度集权的计划经济体制。在计划经济时代，职工以“国家主人”的身份在企业中“当家作主”，但又作为“单位人”听从国家的行政调配（李宝元等，2015）。职工与所在单位的联系异常紧密，美国社会学家华尔德指出，由于单位掌握了职工生活和发展所需要的全部资源和机会，迫使职工形成对单位的全面依附，加之单位对职工相应的管理机制进一步强化了个人与单位的联结，使得职工从摇篮到坟墓、从父辈到子辈都离不开所属的单位（李汉林，2014）。

固定用工制是与单位制相适应的一种用工制度，是指没有规定使用期限，职工可以根据国家需要在地区、部门和单位之间进行调配，一般不予辞退的用工制度。固定用工制由过去革命根据地用人制度沿袭下来，被看成体现社会主义制度优越性的特殊用工形式，能保障劳动者的职业稳定，并免除后顾之忧（李怀，2015），对于“集中力量办大事”、迅速恢复国民经济也起到了重要作用（周德生，2008）。但不容忽视的是，职工一旦进入单位就与单位有了人身隶属关系，这不仅降低了职工的积极性和主动性，而且加重了单位的运营成本，降低了运行效率（沈士仓，1998）。图3-1为固定用工制下职工与单位的关系。

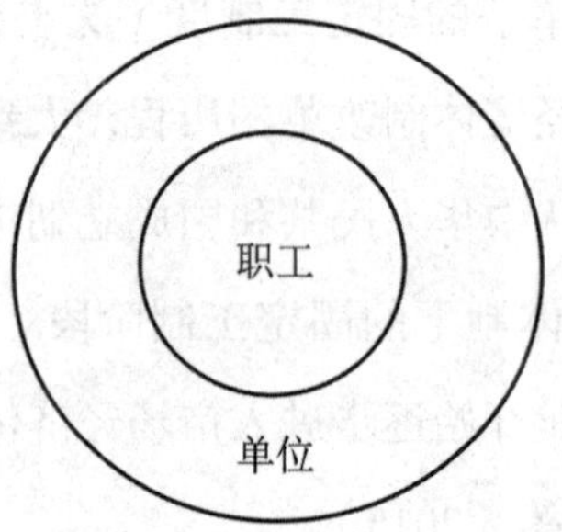

图 3-1 固定用工制下职工与单位的关系

如图 3-1 所示，外圈表示“单位”，内圈表示“职工”。在固定用工制度下，职工完全依附于单位，单位就像父母一般，包揽了职工日常生产生活的基本需求。这种用工制度带来了安全和稳定，但同时也制约着职工和单位的突破与发展。

3.4.2.2　劳动合同用工制阶段

党的十一届三中全会拉开了我国改革开放的大幕。随着经济的进一步发展，固定工制度的弊端越发凸显，为了改变现状，党和国家开始重视劳动制度的改革。1981 年 10 月，中共中央、国务院在《关于广开门路，搞活经济，解决城镇就业问题的若干决定》中指出，要逐步改革国营企业的经济体制和劳动制度（张志学等，2013）。1986 年 7 月，国务院颁布了《国营企业实行劳动合同制暂行规定》，规定从 1986 年 10 月 1 日起，对新招收的职工统一实行劳动合同制，干部、大中专毕业生、技校毕业生以及复员退伍军人，仍然实行固定工制（陈跃等，2008）。这种同时存在固定员工（又称为正式工）和劳动合同员工（又称为合同工）的用工形式被称为“双轨制”（马勇，2014）。国家实行双轨制一方面是为了减少认知分歧，特别是固定工的抵触情绪，而采用“新人新制度、老人老制度”的策略（刘贯学等，1996）。另一方面也是为了发挥合同工的“鲇鱼效应”和“学习效应”，促进员工之间的有效竞争，提高员工的努力水平（马勇，2014）。但双轨制也引起了管理上的挑战，比如正式工和合同工的工资差距容易引发合同工的不公平感，会损害合同工的工作热情和工作积极性，进而影响其工作表现和工作效率（刘洪等，2011）。

1992 年 2 月劳动部发布《关于扩大试行全员劳动合同制的通知》，终身制劳动关系逐渐退出历史舞台（李小瑛等，2012）。1994 年 7 月，第八届人大常委会第八次会议通过了《中华人民共和国劳动法》（以下简称《劳动法》），并于 1995 年 1 月 1 日正式实施。2008 年 1 月 1 日《中华人民共和国劳动合同法》（以下简称《劳动合同法》）实施，2012 年 12 月通过了《劳动合同法》修改的决定，并于 2013 年 7 月 1 日施行。劳动合同制改变了过去企业对政府、职工对企业的依附关系，以现代契约约束企业与劳动者，增加了企业和劳动者的活力（刘斌，2015）。

改革开放后我国劳动制度改革的历程如图 3-2 所示。

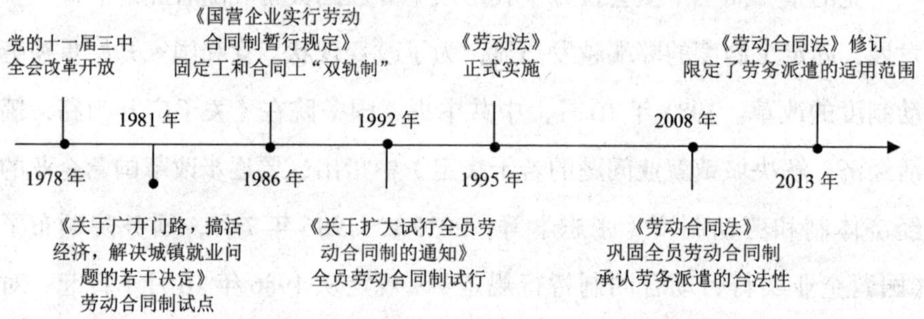

图 3-2　1978—2013 年我国劳动制度改革

资料来源：李小瑛等（2012）。

劳动合同制除了全日制用工外，还包括非全日制用工。图 3-3 和图 3-4 分别表示了全日制及非全日制劳动合同用工制度中员工与组织的关系。

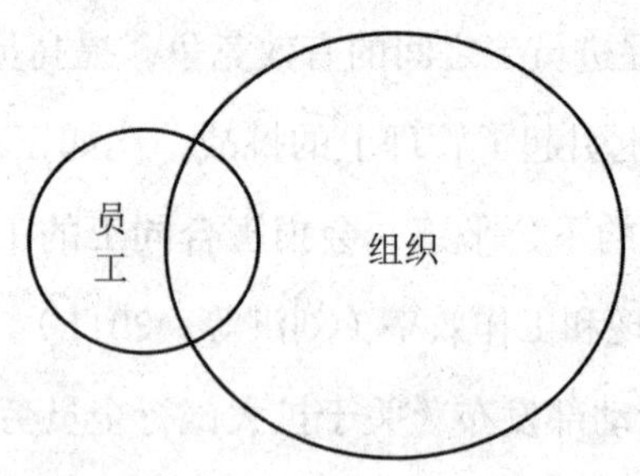

图 3-3　全日制劳动合同制度中员工与组织的关系

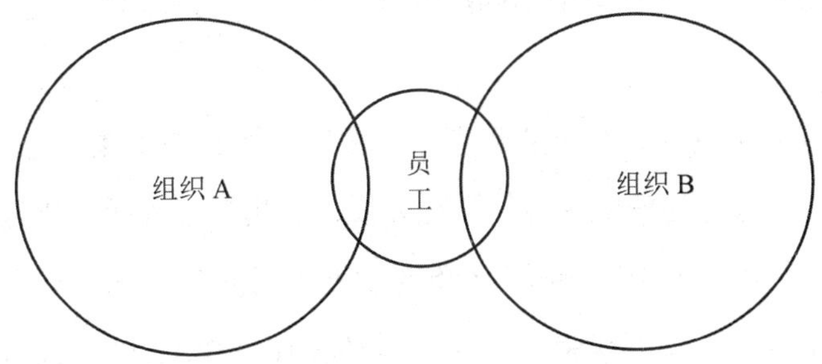

图 3–4　非全日制劳动合同制度中员工与组织的关系

图 3–3 和图 3–4 显示，员工和所在的组织具有一定的交集，交集表示存在劳动合同关系。图 3–4 表示非全日制员工与一个或一个以上的组织存在劳动关系。与固定工制度下的“单位人”相比，劳动合同制员工拥有更多的自由和空间。

前文提到，除劳动合同用工外，劳务派遣是企业用工的补充形式。所谓劳务派遣，也称为劳动力派遣、人才租赁，是指由劳务派遣机构分别与用工单位签订劳务派遣协议、与被派遣劳动者签订劳动合同，劳务派遣工在用工单位的统一管理下为其提供劳动，用工单位支付给劳务派遣机构派遣费用后，再由劳务派遣机构向劳务派遣工给付劳动报酬的一种用工形式（张荣芳，2008）。劳务派遣工需要面临法律上和事实上两个组织，这使得他们与每一个组织的关系形态发生了量的分割，劳务派遣工对用工单位的从属性减弱（董保华，2008）。

我国劳务派遣萌芽于 20 世纪 80 年代，经过 30 余年的发展，截至 2012 年底，全国大约有 3700 万劳务派遣员工，约占企业职工总数的 13.1%（全总劳务派遣问题课题组，2012）。一方面劳务派遣用工因成本低、就业灵活而受到用工单位和劳动者的青睐，并且在国有企事业单位的改革、下岗职工再就业、农村劳动力向城市转移等多方面发挥重要作用（赵英杰等，2015）；另一方面劳务派遣也存在诸如派遣员工工资收入偏低、社会保障水平不足、同工不同酬及职业发展空间有限等问题（董福荣等，2012）。

除劳务派遣外，在企业管理的实践中，还存在大量业务外包的情况。业务外包，也称为资源外包、资源外置，是指通过委托—代理契约而将企业内部的某项职能或某项任务分包给其他企业或组织来完成，以最大限度地发挥本企业的核心优势，最快地对外界环境作出反应的过程（彭璧玉，2001）。业务外包有利于改善公司财务状况，加强成本控制，同时可以使企业将自身的资源投放到最擅长的领域，还可以促进供应商之间的竞争，改善产品或服务质量，提高企业运作灵活性等（孙海法等，2003），但也可能使企业对业务的控制和洞察能力降低，影响员工的情绪和企业的凝聚力，甚至失去部分客户（周艳春，2004）。业务外包和劳务派遣一样，业务外包的劳动者与用工单位的关系不属于劳动关系，并且业务外包工不一定在用工单位的工作场所中进行劳动，业务外包工对用工单位的从属性大大减弱。

除此之外，在企业管理实践中，出现了更加灵活和松散的用工形式，如滴滴、Uber 司机，再如一些创业公司的合伙人制度，以及保险代理人制度等。这些劳动者与用工单位之间与传统的劳动合同关系相比，他们主要通过协议对双方进行约束，对于劳动者的权益保护以及对劳动者的约束在现行相关的劳动法律法规里暂未涉及。随着“互联网 +”和分享经济的共同影响，这种更为灵活、松散的用工形式呈现的比例将会越来越高。与传统工作经济时期多数员工只能依附于组织不同，分享经济使得参与者比较自由地进入或退出社会生产过程，打破了原来个人与其工作单位之间单一的、固定的、排他的雇佣关系，为实现多重职业和灵活就业提供了可能，劳动者与组织的关系变得自由而松散（张新红，2016）。尽管劳动者与用工单位之间缺少劳动法律法规的约束和保护，二者也必须基于一定的社会交换规则相互合作才有助于实现各自的目标。社会交换理论认为，员工与组织的互动分为经济交换和社会交换两大类（朱苏丽等，2015），那么这种松散自由的用工模式，且劳动者与用工单位之间不存在劳动合同关系的情况，本书推测劳动者与用工单位的关系主要靠经济交换维系，用图 3-5 表示。

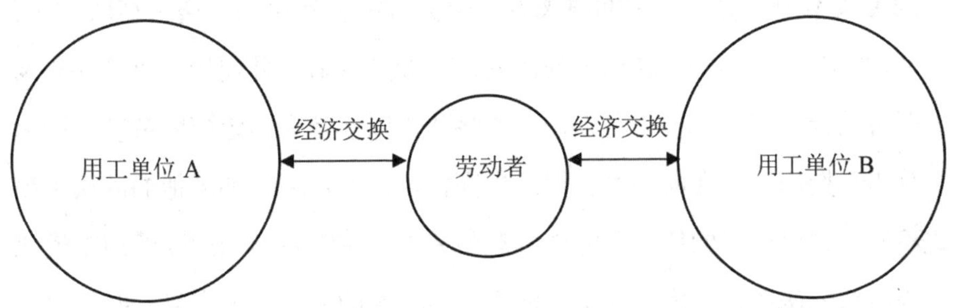

图 3-5　灵活松散用工模式下劳动者与用工单位的关系

图 3-5 表示，劳动者与用工单位的关系变得松散和自由，劳动者可以与一家或者多家用工单位建立联系（图 3-5 仅呈现了两家用工单位）。劳动者与用工单位主要基于经济交换的原则而建立平等、合作的关系。

在不同的阶段，企业选择不同的用工模式，对员工的组织依恋势必会产生不同的影响。在固定用工制阶段，员工被动或主动地对单位形成了全面依附。之所以说被动，是指职工所需要的一切资源都由单位提供，并且薪酬和福利保障与外部其他机会相比更为优厚；之所以说主动，是指员工长期工作、生活在单位中，同事就是自己的家人，一起上下班，人与人的联结也变得异常紧密，员工在单位的“庇护”下会越来越离不开单位。因此，在固定用工制阶段，有利于员工对组织的依恋。但是回顾用工模式的变迁过程，自 1992 年开始，我国逐渐将终身雇佣制改为全员劳动合同制，因此在当前阶段，企业用工包括劳动合同制、劳务派遣、业务外包以及其他灵活用工形式。其他更为灵活和松散的用工形式，如滴滴、Uber 司机与平台公司的关系，尽管从业人数较多，但是现阶段缺乏相关的劳动法律、法规的监管，同时由于取样难，难以通过个人的力量获得大量的样本，因此本书暂未对这一类用工模式进行研究。

根据前文的回顾，目前企业采用最多的用工模式包括劳动合同用工、劳务派遣和劳务外包。尽管劳务派遣和外包同劳动合同工相比，与用工单位的关系不同，但从用工期限来看，劳务派遣和外包用工通常期限较短，因此本书基于李萍等（2014）的研究，将劳务派遣、外包用工以及3年及以下劳动合同用工合称为短期用工，将3年以上及无固定期限劳动合同用工称为长期用工。在同一家公司从事同样工作的员工，如果他们的用工模式不同，其对组织的依恋可能也会有所差异，本书将不同期限的用工模式作为组织依恋各影响因素与组织依恋之间关系的另一调节变量，并提出如下研究假设：

研究假设H5：不同期限的企业用工模式在组织依恋各影响因素对组织依恋的影响中存在显著差异。

研究假设H5a：不同期限的企业用工模式在家长式领导对组织依恋的影响中存在显著差异。

研究假设H5b：不同期限的企业用工模式在人际氛围对组织依恋的影响中存在显著差异。

研究假设H5c：不同期限的企业用工模式在组织投入对组织依恋的影响中存在显著差异。

3.5 组织依恋作用结果的研究假设

考虑到研究的难度和可行性，本书选取工作满意感和组织公民行为作为员工的态度和行为变量，下面分别就其关系提出相应的研究假设。

3.5.1　组织依恋与工作满意感的关系

工作满意感是组织成员对其工作或工作经历的一种积极的情绪状态（郑晓芳，2013）。员工的工作满意感通常被定义为员工对比自己期望获得收益与实际获得收益时产生的心理感受，如果员工期望在工作中获得某种特定的价值，如薪酬、自主权和归属感，如果这些期望获得的价值得不到实现，则可能会导致低的工作满意感，甚至可能产生工作中的退缩行为（Fields，2004）。

无论工作满意感是作为前因变量还是作为结果变量，都显示着较为复杂的关系。例如，段锦云等（2012）对工作满意感和建言行为之间的关系进行研究发现，工作满意感是影响建言行为的重要因素，有研究认为员工在满意感较低时才建言，而有的研究证实工作满意感较高的员工更会建言，作者把两种情况进行整合，提出了"U"形关系假设，最后证实工作满意感与建言行为之间是线性的正向关系。还有关于工作满意感与绩效的关系，有观点认为工作满意感导致绩效，此说法出现在 20 世纪 30 年代的"人际关系学派"，认为只要提供了好的条件，使人皆大欢喜，员工就会干劲十足；还有观点认为绩效导致工作满意感，绩效不同会带来不同的奖酬，进而产生不同的满意感，即奖酬是二者之间的中介变量；还有观点认为工作满意感与绩效间并无固定的关系，按现有绩效付酬后导致更高的绩效并诱发了高满意感（陈维政等，2015）。前面提到的报酬作为中介变量带来较高的工作满意感，但赫兹伯格的双因素理论认为，报酬是保健因素，可以防止不满意，但是要想产生满意感，需要工作成就、社会认可等激励因素（郑晓芳，2013）。

从已有的依恋类型与工作满意感的关系来看，焦虑型依恋的员工与其工作满意感并无显著关系（Krausz et al.，2001；Reizer，2014）。关于组织依恋与工作满意感的关系，笔者认为，组织依恋作为员工对组织积极正向的情感，表现为对组织的信赖、归属和留恋，员工对组织的依恋程度较高，即可推断组织能满足其需要，进而可能导致工作满意感的提高，因此本书提出研究假设 H6：

研究假设 H6：组织依恋对工作满意感有显著正向影响。

3.5.2 组织依恋与组织公民行为的关系

组织公民行为是员工角色外行为，是员工自发的，在组织正式的报酬系统中尚未得到明确或直接确认的行为，但这些行为总体上有益于提高组织的功能和效率（Organ，1988）。组织公民行为有不同的表现形式，助人行为、运动员精神、组织忠诚、组织服从、个体主动性、公民道德和自我发展是组织公民行为的典型构成要素（陈维政，2015）。

关于组织公民行为的研究大多数集中在组织公民行为的积极作用上，包括提升员工完成工作的数量与质量、组织的财务效率和客户服务质量（Bolino et al.，2004），促进员工个人绩效和组织绩效（黄丽，2013），等等。但也有研究关注组织公民行为带来的负面效应，比如个人如果长期表现出助人行为、个人主动性等行为，有可能对他们获得来自组织的奖励和他们的职业晋升不利，员工的工作绩效也可能受到影响（Bergeron，2007）。

而在引发员工表现组织公民行为的原因方面，有研究指出，员工采取组织公民行为的动机是影响因素之一，这些动机包括利他、印象管理、破坏他人形象和内疚等（刘长江等，2009）。此外，还包括个性特征、群体凝聚性、领导风格及领导成员交换关系（Podsakoff et al.，2000），以及工作满意感、公平知觉、组织承诺、领导风格等（陈维政等，2015）。

关于态度变量作为前因变量对组织公民行为的研究，大部分的研究结论是积极的态度变量会促进员工的组织公民行为，而消极的态度变量会抑制员工的组织公民行为。例如，侯典牧等（2009）研究表明，积极情感对组织公民行为有显著正向影响，而消极情感则对组织公民行为有显著负向影响；又如，Organ 等提出工作满意感正向影响组织公民行为（武欣等，2005）。而关于消极态度变量对组织公民行为的影响，Lee et al.（2002）研究发现，工作场所的负面情绪体验（如恐惧、敌意、内疚和悲伤等）与组织公民行为呈负相关；黄丽（2013）研究得出，工作场所疏离感与组织公民行为呈显著负相关。

组织依恋作为员工积极的态度变量，当员工对组织表现出依恋情感时，员工对组织有强烈的依附感和归属感，员工比较容易出于自愿而作出组织公民行为，基于上述分析，本书提出研究假设 H7：

研究假设 H7：组织依恋对组织公民行为有显著正向影响。

3.6　组织依恋的中介作用研究假设

前文比较全面地分析了组织内部的因素对组织依恋的影响，以及组织依恋对员工工作满意感和组织公民行为的影响，同时笔者认为组织依恋连接了上述各影响因素与结果变量之间的关系，是影响因素与结果变量的中介变量。

员工与组织之间的关系除经济交换外，还存在社会交换。社会交换理论指出，组织对员工进行了投入，员工也会予以相应的回报，进而在态度和行为上得以体现（吴继红，2006）。Weiss et al.（1996）的情感事件理论提到，工作环境和工作事件会诱发员工的情绪反应，情绪的累积又会产生相应的工作态度和行为，积极的情绪累积引起正向的态度和行为，反之，消极的情绪累积导致负向的态度和行为（黄丽，2013）。

基于情感事件理论，笔者认为组织依恋积极的影响因素有助于提升员工的组织依恋以及工作满意感和组织公民行为。同时根据相互作用理论，员工最终的态度和行为表现受到外部情境因素和内部主观因素的共同影响，而组织依恋可能是在组织内部各影响因素与员工的工作满意感和组织公民行为之间的“黑箱”。

3.6.1　组织依恋在各影响因素与工作满意感之间的中介作用

前文已经提到，根据社会交换理论和情感事件理论，组织依恋作为各影响因素引发的员工的“情感反应”，进而对员工的态度和行为产生影响。工作满意感作为员工的态度变量，组织依恋起到中介作用的内在逻辑是，员工在组织中感受到来自重要他人（包括领导和同事）以及组织的影响，对员工的组织依恋产生影响，进而影响其工作满意感。基于此，本书提出研究假设 H8：

研究假设 H8：组织依恋在各影响因素与工作满意感之间起中介作用。

3.6.1.1　组织依恋在家长式领导与工作满意感之间的中介作用

关于家长式领导与工作满意感的中介变量，相关研究有：吴宗佑等（2002）研究表明威权领导会通过下属的愤怒情绪感受，对工作满意感产生负面影响；丁洪娟（2013）研究了组织公平在家长式领导与工作满意感之间起中介作用。也有研究就家长式领导与工作满意感的直接关系进行了研究：郑伯埙等（2000，2003）研究发现仁慈领导和德行领导与员工的工作满意感呈正相关，而威权领导与工作满意感呈负相关或呈不相关；邓志华等（2012）研究表明家长式领导与工作满意感呈正相关。

尽管家长式领导中的威权领导可能与组织依恋呈负相关关系，但仁慈领导和德行领导可能会使得员工因为领导的体恤和示范而对其产生积极认同，会减轻威权领导所带来的负面影响。根据依恋理论，领导作为员工在组织中的重要他人，扮演着类似“父母”的角色，当家长式领导给予员工个别化的关怀照顾以及领导克己奉公、以身作则时，能够使员工对领导更加信任，从而也愿意被领导信任。而领导作为组织的代言人，员工经由对领导的信任进而产生对组织的依恋。当员工对组织依恋时，表现为员工相信组织会在他们需要的时候给予鼓励和支持，并且对组织有较强的归属感和留恋感，进而提升员工的工作满意感。因此，本书提出研究假设 H8a：

研究假设 H8a：组织依恋在家长式领导与工作满意感之间起中介作用。

3.6.1.2　组织依恋在人际氛围与工作满意感之间的中介作用

中国人自古以来讲究和谐，“和谐”作为一种价值理想和伦理目标，是中国人一直以来的美好追求和向往。在当今社会，从国家领导人把构建和谐社会作为指导思想和目标任务，到构建和谐组织（汪新艳，2007；覃大嘉等，2013），“和谐”已经渗透到中国人的文化与价值观中，而这种和谐思想最集中的体现就在于对和谐人际氛围的追求（黄丽，2013）。

Kwan et al.（1997）研究发现，和谐的人际氛围会影响生活满意度的质量，并且对集体主义倾向的华人影响更大；郭晓薇（2007）认为人际和谐，尤其是上下级人际和谐可以提升员工的生产效率和工作满意感。黄丽等（2015）研究指出，个体在与他人互动中获得了归属感和满足感，就会产生积极的情绪体验，按照社会交换与社会公平理论，个体会相应调整自身的投入与产出比，以积极的态度或行为回报组织与同事。在和谐的人际氛围的影响下，员工在组织中容易体会到来自同事的接纳与包容，不仅可以满足员工归属的需要，还能让员工体会到被爱，员工可以放心地信赖自己的同事，并产生对组织的依恋。组织依恋作为员工积极的情感，进而促进员工提升其工作满意感。基于上述分析，本书提出研究假设 H8b：

研究假设 H8b：组织依恋在人际氛围与工作满意感之间起中介作用。

3.6.1.3 组织依恋在组织投入与工作满意感之间的中介作用

组织投入主要用来评估员工感知到的组织对员工的物质性投入和发展性投入。根据社会交换理论，以及中国早已有之的“投桃报李”“来而不往非礼也”等说法，人们倾向于基于互惠和人情交换的法则就他人的付出以一定的方式进行回报。吴继红等（2009）根据组织投入、员工绩效和组织承诺三个变量最终得分是否大于其均值，将员工—组织关系分为八类，并对员工的工作满意感进行了检验，最终得出理想型（组织投入、员工绩效和组织承诺三个变量值均高于均值时的类型）和奉献型（组织投入低于均值，员工绩效和组织承诺均高于均值的类型）的工作满意感最高。

按照依恋理论，个体要想生存和发展，有赖于依恋对象提供资源和关心，个体的依恋是一种本能，也是一种适应性的策略。当组织投入的薪酬、福利以及发展机会满足员工的生存和发展需要时，会激发员工对组织的信任，并且愿意被组织信任，表现出对组织的依恋情感，基于社会交换理论，员工也会以相应的表现进行回报，对组织的依恋即员工对组织的一种回报，员工组织依恋程度的提高，对于提升员工的工作满意感具有促进作用。因此，本书提出研究假设 H8c:

研究假设 H8c：组织依恋在组织投入与工作满意感之间起中介作用。

3.6.2 组织依恋在各影响因素与组织公民行为之间的中介作用

组织公民行为是员工在制度要求之外的自发行为，直接受到员工在组织中情绪状态的影响，而员工的情绪与员工对组织内部管理因素的感知密切相关（黄丽，2013）。当员工感知到的管理因素有助于促进员工对组织的依恋时，员工相应地会表现出组织公民行为，据此本书提出研究假设 H9：

研究假设 H9：组织依恋在各影响因素与组织公民行为之间起中介作用。

3.6.2.1 组织依恋在家长式领导与组织公民行为之间的中介作用

家长式领导与组织公民行为之间的关系，有学者就二者的中介效应进行了研究：邓志华、陈维政（2013）研究指出，家长式领导对组织公民行为有显著正向影响，工作满意感在二者之间起部分中介作用；林声洙、杨百寅（2014）研究结果表明，仁慈领导、德行领导通过组织支持感进一步作用于组织公民行为；郑伯埙等（2002）发现信任在仁慈领导和德行领导与组织公民行为之间起中介作用；张燕等（2012）研究了威权领导对员工组织公民行为的影响，以下属权力距离为调节，以员工对领导的信任为中介，结果表明：威权领导通过降低低权力距离取向下属对领导的信任程度进而减少组织公民行为，而威权领导的负面影响对于高权力距离取向下属会变弱，甚至会促进组织公民行为。

根据组织拟人化理论，员工往往将上级领导视为组织的代理人，上级领导的态度和行为被员工视为组织的意图（林声洙等，2014），又根据依恋理论，领导作为员工在组织中重要的依恋对象，员工会深受领导态度和行为的影响，如果领导能满足员工的需要，员工则展现出对组织的积极情感。家长式领导恩威并重，以德服人，前面研究假设提到，威权领导可能会对组织依恋产生负面影响，但是仁慈领导和德行领导对组织依恋会产生正面影响，因此对于家长式领导的整体构念而言，后者的积极作用可能会削弱威权领导的作用，而不会影响其对员工组织依恋的影响。家长式领导通过对员工组织依恋的影响，进而可能促使员工自发地展现出组织公民行为。因此，本书提出研究假设 H9a：

研究假设 H9a：组织依恋在家长式领导与组织公民行为之间起中介作用。

3.6.2.2 组织依恋在人际氛围与组织公民行为之间的中介作用

根据马斯洛的需要层次理论，归属与爱的需要是个体行为的内在动机和心理驱力，而归属感的获得有赖于个体所在的人际氛围，如果能够在人际交往中获得接纳、爱和满足感，个体就会产生积极的情绪体验。按照社会交换理论以及社会公平理论，个体会根据自己在群体中的获得，以相应的“产出”来回报组织与同事，比如愿意承担缺勤同事的工作等（黄丽等，2015）。陈佳琪等（2014）指出，和谐的人际信任氛围有助于提高组织公民行为。李敏（2010）针对中国文化中特有的“关系”取向，研究了员工关系对组织公民行为的影响，结果表明二者具有正相关关系。

基于依恋理论，和谐的人际氛围让个体产生归属感以及满足被爱和被需要的需求，个体感到愉悦，从而愿意留在组织中。组织依恋不仅表现为遇到困难和挫折时对组织的信任，而且表现出对组织强烈的留职意愿，进而使员工表现出更多角色外的助人和利他行为。通过上述分析，提出研究假设 H9b：

研究假设 H9b：组织依恋在人际氛围与组织公民行为之间起中介作用。

3.6.2.3 组织依恋在组织投入与组织公民行为之间的中介作用

员工在组织中除有归属与爱的需要外，还包括生存的需要以及更高层次的自我实现的需要。组织投入包括物质性投入和发展性投入，这几乎可以涵盖员工在组织内的绝大部分需求。当员工感受到组织的投入较大时，根据社会交换理论以及社会公平理论，员工会主动或被动地给予组织相应的回报。组织依恋既把组织作为依恋对象，对组织产生的归属感、信赖感和留恋感，又根据依恋理论，当组织满足员工的需要时，员工会把内心关于理想父母的愿望与组织进行对应，从而表现出对组织更强的依恋情感。当员工对组织产生依恋后，员工也会对组织和他人表现出帮助或利他的行为，即展现出组织公民行为。关于组织投入与组织公民行为的关系，吴继红等（2009）发现二者呈正相关关系，并且发展性投入的作用更大。

对于中国人而言，除遵循社会交换的互惠法则外，中国人还受到人情法则的影响，员工除以同等价值的资源进行回报外，还常常以感激和报恩的心来报答对方的投入（陈维政等，2015）。对于中国企业员工而言，当体验到来自组织的投入时，员工产生对组织的依恋，进而促进组织公民行为，基于此，本书提出研究假设 H9c：

研究假设 H9c：组织依恋在组织投入与组织公民行为之间起中介作用。

3.7　本章小结

本章在组织依恋国内外文献回顾的基础上，结合个人访谈，提炼了组织依恋的影响因素，包括家长式领导、人际氛围和组织投入，并以工作满意感和组织公民行为作为员工态度和行为变量，构建了组织依恋影响因素及组织依恋作用结果的理论模型。

本章主要基于相关文献和理论基础，提出了九大研究假设，包括各前因变量对组织依恋的影响作用；组织依恋类型和企业用工模式对各前因变量和组织依恋之间关系的调节作用；组织依恋对结果变量的影响作用，以及组织依恋的中介作用，这些研究假设的提出为后续章节的实证研究奠定了基础。

·第 4 章　中国企业员工组织依恋问卷的开发·

本章主要介绍了组织依恋问卷的开发过程，包括建立组织依恋题项库、对题项的内容分析、探索性因子分析和验证性因子分析等，保证所开发的量表具有较高的信、效度。

组织依恋作为一个抽象的概念，同大多数管理学概念一样不能被直接观察，必须对其进行操作化。所谓操作化，是指根据对概念的理解和定义，用合适的测量指标对概念所代表的现象进行科学的描述、区分、解释及预测的过程（梁建等，2012）。

梁建等（2012）提出，在中国管理学研究中，对于量表的使用需要考虑两个问题：一是需要自行开发新量表，还是可以翻译、修改国外研究中已经使用的量表？二是我们测量的概念及其表现形式是具有跨文化的普适性，还是受到中国管理情境的特殊影响？

樊景立等（2006）将中国组织情境中问卷开发分为四种取向：①直接翻译取向，即强调文化适用性的原则，将国外的问卷直接翻译成中文；②修改取向，是指在翻译国外问卷的过程中，修改其中不适合中国情境的部分，以使它们与我们研究的背景相统一；③去情境化取向，即强调发展出能广泛适用于各种文化情境的问卷；④情境化取向，致力于开发出能够准确反映、描述中国管理情境特殊性的问卷。

对于组织依恋已有的测量而言，国外学者多采用替代变量进行测量，一是未能反映组织依恋本身，也未能反映出组织依恋的维度；二是这些替代变量很多是组织依恋的作用结果，如果用替代变量进行测量，容易造成自变量和因变量之间的相互混淆。国内目前仅有两位研究者（李晓阳，2011；沈涛，2015）开发了组织依恋的问卷。仔细查看他们问卷开发的流程，发现在访谈阶段就出现较大的问题，导致组织依恋和影响组织依恋的因素相混淆。因此，沿用现有的量表并不能满足本书的需要，必须依照问卷开发的程序，采用情境化取向，开发出中国企业员工的组织依恋问卷。

问卷开发可分为如下阶段：

① 建立题项库，题项来源主要基于已有的文献以及个人访谈；

② 由人力资源管理专家团队对题项库里的题项进行内容分析，经过筛选，保留达成一致的题项，删除分歧较大而不能达成统一意见的题项；

③ 将保留的题项编制成问卷，进行预调查，预调查的样本要达到题项数的 5 ~ 10 倍（吴明隆，2010），并对题项进行探索性因子分析；

④ 根据探索性因子分析的结果对调整后的问卷题项进行调查，通过调查数据对问卷进行信效度检验以及验证性因子分析。

4.1 建立题项库

本书的题项主要有两大来源：①采用内容编码对国内外有关组织依恋问卷的题项进行内容分析，挑选出能反映中国企业员工组织依恋的测量题项；②为了实现组织依恋问卷的本土化，并且补充已有文献的不足，通过个人访谈丰富题项。

4.1.1　文献研究汇总分析

文献分析是对收集到的国外学者关于组织依恋问卷条目进行翻译、回译、整理和分析（采用替代变量的题项不包括在内），同时将国内学者开发的组织依恋问卷进行归类和分析。本书题项主要来源于以下文献：Vecchio（1996）、Halaby et al.（1989）、Shamir et al.（1998）、Rioux（2011）、Kelvin（2009）、Gaiduk et al.（2009）、李晓阳（2011）和沈涛（2015），共得到 47 个初始题项，题项后标“R”代表该题项为反向题，如表 4–1 所示。

表 4–1　国内外组织依恋题项汇总

编号	题项	编号	题项
1	致力于现在的工作能让我最终实现自我价值	14	在本公司学到的做事方式将影响我一生
2	我从内心里喜欢目前的工作	15	我个人的目标和单位的目标可以协调
3	我真高兴当初选择了这家单位来工作	16	即使离开本公司，我依然很认同公司的价值观
4	现在的工作能够发挥出我的潜力	17	我对所在公司的忠诚度很低（R）
5	工作中出现问题时，我能从公司得到帮助	18	未来一年内我会努力寻找另一家公司（R）
6	工作中出现问题时，公司能够给予适当理解	19	我为在现在的公司工作而感到自豪
7	我能得到那些对我的工作决定有关的信息	20	有时候我后悔成为公司的一员（R）
8	我能感受到公司对员工工作的支持和鼓励	21	如果可以，我打算在本地换另一家公司就职（R）
9	我经常感到很难同意公司在事关员工重要问题方面的决策（R）	22	我很高兴归属于所在的公司
10	我时常担心公司会不会公正地对待我（R）	23	告诉他人我所在的公司，我感到不是特别自豪（R）
11	当有问题时，我愿意向公司提出来	24	我依恋于我的工作场所
12	我觉得公司会利用那些软弱的人（R）	25	对我来说从现在的公司永久离开是很困难的
13	公司的理念已成为我个人的理念，今后将一直指导我	26	公司有些地方是我特别依恋的

续表

编号	题项	编号	题项
27	如果公司不得不搬走，我会感到遗憾	38	公司会原谅我的无心之过
28	公司成为我内在的一部分	39	在实施变革前，公司领导会认真考虑我的意见
29	公司的某些地方能唤起我的回忆	40	如果有必要，我在新项目上遇到困难，公司会介入对我进行帮助
30	休假后，我会很高兴能够回到工作场所	41	即使另一家公司提供更高的薪水，我也不会离开现在的公司
31	公司向我保证，我遇到问题时可以向公司寻求帮助	42	如果必须暂时离开，我想能有机会继续在这家公司工作
32	公司支持我的工作	43	在工作时我通常有一个好心情
33	公司领导会找时间倾听我的目标和个人发展需要	44	如果我决定尝试不同的工作，我会首先看本公司有没有空缺
34	公司鼓励我探索工作的新方法	45	我会把公司作为一个好的工作去处推荐给我的朋友和熟人
35	公司领导引导我去发现如何能提升我的工作	46	我感到我的努力没有得到合理的认可（R）
36	如果知道我受到同事不公正的批评，公司会为我主持公道	47	员工视公司为家庭，自己为家庭成员
37	公司领导会倾听我谈工作上的压力		

4.1.2 访谈收集题项

为了实现组织依恋问卷的本土化，同时丰富组织依恋题项的来源，本书采用个人访谈补充组织依恋的题项。为了更好地让访谈对象理解组织依恋的内涵，避免直接用专业的抽象术语提问，本书基于文献研究，将组织依恋的概念操作化作为个体对组织的情感联结，主要表现为个体对组织的依赖感、归属感，以及对组织的留恋感。

结合 Ainsworth（1989）和 Kelvin（2009）的研究，按照“安全基地”“安全港湾”“寻求亲密感”和“分离痛苦”四种依恋行为设计访谈提纲。提纲内容主要包括以下四个方面：

① 了解被访对象的基本情况，包括年龄、学历、在公司的工作年限、工作职责、职务、企业性质和行业等；

② 了解被访对象与所在公司的关系现状，包括对公司的信赖程度、归属程度，按 1 ～ 5 分打分，并用具体的事例进行说明；

③ 遇到困难和挫折时，公司是如何回应的（意在了解公司的安全港湾功能），公司是否会鼓励被访对象创新和进行工作方面的探索（意在了解公司的安全基地功能），并分别举例说明；

④ 如果有一天要离开所在的公司，被访对象内心的感受是怎样的（意在了解分离焦虑感以及对公司的留恋感）。

研究者对受访对象提及的内容均进行了记录。访谈从 2014 年 12 月开始到 2015 年 5 月结束，共有 13 名来自不同行业、不同企业以及不同职位的受访对象接受了访谈。受访对象中，男性 5 人，女性 8 人；年龄在 20 ～ 29 岁的 2 人，30 ～ 40 岁的 9 人，40 岁以上的 2 人；学历方面，大专、高中及以下 2 人，本科及以上 11 人；职务层级属于普通员工的 3 人，基层管理者 3 人，中层管理者 4 人，高层管理者 3 人；在公司的工作年限不到 1 年的有 4 人，1 ～ 3 年的 3 人，3 年以上的 6 人。通过整理，共收集到 15 个组织依恋的条目，如表 4–2 所示。

表 4–2　通过访谈收集到的组织依恋题项汇总

编号	题项	编号	题项
1	当我在工作中遇到困难时，公司会为我提供帮助	5	我寻求并试图保持与公司的接触
2	公司为我的工作创新提供空间	6	当从现有公司离职时，我会感到痛苦
3	公司为我的个人发展创造机会	7	当我工作遇到挑战时会向公司寻求帮助
4	当我离职时，由于切断了和公司的联系会导致心里不舒服	8	公司鼓励员工积极探索

续表

编号	题项	编号	题项
9	即使我所在的公司不会随时和我保持直接接触，但这样的联系已经深入到我的内心	13	在我遇到挫折时，我相信公司会鼓励我
10	当我感到沮丧时，会寻求公司的鼓励和支持	14	如果不得不离开公司，我会常常想念公司
11	公司让我感到安全，并促进我进行探索和自我提升	15	如果要离开公司，我内心是不愿意的
12	在我难以抉择时，我会寻求公司的帮助		

4.2 题项的内容分析

对上述两大来源的题项进行汇总，一共得到 62 个题项，且发现主要来源于文献研究。研究者按照以下标准对题项进行筛选：①分析每个题项的描述是否清楚和准确，特别注意有无歧义之处；②分析每个题项的陈述是否能准确地表达所测的内容，即对问卷的内容效度进行评估（黄丽，2013）。在保证研究者清楚上述标准之后，按照下列步骤对汇总的题项进行内容分析。

第一步，由两名企业管理专业人力资源管理方向的研究者分别对上述题项进行整理、归类和编码，将认为需要删除和合并的题项用不同的颜色标明，并注明删除的原因和合并题项后的命名；

第二步，将背靠背编码的结果进行统计，分为达成共识和未达成共识两种情况，未达成共识又分为 A 研究者认为保留但 B 研究者认为应该删除，以及 B 研究者认为保留但 A 研究者认为应该删除两种情况，为了统计和分析方便，用不同的颜色在题项上标明；

第三步，将统计后的结果再次由两位研究者进行内容分析，经过多轮讨论，删除分歧较大而不能形成统一意见的题项，最终保留了 26 个题项；

第四步，将保留的 26 个题项与人力资源管理及组织行为学教授经过多轮讨论，对其中 5 个描述不清楚、翻译不恰当的题项进行了修订，并将其中的 2 个题项合并为 1 个，最终保留了 25 个题项；

第五步，邀请 6 名人力资源管理方向的硕士和博士研究生以及 10 名企业员工分别通过面对面和网络的方式讨论保留的 25 个题项，并进行预测试，主要看题项的表述是否清楚，是否准确表达了测量的内容以及所花费的时长，最终仍保留 25 个题项（见表 4–3）。

表 4–3　内容分析后保留的题项

编号	题项	编号	题项
1	工作中出现问题时，我能从公司得到帮助	14	对我来说，从现在的公司离职是很困难的
2	如果知道我受到同事不公正的批评，公司会为我主持公道	15	当我离职时，由于切断了与公司的联系，我会感到痛苦
3	公司领导会倾听我谈工作上的压力	16	我会寻求并试图保持与公司的接触
4	公司会原谅我的无心之过	17	如果不得不离开公司，我会常常想念公司
5	当我工作遇到挑战时会向公司寻求帮助	18	如果可以，我打算换另一家公司就职（R）
6	在我难以抉择时，我会寻求公司的帮助	19	即使另一家公司提供更高的薪水，我也不会离开现在的公司
7	在我遇到挫折时，我相信公司会提供鼓励和支持	20	假如我不得不暂时离开，我仍然希望能继续在这家公司工作
8	公司领导会找时间倾听我的目标和个人发展的需要	21	如果我决定尝试不同的工作，我会首先看本公司有没有空缺
9	公司鼓励我对工作进行创新	22	公司有些地方我特别留恋
10	公司让我感到安全，并促进我进行探索和自我提升	23	如果公司不得不搬走，我会感到遗憾
11	有时候我后悔成为公司的一员（R）	24	公司有些地方能唤起我的回忆
12	我很高兴归属于所在的公司	25	休假后，我很高兴能回到工作场所
13	我视公司为家庭，自己为家庭成员		

4.3 组织依恋问卷的探索性因子分析

采用探索性因子分析考察组织依恋问卷的因子结构，确定企业员工组织依恋的正式问卷，用临界比值、α 系数、相关分析、因子载荷和交叉载荷数等指标考察问卷的信效度。

4.3.1 探索性因子分析样本概况

按照样本的数量不低于题项数的 5 ～ 10 倍的要求（吴明隆，2010），本书于 2015 年 12 月至 2016 年 3 月在 MBA 班以及企业发放了 180 份包含 25 道组织依恋题项的预测问卷，并按以下步骤剔除无效问卷：

第一步，目测。问卷答案呈现规律性、周期性、统一性的将作为无效问卷剔除，对于问卷题目有大量未作答的以及大量多选的问卷也视为无效问卷。

第二步，根据题项中的反向题的回答。如果反向题的评分与其他题项的评分自相矛盾，则视为无效问卷（王光明等，2016）。

剔除不合格问卷后，有效问卷一共 141 份，问卷有效率为 78.33%。样本的特征描述见表 4–4。

表 4–4 预试样本的特征描述（N=141）

变量	分类	占比 /%	变量	分类	占比 /%
性别	男	55.5	企业性质	民营企业	39.9
	女	44.5		国有企业	33.3
学历	大专	5.0		外资企业	15.2
	本科	17.3		经营性事业单位	1.4
	硕士及以上	77.7		其他	10.1

续表

变量	分类	占比 /%	变量	分类	占比 /%
在公司的工作年限	不到 1 年	17.3	职位层次	普通员工	45.3
	1 ～ 3 年	20.9		基层管理者	27.3
	3 ～ 7 年	43.2		中层管理者	18.7
	7 年及以上	18.7		高层管理者	8.6
年龄	30 岁及以下	60.4	用工方式	3 年及以下合同员工	31.1
	31 ～ 40 岁	36.0		3 年以上合同员工	68.9
	41 岁及以上	3.6			

4.3.2　项目分析

项目分析的主要目的在于检验编制的问卷题项的适切性与可靠程度。项目分析的步骤包括：

第一步，检查输入的数据有无错误值和缺失值，并进行相应的处理；

第二步，对反向题反向计分；

第三步，量表题项的加总，再将分数按递增或递减的方式排序，后按样本数的 27% 为临界值进行高低分组，对高低二组在各题项上的平均得分进行独立样本 T 检验；

第四步，求题项与总分的相关系数及信度检验；

第五步，共同性与因子载荷量检验（吴明隆，2010）。

4.3.2.1　错误值和缺失值检验

经过检查，数据的录入没有错误值，采用李克特 6 点计分，分值均在 1 ～ 6 分。数据的填写存在缺失值，对缺失值的处理按“序列均值”进行替换。

4.3.2.2　反向题反向计分

反向题是为了减少默认反应偏差（指不区分题目内容而随意作出同意反应的倾向）和不认真填写行为而设置的（郭庆科等，2006）。组织依恋初始问卷中有两道反向题，为了防止结果的偏差，已对反向题进行重新编码计分。

4.3.2.3 高低分组及独立样本 T 检验

首先对 25 个题项进行加总、排序，然后按样本数 27% 的值进行高低分组，接着进行独立样本 T 检验，结果如表 4–5 所示。

表 4–5 独立样本 T 检验（N=141）

题项	方差齐性的 Levene 检验		独立样本 T 检验结果		
	F 值	P 值	t 值	自由度	P 值 (2–tailed)
OA1	14.719	0.000	11.760	118	0.000
			11.760	99.903	0.000
OA2	0.413	0.522	12.499	118	0.000
			12.499	117.969	0.000
OA3	9.468	0.003	11.208	118	0.000
			11.208	110.394	0.000
OA4	5.024	0.027	8.191	118	0.000
			8.191	113.727	0.000
OA5	8.570	0.004	11.350	118	0.000
			11.350	100.300	0.000
OA6	11.842	0.001	9.574	118	0.000
			9.574	105.157	0.000
OA7	11.242	0.001	15.128	118	0.000
			15.128	109.508	0.000
OA8	2.245	0.137	10.758	118	0.000
			10.758	115.728	0.000
OA9	4.966	0.028	8.886	118	0.000
			8.886	109.381	0.000
OA10	0.651	0.421	11.829	118	0.000
			11.829	113.381	0.000

续表

题项	方差齐性的 Levene 检验		独立样本 T 检验结果		
	F 值	P 值	t 值	自由度	P 值 (2-tailed)
OA11	1.589	0.210	10.653	118	0.000
			10.653	114.273	0.000
OA12	8.837	0.004	16.796	118	0.000
			16.796	100.920	0.000
OA13	0.902	0.344	15.375	118	0.000
			15.375	117.994	0.000
OA14	3.836	0.053	7.778	118	0.000
			7.778	114.492	0.000
OA15	4.840	0.030	11.991	118	0.000
			11.991	109.367	0.000
OA16	3.687	0.057	10.535	118	0.000
			10.535	112.193	0.000
OA17	0.997	0.320	13.020	118	0.000
			13.020	117.864	0.000
OA18	0.673	0.414	10.622	118	0.000
			10.622	117.297	0.000
OA19	5.210	0.024	9.182	118	0.000
			9.182	110.336	0.000
OA20	0.702	0.404	13.544	118	0.000
			13.544	117.909	0.000
OA21	7.198	0.008	9.272	118	0.000
			9.272	108.663	0.000
OA22	21.519	0.000	9.831	118	0.000
			9.831	94.109	0.000
OA23	9.494	0.003	10.102	118	0.000
			10.102	108.455	0.000

续表

题项	方差齐性的 Levene 检验		独立样本 T 检验结果		
	F 值	P 值	t 值	自由度	P 值 (2-tailed)
OA24	15.744	0.000	7.913	118	0.000
			7.913	97.189	0.000
OA25	0.874	0.352	13.214	118	0.000
			13.214	117.535	0.000

表 4–5 中，“OA”是组织依恋（organizational attachment）的首字母缩写，OA1 ～ OA25 分别对应表 4–3 中组织依恋的题项。

将每个题项的高分组和低分组进行的独立样本 T 检验，对每一条目是否具有鉴别度的具体分析遵循如下要求：

第一，如果某个条目的“方差齐性的 Levene 检验”的 F 检验显著（P<0.05），则表示两个组别的方差不相等，此时要看第二栏“假定方差不相等”的 t 值的显著性，若 t 值显著（P<0.05），则此题具有鉴别度；若 t 值不显著（P>0.05），则此题不具有鉴别度。

第二，如果某个条目的“方差齐性的 Levene 检验”的 F 检验不显著（P>0.05），则表示两个组别的方差相等，此时要看第一栏“假定方差相等”的 t 值的显著性，若 t 值显著（P<0.05），则此题具有鉴别度；若 t 值不显著（P>0.05），则此题不具有鉴别度（吴明隆，2010）。

从表 4–5 的结果来看，所有条目的 t 值均显著，具有良好的鉴别度，保留所有条目，以进一步做因子分析。

4.3.2.4 题项与总分的相关及信度检验

除了以独立样本 T 检验作为项目分析的指标外，还可以看个别题项与总分的相关系数。如果个别题项与总分相关度越高，则表示题项与整体量表的同质性越高；如果个别题项与总分的相关系数未达到显著，或两者的相关系数小于 0.4，则表示题项与整体量表的同质性不高，那么应该将该题项删除（吴明隆，2010）。本书中各题项与总分之间相关系数介于 0.555 ～ 0.802（ $P<0.01$ ），均达到显著，且相关系数大于 0.4，因此全部保留。

信度代表量表的一致性和稳定性，信度系数在项目分析中，也可作为检验指标之一，在社会科学领域中多用 *Cronbach's α* 系数为代表。信度检验旨在检验题项删除后，整体量表的信度系数的变化情况，如果题项删除后量表的整体信度系数比原来的信度系数高，则表示该题项与其他题项的同质性不高，需要将此题项予以删除（吴明隆，2010）。组织依恋量表整体的 *Cronbach's α* 系数值为 0.948，各题项删除后 *Cronbach's α* 系数在 0.945 ～ 0.948，并没有使整体量表的 *Cronbach's α* 系数提高，因此所有题项均保留。题项与总分的相关系数与信度系数如表 4–6 所示。

表 4–6　组织依恋问卷题项与总分相关系数和信度系数（N=141）

题项	平均数	标准差	题项与总分的相关系数	删除该条目后问卷 *Cronbach's α* 系数	删除 / 保留
OA1	4.018	1.183	0.664**	0.946	保留
OA2	3.541	1.252	0.653**	0.946	保留
OA3	3.694	1.310	0.643**	0.947	保留
OA4	3.941	1.283	0.555**	0.948	保留
OA5	4.205	1.224	0.643**	0.947	保留
OA6	4.041	1.280	0.605**	0.947	保留
OA7	3.771	1.326	0.759**	0.945	保留
OA8	3.643	1.463	0.655**	0.946	保留
OA9	4.118	1.444	0.583**	0.947	保留
OA10	3.584	1.414	0.727**	0.945	保留
OA11	3.900	1.495	0.640**	0.947	保留
OA12	3.959	1.343	0.802**	0.945	保留
OA13	3.502	1.400	0.777**	0.945	保留
OA14	3.671	1.443	0.558**	0.948	保留
OA15	3.200	1.479	0.721**	0.946	保留

续表

题项	平均数	标准差	题项与总分的相关系数	删除该条目后问卷 *Cronbach's α* 系数	删除 / 保留
OA16	3.808	1.164	0.703**	0.946	保留
OA17	3.584	1.426	0.765**	0.945	保留
OA18	3.416	1.506	0.673**	0.946	保留
OA19	2.827	1.374	0.664**	0.946	保留
OA20	3.362	1.393	0.769**	0.945	保留
OA21	3.701	1.392	0.572**	0.947	保留
OA22	4.127	1.312	0.682**	0.946	保留
OA23	3.742	1.418	0.652**	0.946	保留
OA24	4.158	1.274	0.575**	0.947	保留
OA25	3.312	1.507	0.688**	0.946	保留

注：** 表示 P<0.01。

4.3.2.5 共同性与因子载荷量检验

共同性（communality）表示题项能解释共同特质或属性的变异量，共同性数值越低，表示该题项测量共同心理特质的程度越低，若低于 0.20，则可以考虑删除该题项；反之，共同性的数值越高，则表示能测量到的心理特质的程度越高。题项的因子载荷量表示题项与因子关系的密切程度，题项在共同因素的因子载荷量越高，表示题项与总问卷的关系越密切，即同质性越高。一般认为因子载荷量必须大于等于 0.45（孟奕爽等，2013）。通过分析，发现所有题项的共同性和因子载荷量均达到要求，全部予以保留，进行探索性因子分析，见表 4–7。

表 4–7 组织依恋问卷共同性及因子载荷量（N=141）

题项	共同性	因子载荷量	题项	共同性	因子载荷量
OA1	0.451	0.672	OA3	0.413	0.643
OA2	0.429	0.655	OA4	0.308	0.555

续表

题项	共同性	因子载荷量	题项	共同性	因子载荷量
OA5	0.418	0.646	OA16	0.504	0.710
OA6	0.370	0.608	OA17	0.588	0.767
OA7	0.583	0.764	OA18	0.448	0.669
OA8	0.426	0.653	OA19	0.442	0.665
OA9	0.334	0.578	OA20	0.591	0.769
OA10	0.527	0.726	OA21	0.319	0.564
OA11	0.403	0.635	OA22	0.464	0.681
OA12	0.649	0.806	OA23	0.422	0.650
OA13	0.608	0.780	OA24	0.328	0.572
OA14	0.303	0.550	OA25	0.470	0.686
OA15	0.522	0.723			

4.3.3　探索性因子分析的结果

项目分析后，需要检验问卷的结构效度（construct validity）。结构效度是指问卷能测量理论的概念或特质的程度。采用的方法是探索性因子分析（exploratory factor analysis），其目的在于找出问卷潜在的结构，减少题项的数目，使之变成一组较少而彼此相关性较大的变量（吴明隆，2010）。

4.3.3.1　题项间相关系数分析

进行题项间相关系数分析的目的在于分析数据是否适合进行因子分析。具体做法是检查各题项间的相关系数是否显著（$P<0.05$），同时看题项间相关系数的大小。如果相关系数偏低则要找出共同因子比较困难，但若题项间相关系数较高（$r>0.8$），也无法萃取合适的因子，可将其进行删除后再进行因子分析（吴明隆，2010；黄丽，2013）。本书组织依恋 25 个题项间相关系数全部显著（$P<0.01$ 或 $P<0.05$），根据相关矩阵，相关系数的值均未超过 0.80，因此题项适合进行因子分析，见表 4–8。

表 4-8 题项间的相关系数（N=141）

	OA1	OA2	OA3	OA4	OA5	OA6	OA7	OA8	OA9	OA10	OA11	OA12	OA13	OA14	OA15	OA16	OA17	OA18	OA19	OA20	OA21	OA22	OA23	OA24	OA25
OA1																									
OA2	0.543**																								
OA3	0.540**	0.603**																							
OA4	0.462**	0.572**	0.556**																						
OA5	0.595**	0.471**	0.496**	0.498**																					
OA6	0.573**	0.485**	0.486**	0.491**	0.761**																				
OA7	0.540**	0.567**	0.570**	0.536**	0.650**	0.632**																			
OA8	0.434**	0.516**	0.560**	0.434**	0.446**	0.425**	0.612**																		
OA9	0.406**	0.355**	0.430**	0.301**	0.433**	0.426**	0.491**	0.614**																	
OA10	0.442**	0.465**	0.461**	0.345**	0.426**	0.434**	0.602**	0.493**	0.582**																
OA11	0.312**	0.304**	0.300**	0.248**	0.312**	0.216*	0.418**	0.262**	0.243**	0.514**															
OA12	0.564**	0.441**	0.402**	0.368**	0.437**	0.419**	0.578**	0.439**	0.492**	0.616**	0.621**														
OA13	0.447**	0.455**	0.446**	0.381**	0.472**	0.438**	0.548**	0.479**	0.393**	0.508**	0.517**	0.642**													
OA14	0.240**	0.279**	0.284**	0.191*	0.265**	0.255**	0.311**	0.230**	0.216*	0.403**	0.400**	0.469**	0.485**												
OA15	0.392**	0.382**	0.322**	0.283**	0.358**	0.288**	0.467**	0.373**	0.259**	0.465**	0.432**	0.544**	0.625**	0.528**											
OA16	0.433**	0.393**	0.376**	0.339**	0.426**	0.377**	0.487**	0.421**	0.402**	0.460**	0.375**	0.544**	0.534**	0.457**	0.619**										
OA17	0.422**	0.401**	0.424**	0.386**	0.383**	0.307**	0.454**	0.422**	0.363**	0.520**	0.498**	0.587**	0.640**	0.399**	0.698**	0.624**									
OA18	0.341**	0.381**	0.272**	0.240**	0.328**	0.253**	0.370**	0.352**	0.285**	0.430**	0.623**	0.597**	0.550**	0.439**	0.476**	0.433**	0.557**								
OA19	0.391**	0.325**	0.325**	0.242**	0.324**	0.255**	0.466**	0.361**	0.233**	0.393**	0.458**	0.521**	0.555**	0.390**	0.545**	0.420**	0.508**	0.576**							
OA20	0.412**	0.376**	0.356**	0.246**	0.316**	0.287**	0.464**	0.456**	0.379**	0.458**	0.552**	0.652**	0.598**	0.458**	0.624**	0.567**	0.597**	0.660**	0.700**						
OA21	0.321**	0.240**	0.355**	0.145*	0.238**	0.173*	0.366**	0.340**	0.346**	0.392**	0.368**	0.429**	0.355**	0.262**	0.444**	0.396**	0.441**	0.304**	0.375**	0.525**					
OA22	0.391**	0.376**	0.376**	0.344**	0.257**	0.311**	0.442**	0.353**	0.320**	0.453**	0.440**	0.530**	0.455**	0.405**	0.504**	0.556**	0.534**	0.406**	0.434**	0.532**	0.456**				
OA23	0.312**	0.348**	0.247**	0.289**	0.335**	0.286**	0.396**	0.321**	0.233**	0.465**	0.415**	0.524**	0.482**	0.287**	0.517**	0.394**	0.565**	0.447**	0.458**	0.561**	0.470**	0.531**			
OA24	0.396**	0.311**	0.330**	0.222**	0.321**	0.369*	0.364**	0.238**	0.272**	0.377**	0.280**	0.399**	0.368**	0.229**	0.393**	0.393**	0.451**	0.305**	0.265**	0.415**	0.414**	0.562**	0.533**		
OA25	0.382**	0.448**	0.365**	0.310**	0.367**	0.358**	0.452**	0.389**	0.284**	0.428**	0.456**	0.566**	0.572**	0.362**	0.445**	0.402**	0.547**	0.490**	0.507**	0.570**	0.368**	0.451**	0.440**	0.471**	

注：* 表示 P<0.05，** 表示 P<0.01，全书均同。

如表 4–8 所示，组织依恋问卷各题项之间呈现显著的中低度相关（P<0.01），未出现相关系数大于 0.8 的情况，编制的题项适合进行探索性因子分析。

4.3.3.2　反映像矩阵的 MSA 值

除了查看各题项间的相关系数外，还可根据反映像矩阵中对角线的抽样充分性量度（measures of sampling adequacy，MSA）值的大小来判断该题项是否适合探索性因子分析。MSA 值越接近 1，表示越适合；相反，如果 MSA 值越接近 0，表示越不适合。一般判别的指标值为 0.60 以上，当 MSA 值大于 0.80 时，表示题项间有共同因子存在（吴明隆，2010）。

通过检验，组织依恋题项 OA1 ～ OA25 的 MSA 值在 0.874 ～ 0.973，均大于 0.80，符合探索性因子分析的条件。

4.3.3.3　KMO 与 Bartlett’s 球形检验

KMO 统计量是依据变量间偏相关（partial correlations）系数值得出的。KMO 的值介于 0 ～ 1，越接近 1，表示变量间的共同因素越多。一般情况下，KMO ≥ 0.90 表示非常适合因子分析；0.8 ≤ KMO<0.90 表示比较适合；0.7 ≤ KMO<0.80 表示尚可进行因子分析；而 KMO<0.50 时，则不适宜进行因子分析。

Bartlett’s 球形检验，用于检验相关矩阵是否为单位矩阵，即检验各个变量是否独立。若 Bartlett’s 球形检验结果未达到显著水平，则表示相关矩阵不是单元矩阵，则各变量彼此独立，无法提取公因子；如果 Bartlett’s 球形检验结果的显著性达到显著（P<0.05），则拒绝相关矩阵不是单元矩阵的假设，代表各变量间具有相关性，适合进行因子分析（吴明隆，2010）。

本书的 KMO 值为 0.930，大于 0.90，同时 Bartlett’s 球形检验达到显著水平（P<0.01），说明适合进行因子分析。

4.3.3.4 碎石图、整体解释变异量及旋转成分矩阵

本书采用 SPSS 软件对 141 份数据进行探索性因子分析，采用主成分分析法（principal component analysis）抽取共同因子。共同性越低，表示该变量越不适合主成分分析，共同性低于 0.20 则可考虑删除题项。由表 4–7 可知，组织依恋所有题项共同性的值均大于 0.20，全部进行保留。本书对 25 个题项运用主成分分析法，初步的共同性估计值为 1，转轴方法为直交转轴的最大变异法（varimax solution），以因子负荷大于 0.45 为标准（吴明隆，2010）。经过探索性因子分析，结合碎石图可以帮助决定因子的数目。如图 4–1 所示，图的横坐标表示题项数，纵坐标表示特征值（eigenvalue），横坐标越向右，表示特征值越小。碎石图检验的判断标准是取坡线突然剧降的因素，删除坡线平坦的因素。从图 4–1 可以看出，从第三个因素后坡度变得平坦，因此保留 3 个因子较为适宜。

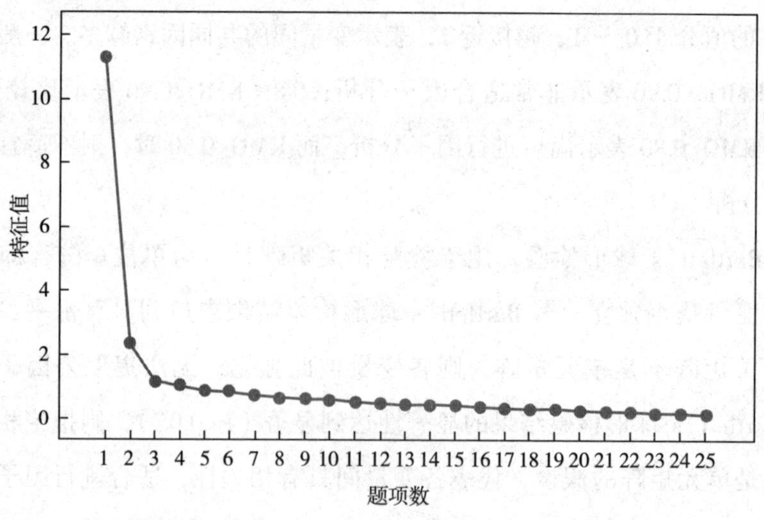

图 4–1　因子分析碎石图

结合组织依恋原始问卷整体解释变异量的结果，如表 4–9 所示。

表 4-9　组织依恋原始问卷整体解释变异量

因子	原始特征根			萃取的累计方差贡献率			旋转后的累计方差贡献率		
	合计	方差的 %	累积 %	合计	方差的 %	累积 %	合计	方差的 %	累积 %
1	11.323	45.291	45.291	11.323	45.291	45.291	5.755	23.019	23.019
2	2.304	9.218	54.509	2.304	9.218	54.509	4.738	18.952	41.971
3	1.151	4.605	59.114	1.151	4.605	59.114	3.000	12.000	53.971
4	1.033	4.131	63.245	1.033	4.131	63.245	2.318	9.274	63.245
5	0.870	3.482	66.726						
6	0.849	3.395	70.122						
7	0.748	2.992	73.113						
8	0.648	2.592	75.705						
9	0.626	2.504	78.209						
10	0.579	2.316	80.525						
11	0.535	2.140	82.664						
12	0.489	1.957	84.621						
13	0.465	1.861	86.482						
14	0.422	1.688	88.170						
15	0.417	1.688	89.837						
16	0.366	1.464	91.301						
17	0.313	1.251	92.552						
18	0.304	1.217	93.769						
19	0.297	1.189	94.958						
20	0.256	1.024	95.983						
21	0.249	0.998	96.980						
22	0.237	0.947	97.928						
23	0.192	0.769	98.696						
24	0.175	0.700	99.396						
25	0.151	0.604	100.000						

由表 4–9 可知，共提取了 4 个特征根大于 1 的因子，因子 1 的特征根值为 11.323，对总方差的解释率为 45.291%；因子 2 的特征根值为 2.304，对总方差的解释率为 9.218%；因子 3 的特征根值为 1.151，对总方差的解释率为 4.605%；因子 4 的特征根值为 1.033，对总方差的解释率为 4.131%，4 个因子的累计方差贡献率为 63.245%。

从图 4–1 可以看出，保留 3 个因子较为适宜，但表 4–9 共提取了 4 个共同因子。至于最终保留几个因子，还需要参考提取的共同因子是否有其合理性而定。因子的合理性有两个标准：一是共同因子包含的题项数最少在 3 个以上；二是题项变量所要测量的潜在特质类似，且因子可以命名（吴明隆，2010）。

除上述标准外，题项的保留与否还需要考虑因子的交叉载荷，如果某个题项同时在两个因子的载荷都超过了 0.4，那么该题项也应予以删除（邱浩政、林碧芳，2009；柯江林等，2009）。

表 4–10 为转轴后的成分矩阵，主要看保留的 25 个题项的因子载荷量。

表 4–10　转轴后的成分矩阵

题项	因子			
	1	2	3	4
OA18	0.791	0.149	0.093	0.111
OA20	0.727	0.116	0.354	0.260
OA19	0.719	0.175	0.174	0.097
OA11	0.713	0.123	0.130	0.157
OA13	0.670	0.382	0.193	0.176
OA14	0.649	0.146	0.078	0.057
OA15	0.647	0.204	0.392	0.093
OA12	0.645	0.315	0.260	0.322
OA17	0.602	0.256	**0.438**	0.168

续表

题项	因子			
	1	2	3	4
OA25	0.540	0.317	0.348	0.061
OA16	0.482	0.298	0.372	0.241
OA6	0.111	0.807	0.140	0.125
OA5	0.213	0.778	0.096	0.143
OA4	0.149	0.747	0.093	0.051
OA2	0.269	0.681	0.140	0.164
OA1	0.235	0.661	0.244	0.181
OA7	0.327	0.651	0.176	0.371
OA3	0.164	0.641	0.169	0.351
OA24	0.126	0.271	0.811	0.023
OA22	0.379	0.214	0.646	0.151
OA23	**0.416**	0.170	0.643	0.063
OA21	0.259	−0.008	0.603	0.437
OA9	0.133	0.304	0.111	0.819
OA8	0.238	**0.442**	0.086	0.652
OA10	**0.409**	0.327	0.235	0.543

从表 4–10 可以看出，25 个题项的组织依恋转轴后有 4 个因子，因子 1 包括 11 个题项，因子 2 包括 7 个题项，因子 3 包括 4 个题项，因子 4 包括 3 个题项（表中用阴影加以区别，下同）。从因子载荷来看，均超过 0.50，满足保留的条件；再看交叉载荷，发现 OA17、OA23、OA8 和 OA10（表中用加粗标明，下同）有两个因子的载荷量达到 0.40 以上，因此考虑逐次对上述题项进行删除。之所以考虑逐次删除，是因为每删除一个题项，因子的载荷就会发生变化，需要不断进行调整。

4.3.3.5　探索性因子分析及因子命名

根据表 4–10 未删除任何题项的成分矩阵表，首先删除题项 OA17，结果如表 4–11 所示。

表 4–11　转轴后的成分矩阵（删除 OA17）

题项	因子			
	1	2	3	4
OA18	0.791	0.152	0.095	0.110
OA20	0.731	0.116	0.361	0.258
OA19	0.723	0.176	0.180	0.095
OA11	0.715	0.124	0.138	0.151
OA13	0.666	0.385	0.184	0.184
OA14	0.655	0.145	0.082	0.060
OA12	0.647	0.316	0.266	0.319
OA15	0.639	0.207	0.373	0.109
OA25	0.540	0.320	0.350	0.060
OA16	0.476	0.300	0.355	0.256
OA6	0.113	0.807	0.146	0.123
OA5	0.211	0.779	0.097	0.144
OA4	0.142	0.748	0.078	0.065
OA2	0.269	0.680	0.137	0.170
OA1	0.235	0.661	0.246	0.181
OA7	0.329	0.649	0.180	0.372
OA3	0.159	0.640	0.161	0.360
OA24	0.129	0.275	0.816	0.019
OA22	0.383	0.215	0.649	0.153
OA23	**0.416**	0.174	0.643	0.064
OA21	0.262	–0.009	0.609	**0.435**
OA9	0.129	0.300	0.109	0.820
OA8	0.235	**0.439**	0.079	0.660
OA10	**0.407**	0.326	0.235	0.543

根据表 4–11 所示，删除题项 OA17 后，其余题项的因子载荷发生了变化。根据题项的内容以及交叉载荷量，先后对题项 OA23、OA16、OA8、OA10、OA13、OA22、OA12 进行了删除，逐步删除的结果如表 4–12 至表 4–17 所示。

表 4–12　转轴后的成分矩阵（删除 OA23）

题项	因子			
	1	2	3	4
OA18	0.800	0.151	0.037	0.131
OA20	0.745	0.115	0.327	0.264
OA19	0.733	0.175	0.135	0.109
OA11	0.726	0.121	0.088	0.171
OA13	0.670	0.386	0.160	0.187
OA12	0.656	0.314	0.233	0.328
OA15	0.645	0.211	0.376	0.091
OA14	0.639	0.149	0.141	0.019
OA25	0.558	0.315	0.330	0.066
OA16	0.473	0.300	**0.418**	0.216
OA6	0.117	0.806	0.146	0.124
OA5	0.214	0.780	0.075	0.154
OA4	0.146	0.749	0.050	0.079
OA2	0.273	0.680	0.119	0.179
OA1	0.240	0.657	0.270	0.172
OA7	0.335	0.647	0.164	0.380
OA3	0.157	0.636	0.200	0.346
OA24	0.165	0.271	0.807	0.012
OA22	**0.404**	0.213	0.663	0.133
OA21	0.285	–0.013	0.608	**0.426**
OA9	0.125	0.296	0.130	0.815
OA8	0.233	**0.437**	0.066	0.669
OA10	**0.415**	0.326	0.200	0.555

表 4-13 转轴后的成分矩阵（删除 OA16）

题项	因子			
	1	2	3	4
OA18	0.797	0.151	0.128	0.043
OA20	0.748	0.118	0.263	0.319
OA19	0.734	0.176	0.108	0.139
OA11	0.724	0.121	0.166	0.109
OA13	0.673	0.387	0.191	0.141
OA12	0.658	0.316	0.328	0.229
OA15	0.654	0.216	0.101	0.323
OA14	0.648	0.152	0.031	0.091
OA25	0.559	0.316	0.060	0.357
OA6	0.120	0.807	0.129	0.132
OA5	0.214	0.781	0.158	0.056
OA4	0.145	0.750	0.080	0.041
OA2	0.272	0.680	0.179	0.121
OA1	0.242	0.659	0.172	0.268
OA7	0.337	0.648	0.382	0.155
OA3	0.158	0.636	0.346	0.205
OA9	0.126	0.295	0.818	0.117
OA8	0.233	**0.436**	0.671	0.057
OA10	**0.417**	0.326	0.557	0.197
OA24	0.175	0.278	0.010	0.821
OA22	**0.413**	0.220	0.136	0.644
OA21	0.292	-0.009	**0.425**	0.618

表 4–14　转轴后的成分矩阵（删除 OA8）

题项	因子		
	1	2	3
OA18	0.800	0.169	0.080
OA20	0.754	0.161	0.383
OA19	0.740	0.181	0.155
OA11	0.719	0.164	0.163
OA13	0.679	**0.410**	0.174
OA12	0.657	0.391	0.319
OA15	0.655	0.213	0.321
OA14	0.644	0.148	0.090
OA25	0.559	0.295	0.328
OA6	0.117	0.813	0.116
OA5	0.214	0.797	0.059
OA4	0.152	0.735	0.008
OA7	0.347	0.718	0.237
OA3	0.171	0.694	0.265
OA2	0.282	0.689	0.122
OA1	0.240	0.675	0.267
OA9	0.147	0.510	0.389
OA10	**0.423**	0.471	0.372
OA24	0.160	0.241	0.747
OA21	0.294	0.089	0.731
OA22	**0.408**	0.220	0.632

从表 4–14 中可以看出，删除题项 OA8 后，组织依恋的因子数从 4 个变为 3 个，进一步检查交叉载荷的情况，发现 OA10、OA13 和 OA22 存在交叉载荷，进一步进行题项的删除。

表 4–15 转轴后的成分矩阵（删除 OA10）

题项	因子		
	1	2	3
OA18	0.801	0.169	0.079
OA20	0.754	0.168	0.390
OA19	0.736	0.184	0.169
OA11	0.723	0.160	0.145
OA13	0.679	**0.412**	0.174
OA12	0.663	0.392	0.299
OA15	0.651	0.216	0.329
OA14	0.646	0.146	0.084
OA25	0.554	0.300	0.343
OA6	0.118	0.816	0.110
OA5	0.217	0.800	0.053
OA4	0.150	0.738	0.016
OA7	0.351	0.718	0.218
OA3	0.171	0.698	0.260
OA2	0.280	0.689	0.125
OA1	0.240	0.681	0.270
OA9	0.163	0.519	0.332
OA24	0.153	0.253	0.764
OA21	0.296	0.100	0.726
OA22	**0.404**	0.228	0.641

表 4–16 转轴后的成分矩阵（先后删除 OA13、OA22）

题项	因子	
	1	2
OA20	0.851	0.205
OA18	0.768	0.162

续表

题项	因子	
	1	2
OA19	0.740	0.190
OA11	0.717	0.165
OA12	0.713	**0.416**
OA15	0.712	0.248
OA25	0.635	0.334
OA14	0.610	0.147
OA21	0.576	0.192
OA24	0.432	0.356
OA6	0.120	0.850
OA5	0.198	0.794
OA7	0.383	0.734
OA4	0.103	0.733
OA3	0.236	0.724
OA1	0.310	0.707
OA2	0.279	0.696
OA9	0.271	0.544

由表 4–16 可知，删除题项 OA13 和 OA22 后，组织依恋的因子降为 2 个，OA12 仍然出现交叉载荷。

表 4–17　转轴后的成分矩阵（删除 OA12）

题项	因子	
	1	2
OA6	0.821	0.114
OA5	0.795	0.196
OA7	0.737	0.376
OA4	0.733	0.099
OA3	0.725	0.241

续表

题项	因子	
	1	2
OA1	0.709	0.296
OA2	0.697	0.282
OA9	0.548	0.251
OA20	0.211	0.852
OA18	0.169	0.765
OA19	0.195	0.750
OA15	0.252	0.719
OA11	0.172	0.704
OA25	0.338	0.635
OA14	0.151	0.611
OA21	0.195	0.583
OA24	0.358	0.438

由表 4–17 可知，OA24 的因子载荷为 0.438，小于 0.45，最好删除，而 OA25 的题项内容是“休假后，我很高兴能回到工作场所”，与其他题项在一起不能很好地被归类和命名，因此也考虑将其删除，最终经过数次探索性因子分析的结果汇总如表 4–18 所示。

表 4–18　探索性因子分析结果汇总（N=141）

题项	因子载荷		共同性	题项与因子的相关	因子与总分的相关	α 系数	特征根值	解释变异量
	因子 1	因子 2						
OA6	0.821	0.097	0.590	0.759**	0.883**	0.893	6.664	30.266%
OA5	0.799	0.191	0.567	0.753**				
OA7	0.743	0.373	0.587	0.771**				
OA4	0.737	0.095	0.553	0.725**				
OA3	0.729	0.237	0.675	0.803**				
OA1	0.712	0.288	0.684	0.796**				
OA2	0.704	0.267	0.692	0.823**				

续表

题项	因子载荷		共同性	题项与因子的相关	因子与总分的相关	α 系数	特征根值	解释变异量
	因子 1	因子 2						
OA9	0.551	0.255	0.368	0.646**				
OA20	0.223	0.849	0.539	0.739**	0.873**	0.867	2.006	27.406%
OA18	0.182	0.771	0.417	0.667**				
OA19	0.210	0.756	0.593	0.776**				
OA15	0.261	0.725	0.627	0.785**				
OA11	0.184	0.711	0.616	0.770**				
OA14	0.161	0.625	0.771	0.862**				
OA21	0.199	0.576	0.371	0.622**				

如表 4–18 所示，组织依恋问卷的总解释变异量为两个因子解释变异量之和，即为 57.672%，超过 50%，表示提取的因素是可以接受的（吴明隆，2010）。探索性因子分析的最终结果显示，本书所编制的组织依恋问卷共分为两个子维度，每个维度的因子载荷、共同性等指标均符合要求。

在本书第 2 章曾提到，Ainsworth（1989）认为依恋行为包括 4 个方面，即“寻求亲密感”“安全基地行为”“安全港湾行为”及“分离痛苦”。经过探索性因子分析，“寻求亲密感”的题项由于交叉载荷较高而被删除，加之与人际依恋的对象相比，组织作为员工的依恋对象与其他重要他人（如父母、同伴）相比更为抽象，且依恋表现上不再是身体的接触，更多是精神上和心灵上的内化（Clair，2000），因此在测量组织依恋时，“寻求亲密感”的行为弱化，变得不再重要。

最终保留的 15 个题项，因子 1 包括 8 个题项，因子 2 包括 7 个题项。因子 1 的题项主要来源于 Kelvin（2009）的研究，测量“安全基地行为”和“安全港湾行为”，因此将因子 1 命名为“组织安全感”；因子 2 的题项既包括“分离痛苦”，如题项 OA15、OA14，也包括对组织的留恋，如题项 OA20、OA18（反向题）、OA19、OA11（反向题）和 OA21，员工的分离痛苦可以看成对组织留恋的内在体验，因此将因子 2 命名为“组织留恋感”。

4.3.3.6 问卷的信度分析

信度是指问卷测试结果的一致性和稳定性，量表的信度越大，其测量标准误差越小。常用的检验信度的指标为 *Cronbach's α* 系数。α 系数最好在 0.80 以上，如果在 0.70 ～ 0.80，也是可以接受的范围，如果维度的 α 系数在 0.60 以下或总量表的信度系数在 0.80 以下，应考虑重新修订量表或增删题项（吴明隆，2010）。

组织依恋问卷的 α 系数为 0.907，维度 1“组织安全感”的 α 系数为 0.893，维度 2“组织留恋感”的 α 系数为 0.867，这表明组织依恋问卷通过信度检验，具有非常理想的信度。

4.3.3.7 问卷的效度分析

效度是指能够测出问卷所要测量的心理或行为特质的程度。效度分为内容效度、结构效度和效标关联效度三种。内容效度是指问卷内容或题目的适切性与代表性；结构效度是指能够测量理论的特质或概念的程度；效标关联效度是指问卷与外在效标间关系的程度（吴明隆，2010）。

本书主要通过内容效度和结构效度来进行问卷的效度分析，题项主要来源于已有的文献以及个人访谈。通过研究者背靠背的编码分析，以及与人力资源管理和组织行为学教授及其团队的多轮讨论，并结合实践界的预测验，对问卷的题项内容进行检视，判断题项内容是否能够真正测出组织依恋的内涵，并对表述不清的语句进行了修改，以保证问卷的内容效度。

在行为和社会科学研究领域，赋予变量操作性定义程度的是结构效度，其检验常用的方法是因子分析。本书构建的组织依恋问卷包含的两个因子总解释变异量为 57.672%，各题项含义清晰，可解释性较强。另外，题项与因子的相关介于 0.622 ～ 0.862（$P<0.01$），因子与总问卷的相关系

数分别为 0.883 和 0.873（P<0.01）（见表 4–18），这说明内部同质性较好，保证组织依恋问卷具有较好的结构效度。

4.4　组织依恋问卷的验证性因子分析

为了对上述探索性因子分析的研究结果进行进一步验证，本书采用结构方程模型（SEM）中的验证性因子分析方法来判定两因子模型是否是最佳匹配模型。

4.4.1　验证性因子分析样本概况

通过到企业现场随机抽样发放问卷，以及委托在企业工作的同学、亲朋发放和回收问卷的方式，共发放组织依恋问卷（15 个题项）300 份，有效回收问卷 249 份，有效回收率为 83%。对这 249 份问卷进行验证性因子分析，样本特征描述见表 4–19。

表 4–19　用于验证性因子分析样本的特征描述（N=249）

变量	分类	占比 /%	变量	分类	占比 /%
性别	男	51.5	企业性质	民营企业	53.9
	女	48.5		国有企业	25.1
学历	大专及以下	20.1		外资企业	9.9
	本科	28.8		经营性事业单位	4.5
	硕士及以上	51.1		其他	6.6
在公司的工作年限	不到 1 年	22.3	职位层次	普通员工	53.7
	1 ～ 3 年	28.9		基层管理者	24.6
	3 ～ 7 年	31.4		中层管理者	15.6
	7 年及以上	17.4		高层管理者	6.1

续表

变量	分类	占比 /%	变量	分类	占比 /%
年龄	30 岁及以下	64.8	用工方式	3 年及以下合同员工	47.3
	31 ～ 40 岁	31.1		3 年以上合同员工	52.7
	41 岁及以上	4.1			

表 4–19 显示了用于验证性因子分析的样本的情况，组织依恋问卷 15 个题项的均值、标准差如图 4–20 所示。

表 4–20　组织依恋问卷 15 个题项的描述性统计（N=249）

因子命名	题项	均值	标准差
组织安全感	OA6	4.028	1.268
	OA5	4.194	1.209
	OA7	3.793	1.311
	OA4	3.908	1.252
	OA3	3.968	1.294
	OA1	4.044	1.179
	OA2	3.565	1.239
	OA9	4.150	1.436
组织留恋感	OA20	3.386	1.375
	OA18	3.429	1.498
	OA19	2.823	1.359
	OA15	3.210	1.455
	OA11	3.880	1.498
	OA14	3.632	1.436
	OA21	3.703	1.391

表 4–20 显示，OA6、OA5、OA1、OA9 四个题项均值都大于 4，说明这些题项所表述的内容在员工的组织依恋中所占比重较大。

4.4.2　验证性因子分析样本的信度检验

本书在对所开发的问卷进行正式测验的过程中，仍然采用 *Cronbach's* α 系数来判定问卷的信度水平，具体分析结果如表 4-21 所示。

表 4-21　验证性因子分析样本的信度检验结果（N=249）

因子命名	题项	题项与总分相关	α 系数
组织安全感	OA6	0.649**	0.892
	OA5	0.695**	
	OA7	0.783**	
	OA4	0.568**	
	OA3	0.689**	
	OA1	0.700**	
	OA2	0.697**	
	OA9	0.587**	
组织留恋感	OA20	0.747**	0.859
	OA18	0.680**	
	OA19	0.881**	
	OA15	0.669**	
	OA11	0.621**	
	OA14	0.564**	
	OA21	0.575**	

组织依恋问卷总体的 *Cronbach's* α 系数为 0.905，因子 1“组织安全感”和因子 2“组织留恋感”的 *Cronbach's* α 系数分别为 0.892 和 0.859，均高于 0.8，说明题项具有较高的信度。

另外，结合题项与总分的相关系数发现，题项与总分相关系数在 0.564 ~ 0.881（$P<0.01$），高于 0.4，表示题项与整体量表的同质性较高（吴明隆，2010）。

4.4.3 验证性因子分析结果

本书使用结构方程模型（structural equation model，SEM）中的 AMOS 软件对组织依恋问卷进行验证性因子分析（confirmatory factor analysis，CFA）。

经过 SPSS 数据分析，发现组织依恋因子间的相关系数为 0.554（$P<0.01$），为中度相关，采用一阶模型进行检验，结果如图 4-2 所示。

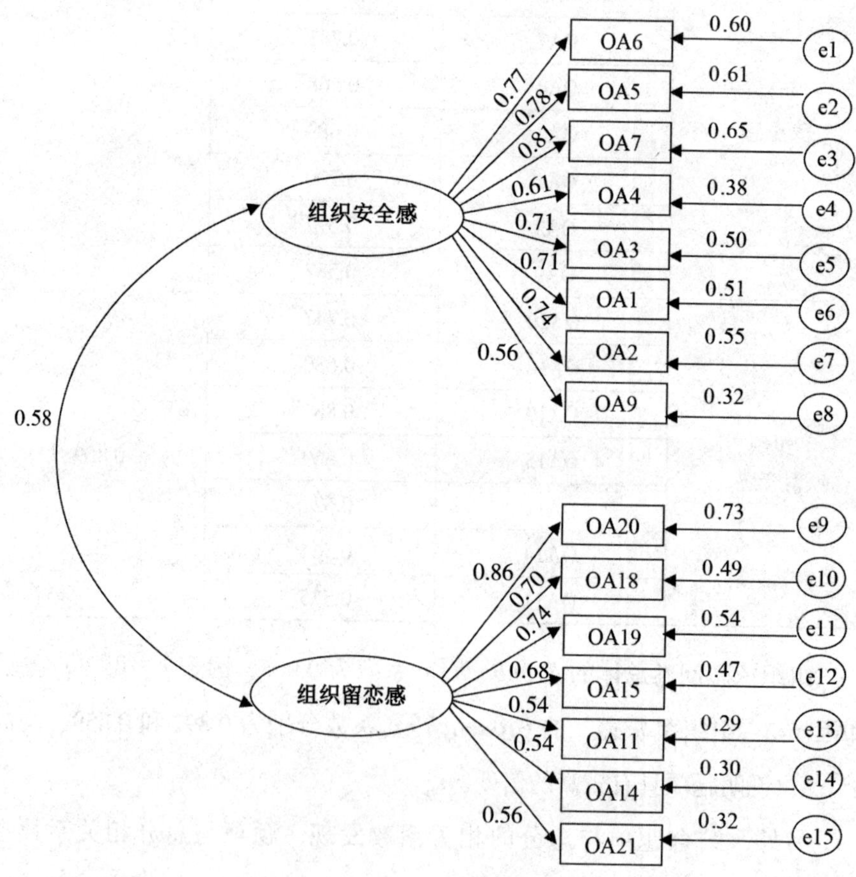

图 4-2　组织依恋问卷两因子模型验证性因子分析结果

为了检验本书所确立的模型是否为最佳理论模型，采用验证性因子分析比较单因子模型（即组织依恋所有题项合并在一起，作为一个整体概念）和两因子模型的优劣，比较结果见表 4–22。

表 4–22　组织依恋竞争模型拟合指标比较

拟合指标 竞争模型	卡方（χ^2）值	自由度（df）	χ^2/df	RMSEA	GFI	IFI	CFI	NFI
单因子模型 M1	583.026	90	6.478	0.149	0.692	0.734	0.731	0.700
两因子模型 M2	181.073	87	2.081	0.066	0.915	0.949	0.949	0.907

如表 4–22 所示，通过对单因子模型和两因子模型各拟合指标的比较，可以看出组织依恋的两因子模型具有更好的效度。

具体而言，结构方程模型的拟合指标可分为三类，包括绝对拟合指标（如 χ^2 值、RMSEA 值等）、增值拟合指标（如 NFI、IFI）及简约拟合指标（如 χ^2/df 等），相关拟合指标的标准及组织依恋两因子模型的拟合指标见表 4–23。

表 4–23　模型拟合度指标及检测结果分析

指标名称		拟合标准或临界值	检测数据结果	模型适配判断
绝对拟合指标	拟合度指数（GFI）	> 0.9	0.915	是
	渐进残差均方和平方根（RMSEA）	RMSEA<0.05，理论模型拟合较佳；当 0.05<RMSEA<0.1 时，理论模型尚可接受；当 RMSEA>0.1 时，模型拟合度不佳	0.066	是
增值拟合指标	正规拟合指数（NFI）	> 0.9，越接近 1，表示模式越拟合	0.907	是
	TLI 值（NNFI）	> 0.9，越接近 1，表示模式越拟合	0.967	是
	增值拟合指数（IFI）	> 0.9，越接近 1，表示模式越拟合	0.949	是
	比较拟合指数（CFI）	> 0.9，越接近 1，表示模式越拟合	0.949	是

续表

指标名称		拟合标准或临界值	检测数据结果	模型适配判断
简约拟合指标	PGFI 值	> 0.5	0.673	是
	PNFI 值	> 0.5	0.764	是
	PCFI 值	> 0.5	0.788	是
	χ^2/df	χ^2/df <3，模型拟合较好；3<χ^2/df <5，模型基本拟合，可接受；χ^2/df >5，模型拟合不好，模型较差	2.081	是

资料来源：吴明隆（2010）。

如表 4–22 和表 4–23 所示，两因子模型各项指标均达到或超过标准。另外，邱皓政等（2009）指出，测量题目的因素载荷越高，表示题目能够反映潜在变量的能力越高，因素能够解释各观察变量的变异的程度越大，因此可以计算出一个平均变异萃取量（average variance extracted，AVE），来反映一个潜在变量能被题项有效估计的聚敛程度。

计算公式如下：

$$\text{AVE} = \sum \frac{\gamma^2}{N} \tag{4–1}$$

其中，γ 为观测变量在潜变量上的标准化参数；N 为观测变量的题项数。

式（4–1）表明，AVE 也是各题项因子载荷平方的平均值。AVE 大于 0.5，表示潜在变量的聚敛能力十分理想，具有良好的操作型定义（邱皓政等，2009）。计算后的 AVE 值见表 4–24。

表 4–24　组织依恋问卷的平均变异量抽取值

潜在变量	测量指标	标准化因子载荷	标准化因子载荷平方	平均变异萃取量
组织安全感	OA6	0.717	0.514	0.504
	OA5	0.730	0.533	
	OA7	0.807	0.651	
	OA4	0.616	0.379	

续表

潜在变量	测量指标	标准化因子载荷	标准化因子载荷平方	平均变异萃取量
组织安全感	OA3	0.732	0.536	0.504
	OA1	0.713	0.508	
	OA2	0.767	0.588	
	OA9	0.568	0.323	
组织留恋感	OA20	0.878	0.771	0.503
	OA18	0.676	0.457	
	OA19	0.743	0.552	
	OA15	0.665	0.442	
	OA11	0.693	0.480	
	OA14	0.611	0.373	
	OA21	0.670	0.449	

如表 4–24 所示，组织依恋的两个因子（即潜在变量）的平均变异萃取量均大于 0.5，这说明组织依恋问卷具有良好的聚敛效度。

除了看问卷的聚敛效度外，还可以看问卷的区分效度。黄芳铭（2005）指出，区分效度可以用变量的平均变异萃取量的均值是否大于两个潜在变量相关系数的平方进行检验，如果平均变异萃取量大于相关系数的平方，则说明潜在变量具有显著区别。

表 4–25　组织依恋问卷的区分效度

变量	组织安全感	组织留恋感
组织安全感	（0.504）	—
组织留恋感	0.554**	（0.503）

注：表中括号内的值为平均变异量抽取值，两因子相关系数来自 SPSS 相关分析。

由表 4–25 可知，潜在变量的相关系数为 0.554，经过计算，其平方值为 0.307，小于 AVE 的低值（0.503），因此本书所开发的组织依恋问卷具有较好的区分效度。

4.5　开发的组织依恋问卷与已有的组织依恋问卷比较

国外关于组织依恋的问卷，绝大部分是用替代变量进行测量，并未测量组织依恋本身；Kelvin（2009）测量了员工的“安全基地行为”和“安全港湾行为”，但对于“分离痛苦”未涉及。其他关于组织依恋的测量，主要是针对依恋类型，前文也提到，组织依恋并不等于组织依恋类型。国内关于组织依恋的问卷，目前有两位研究者进行了开发，但在问题题项获得的访谈阶段就存在较大的问题，把组织依恋和影响因素混在一起。基于此，本书开发了组织依恋问卷。

本书所开发的组织依恋问卷并非对已有的组织依恋问卷的完全否定，而是进一步的补充和完善。开发的组织依恋问卷基于依恋理论，以依恋主体表现出的依恋行为为框架，测量员工的“安全基地行为”“安全港湾行为”以及“分离痛苦”，通过探索性因子分析将题项分为“组织安全感”和“组织留恋感”两个维度。从探索性和验证性因子分析的结果来看，本书组织依恋问卷具有较好的信效度。

4.6　本章小结

本书运用 SPSS 和 AMOS 软件，采用探索性因子分析和验证性因子分析方法对组织依恋问卷的维度结构进行了分析。结果表明，组织依恋维度结构的 *Cronbach's* α 系数分别为 0.892 和 0.859，均高于 0.80，具有较高的信度。同时组织依恋问卷的内容效度、结构效度、聚敛效度和区分效度等指标均符合要求。

研究结果表明，组织依恋问卷包括 15 个题项，共分为两个维度，即

“组织安全感”和“组织留恋感”，分别包含 8 个题项和 7 个题项。通过与已有问卷的对比分析，明晰了本书开发的问题与已有问卷的区别，丰富了已有的研究，为后续进一步实证分析奠定了研究基础。

·第 5 章　研究方法及样本的描述性分析·

本章主要介绍各研究变量的测量方法、获取数据的途径、数据的基本概况，以及对数据的预处理、测量工具的信效度检验、变量间的相关分析，为接下来的实证研究做好准备。

5.1　变量测量

本书除组织依恋外，其余变量的测量均采用成熟量表进行测量。组织依恋问卷的开发过程及其信效度检验已在第 4 章进行了详细的介绍，下面就相关变量的测量工具一一进行介绍。考虑到中国文化和思维容易趋中的特点（邓志华等，2012），为防止调查对象大部分选择中间选项而没有区分度，因此本书问卷采用李克特 6 点计分法加以避免。

5.1.1　家长式领导的测量

家长式领导的测量量表很多，主要由香港和台湾学者开发。家长式领导的测量过程也在不断地演进和发展。郑伯埙（1995）采用因素分析的方法，从参与观察与深度访谈所收集的项目中提取出"威权"和"施恩"两大维度以及 16 个二级维度，称为家长式领导二元模型。家长式领导二元模型中存在一些缺陷。例如，某些项目与西方领导理论概念的表述差异不大，并不能体现家长式领导的特色，而且忽视了家长式领导中的德行领导（周浩等，2005）。郑伯埙等（2000）对二元模型进行了修订，在郑伯埙等（1981）研究的基础上，引入凌文辁等（1987）开发的 CPM 量表中的 C 分量表，编制了德行领导量表，最后形成仁慈、德行和威权三维度家长式领导量表。该量表一共 33 个题项，其中仁慈领导 11 个题项、德行领导 9 个题项、威权领导 13 个题项。考虑到量表题项过多会增加调查对象的心理负担，不能保证问卷的效果，并且经过前期的预试，33 个题项的家长式领导量表的信度和效度并没有达到理想值，因此本书采用郑伯埙等（2000）开发的家长式领导量表的简化版。简化版的家长式领导量表包含 15 个题项，仁慈领导、德行领导和威权领导各 5 个题项。代表题项如“领导关心我个人的生活与起居”“领导为人正派，不会假公济私”“领导不把信息透露给我”等。

5.1.2 人际氛围的测量

本书主采用 Chen et al.（2008）开发的和谐人际氛围量表（guanxi closeness scale）。该量表主要考察员工在工作中与同事建立的相互支持、理解、帮助和信任的关系，代表题项为“在工作中，我与同事们能够互相尊重对方的意见”“对工作中的问题，我与同事们能充分沟通”“我与同事们的性格很相似”等 8 个题项。该量表经过翻译—回译的过程，未划分维度，是单维度的量表（黄丽，2013）。

5.1.3 组织投入的测量

本书采用 Wang et al.（2003）开发的组织投入量表，包括物质性投入和发展性投入两个维度，其中物质性投入 5 个题项，发展性投入 10 个题项。物质性投入的代表题项如“公司提供有竞争力的工资”“公司提供有竞争力的奖金”；发展性投入的代表题项如“公司重视我在职业上的发展”“公司培训我在未来事业发展上所需的知识和技能”；等等。

5.1.4　组织依恋的测量

本书采用开发的组织依恋问卷进行测量，问卷共 15 个题项，分为两个维度，即组织安全感和组织留恋感，代表题项如“工作中出现问题时，我能从公司得到帮助”“公司会原谅我的无心之过”“如果我决定尝试不同的工作，我会首先看本公司有没有空缺”等。

5.1.5　组织依恋类型的测量

Clair（2000）基于 Hazan et al.（1987）的研究提出了组织依恋类型的概念，并根据 Hazan et al. 开发的成人依恋 3 种类型的问卷，对组织依恋 3 种类型（即安全型、回避型和焦虑型）运用三段描述进行测量。运用描述对依恋类型进行区分的方法在关系问卷（RQ）上也有所体现（顾思梦，2014）。尽管用三段描述来区分组织依恋 3 种类型存在一定的缺陷，例如，难以全面反映每种依恋类型的特点，调查对象在阅读选项时存在难以选择和区分的困难，但因为关于组织依恋类型的测量除 Clair 外，目前还没有其他学者对此进行深入研究，因此本书以此为借鉴进行测量。通过 2 名人力资源管理和组织行为学研究者的翻译与回译的过程，并与 1 名人力资源管理和组织行为学的教授经过讨论与确认，最终确定了组织依恋 3 种类型的描述。

5.1.6　工作满意感的测量

工作满意感的测量采用 Schriesheim et al.（1980）编制的量表。该量表通过 6 个题项形成员工对整体工作满意感的描述，包括对工作自身、上司、同事、收入、晋升机会以及对整体工作的情况进行评估。代表题项如“我对所从事工作的性质感到满意”“我对我的上司感到满意”“我对我的同事感到满意”等。

5.1.7 组织公民行为的测量

本书采用 Lee et al.（2002）开发的组织公民行为量表。他们将组织公民行为分为两个维度：一是人际取向的组织公民行为，主要指员工工作中愿意帮助周围同事的行为；二是组织取向的组织公民行为，主要指员工愿意维护、关心组织发展的行为。该量表共 16 个题项，每个维度各 8 个题项。其中，人际取向的组织公民行为的代表题项如“在没有被要求的情况下，我主动帮助新同事适应工作环境”“我常牺牲自己的时间，帮助同事解决与工作相关的问题”等；组织取向的组织公民行为的代表题项包括“我会承担非必须但对树立公司形象有重要影响的职责”“我能跟上公司的变革与发展”等。

5.2 调查过程与样本概况

5.2.1 调查过程

本书数据调查方式主要有三种：第一种方式是在 MBA 班以及人力资源管理师三级班上进行调查，具体做法是，先向学生介绍课题研究的目的、意义，问卷的内容和填写要求，请学生匿名按个人真实情况填写，当场发放和填写，十余分钟后当场回收；第二种方式是研究者实地调查，在事先征得调研企业负责人的同意和支持后，通过企业人力资源部的协助，由研究者向调查对象说明研究的目的、内容和要求，现场发放问卷，后根据情况当场回收或问卷完成后由调研企业人力资源部寄回；第三种方式是委托其他人员发放问卷，委托发放问卷的负责人均是企业人力资源管理者或者是研究者的亲朋好友，事先详细地向问卷发放者介绍了研究的目的、意义以及问卷的主要内容和填答要求，由他们发放问卷再回收后寄给研究者。

5.2.2　样本概况

通过上述三种方法，在成都、武汉、上海等地共发放 800 份问卷，回收 725 份。问卷回收后，按以下原则剔除废卷：整页漏选或大量漏答的问卷视为无效；整页选择同一数字的问卷视为无效；填答的数字具有一定规律性的问卷视为无效；一份问卷上多处多选，且勾选答案随意，以及所选题项与反向题的选项存在矛盾的视为无效。按上述原则共剔除 103 份问卷，实得有效问卷 622 份。研究样本的情况如表 5-1 所示。

表 5-1　研究样本的人口统计学概况（N=622）

变量	分类	占比 /%	变量	分类	占比 /%
性别	男	51.5	企业性质	国有或国有控股企业	41.8
	女	48.5		民营或民营控股企业	51.5
学历	大专及以下	36.9		外资或外资控股企业	2.9
	本科	55.6		事业单位	2.4
	硕士及以上	7.5		其他	1.3
司龄	不到 1 年	18.5	用工模式	3 年以下合同员工	21.8
	1 年以上 3 年以下	25.7		3 ～ 5 年合同员工	27.8
	3 年以上 5 年以下	16.9		5 年及以上合同员工	17.3
	5 年以上 10 年以下	26.4		无固定期限合同员工	26.3
	10 年以上	12.6		劳务派遣及外包工	6.3
年龄	25 岁以下	8.8		其他	0.5
	25 ～ 36 岁	53.2	职位层次	普通员工	53.4

续表

变量	分类	占比 /%	变量	分类	占比 /%
年龄	37 岁及以上	37.9	职位层次	基层管理人员或基层专业技术人员	27.2
行业	IT / 通信 / 医药生化 / 高新技术	37.3		中高层管理人员或中高层专业技术人员	19.3
	制造 / 建筑 / 房地产 / 工程采掘	43.8	户籍	农村	33.6
	餐饮 / 娱乐 / 旅游等服务业	13.7		城镇	65.4
	银行 / 保险 / 投资 / 证券等金融业	4.0	是否工会会员	是	69.8
	其他	1.2		否	30.2

由表 5-1 可知，研究样本的男女比例基本一致，其中男性占 51.5%，女性占 48.5%；学历方面，以本科为主，占 55.6%，大专及以下占 36.9%，硕士及以上占 7.5%；在公司的工作年限（即司龄）方面，5 年以上 10 年以下的占 26.4%，1 年以上 3 年以下的占 25.7%，不到 1 年的占 18.5%，3 年以上 5 年以下和 10 年以上的分别占 16.9% 和 12.6%；年龄分布上，25 ～ 36 岁的占比最大，为 53.2%，37 岁及以上的占 37.9%，25 岁以下的占 8.8%；职位层次上，普通员工占 53.4%，基层管理人员或基层专业技术人员占 27.2%，中高层管理人员或中高层专业技术人员占 19.3%；用工模式方面，劳动合同员工占 93.2%，劳务派遣及外包工占 6.3%，另外 0.5% 的比例属于其他，主要是指实习生；户籍方面，农村户口占 33.6%，城镇户口占 65.4%；在是否工会会员方面，69.8% 的调查对象是工会会员；企业性质方面，国有或国有控股企业与民营或民营控股企业分别占 41.8% 和 51.5%，外资或外资控股企业、事业单位及其他分别占 2.9%、2.4% 和 1.3%；在行业分布上，以制造 / 建筑 / 房地产 / 工程采掘和 IT/ 通信 / 医药生化 / 高新技术为主，分别占 43.8% 和 37.3%, 餐饮 / 娱乐 / 旅游等服务业、银行 / 保险 / 投资 / 证券等金融业占比分别为 13.7% 和 4.0%，其他占比为 1.2%。

5.3　数据预处理

本书在进行统计分析之前，需要对数据进行预处理，包括样本容量、检查数据有无极端值或错误值，以及缺失值检验、反向题反向计分、数据的正态分布检验，同时由于问卷数据来源于同一被试，还需要对数据的同源误差加以检验和说明。

5.3.1　样本容量

吴明隆（2010）针对样本容量指出，样本最好为题项数的 5 倍以上。本书题项数为 78，回收的有效问卷为 622 份，超出了 5 倍，达到样本容量的要求。

5.3.2　极端值或错误值检验

本书题项采用李克特 6 点计分，通过对题项的描述性统计，发现各题项的最小值与最大值均在 1 ～ 6（含 1 和 6），数据录入没有错误。

5.3.3　缺失值检验

数据缺失值的发生主要有调查对象疏漏或者拒填两种原因（王兴琼，2009）。在本书中，数据的缺失值还包括调查对象对同一题项勾选了两个答案，研究者并不能确定调查对象的选择，故将其处理为数据缺失。除组织依恋类型和人口统计学变量的缺失值未作处理外（这两类变量均属于分类变量），其余变量的缺失值采用“序列均值”来替代。

5.3.4　反向题反向计分

吴明隆（2010）指出，一个量表中最好能编制 1 ～ 3 道反向题，以测试调查对象的填答效度。本书中组织依恋问卷含2道反向题，为防止后续数据分析出现错误，已经对反向题进行重新编码计分。

5.3.5 数据的正态分布检验

本书分析所用的数据要求具有正态分布的特征，首先对研究数据进行正态分布检验，检验结果见表5–2。

表5–2 数据正态分布检验结果（N=622）

题项	最小值	最大值	平均值	标准差	偏度	峰度
PL1	1	6	3.30	1.477	–0.034	–0.950
PL2	1	6	3.49	1.445	–0.181	–0.848
PL3	1	6	3.87	1.373	–0.433	–0.406
PL4	1	6	3.73	1.297	–0.291	–0.451
PL5	1	6	3.20	1.461	0.075	–0.931
PL6	1	6	4.18	1.464	–0.605	–0.462
PL7	1	6	4.13	1.341	–0.483	–0.386
PL8	1	6	4.14	1.445	–0.567	–0.450
PL9	1	6	4.00	1.455	–0.472	–0.582
Pl10	1	6	4.15	1.386	–0.531	–0.401
PL11	1	6	3.79	1.311	–0.242	–0.521
PL12	1	6	3.37	1.343	0.050	–0.640
PL13	1	6	3.80	1.389	–0.201	–0.729
PL14	1	6	3.47	1.274	–0.052	–0.510
PL15	1	6	3.53	1.348	–0.107	–0.676
GC1	1	6	4.72	0.989	–0.916	1.215
GC2	1	6	4.79	0.930	–0.747	0.705
GC3	1	6	4.53	1.020	–0.556	0.140
GC4	1	6	4.76	0.874	–0.619	0.608
GC5	1	6	4.80	0.912	–0.804	1.062

续表

题项	最小值	最大值	平均值	标准差	偏度	峰度
GC6	1	6	3.79	1.123	−0.278	−0.151
GC7	1	6	3.79	1.142	−0.143	−0.293
GC8	1	6	4.45	1.007	−0.517	0.257
OI1	1	6	3.69	1.389	−0.280	−0.735
OI2	1	6	3.78	1.341	−0.396	−0.537
OI3	1	6	3.84	1.279	−0.361	−0.477
OI4	1	6	3.88	1.328	−0.483	−0.379
OI5	1	6	3.82	1.310	−0.392	−0.452
OI6	1	6	3.97	1.222	−0.535	−0.162
OI7	1	6	4.06	1.322	−0.532	−0.243
OI8	1	6	3.30	1.436	−0.078	−0.879
OI9	1	6	3.47	1.351	−0.158	−0.658
OI10	1	6	4.49	1.176	−0.813	0.419
OI11	1	6	4.52	1.319	−0.903	0.305
OI12	1	6	3.71	1.495	−0.308	−0.771
OI13	1	6	2.95	1.604	0.228	−1.123
OI14	1	6	3.30	1.442	−0.068	−0.976
OI15	1	6	3.28	1.442	−0.065	−0.969
OA1	1	6	4.09	1.146	−0.462	−0.017
OA2	1	6	3.82	1.234	−0.336	−0.342
OA3	1	6	3.96	1.282	−0.538	−0.139
OA4	1	6	3.40	1.176	−0.539	0.109
OA5	1	6	4.09	1.186	−0.605	0.079
OA6	1	6	3.92	1.243	−0.400	−0.252
OA7	1	6	3.88	1.282	−0.384	−0.349
OA8	1	6	4.37	1.224	−0.750	0.231
OA9	1	6	4.17	1.462	−0.406	−0.724
OA10	1	6	3.68	1.455	−0.226	−0.874
OA11	1	6	3.25	1.449	0.048	−0.832

续表

题项	最小值	最大值	平均值	标准差	偏度	峰度
OA12	1	6	3.73	1.575	−0.107	−1.043
OA13	1	6	3.07	1.497	0.271	−0.837
OA14	1	6	3.53	1.454	−0.167	−0.773
OA15	1	6	3.90	1.423	−0.475	−0.546
JS1	1	6	4.23	1.217	−0.573	−0.058
JS2	1	6	4.22	1.239	−0.562	−0.188
JS3	1	6	4.49	1.027	−0.762	0.810
JS4	1	6	3.45	1.287	−0.226	−0.628
JS5	1	6	3.46	1.320	−0.165	−0.737
JS6	1	6	3.80	1.266	−0.403	−0.403
OCB1	1	6	4.59	0.969	−0.582	0.510
OCB2	1	6	4.25	1.098	−0.424	0.098
OCB3	2	6	4.60	0.907	−0.268	−0.299
OCB4	1	6	4.36	1.029	−0.295	−0.140
OCB5	1	6	4.55	0.924	−0.317	0.139
OCB6	1	6	4.14	1.146	−0.347	−0.094
OCB7	1	6	4.27	1.064	−0.469	0.332
OCB8	1	6	4.07	1.086	−0.300	0.001
OCB9	1	6	4.48	1.005	−0.467	0.109
OCB10	1	6	4.50	0.995	−0.677	0.747
OCB11	1	6	4.56	1.904	−0.663	0.397
OCB12	1	6	4.52	1.151	−0.757	0.467
OCB13	1	6	3.93	1.164	−0.242	−0.207
OCB14	1	6	4.80	1.026	−0.849	0.853
OCB15	1	6	4.86	0.973	−0.810	0.875
OCB16	1	6	4.80	1.016	−0.909	1.163

注：PL 代表家长式领导；GC 代表人际氛围；OI 代表组织投入；OA 代表组织依恋；JS 代表工作满意感；OCB 代表组织公民行为。

由表 5–2 可知，所有测量数据的偏度系数与峰度系数接近于 0，可知本书的数据近似地服从正态分布。

5.3.6　同源误差检验

同源误差（same source variance）又称为共同方法偏差（common method biases），是指因为同样的数据来源或者评分者，同样的测量环境、项目语境及项目本身特征所造成的预测变量与效标变量之间人为的共变。这种人为的共变可能使研究结果严重混淆并对结论有潜在的误导，是一种系统误差（周浩等，2004）。

为了尽可能减少从单一被试获得所有信息而产生的同源误差，需要从研究设计和统计方法上都采取措施，也就是进行程序控制和统计控制（Podsakoff et al.，1986）。程序控制指的是研究者在研究设计与测量过程中所采取的控制措施，比如调查问卷的封面信中明确告知被试调查数据仅作研究统计使用，保证问卷的匿名性，并告之答案无对错之分，各题项的表述尽可能简洁准确，并结合反向题突破思维定式（王兴琼，2009）。

本书按照上述规范力求进行程序控制，包括在封面信中告之被试调查数据的研究用途，仅要求匿名填写；强调按真实情况作答，答案无对错之分；设置了反向题等，通过这些措施以期降低同源误差。但程序控制并不能完全消除同源误差，这时还需要考虑在数据分析时采用统计方法对同源误差进行检验。在统计上，通常采用 Harman 单因素检验法来检验同源误差的严重程度（Podsakoff et al.，1986）。

Harman 单因素检验的基本假设是如果方法变异大量存在，进行因素分析时，要么析出单独一个因子，要么一个公因子解释了大部分变量变异（周浩等，2004）。具体做法是将问卷的全部题项纳入 SPSS 软件进行探索性因子分析，采用主成分分析，不进行旋转，确定特征值大于 1 的因子的解释量，结果如表 5–3 所示。

表 5–3　Harman 单因素检验结果

成分	初始特征值			被提取的载荷平方和		
	总和	方差的 %	累积 %	总和	方差的 %	累积 %
1	26.344	35.125	35.125	26.344	35.125	35.125
2	5.233	6.978	42.103	5.233	6.978	42.103
3	3.445	4.593	46.696	3.445	4.593	46.696
4	3.002	4.002	50.698	3.002	4.002	50.698
5	2.115	2.820	53.518	2.115	2.820	53.518
6	1.992	2.656	56.174	1.992	2.656	56.174
7	1.669	2.265	58.439	1.669	2.265	58.439
8	1.590	2.210	60.560	1.590	2.210	60.560
9	1.343	1.791	62.350	1.343	1.791	62.350
10	1.255	1.673	64.023	1.255	1.673	64.023
11	1.208	1.611	65.635	1.208	1.611	65.635
12	（以下数据省略）					

由表 5–3 可知，共提取出 11 个特征值大于 1 的因子，解释了总变异量的 65.635%，其中第一主成分因子的解释变异量为 35.125%，未超过建议值 50%（刘翔宇等，2015），因此本书数据的同源误差并不显著。

5.4　测量工具的信效度检验

只有建立在良好信效度测量工具之上的实证研究，其结果才具有可靠性，因此在进行正式实证研究之前，还需要检验测量工具的信效度。本书采用 *Cronbach's α* 系数检验各个问卷的信度，采用验证性因子分析检验各个问卷的结构效度，检验的具体结果如表 5-4 所示。

表 5-4　测量工具的信效度检验

衡量指标 问卷名称	α 系数	χ^2/df	RMSEA	AGFI	GFI	IFI	CFI	NFI
家长式领导	0.854	2.925	0.056	0.932	0.954	0.978	0.978	0.967
人际氛围	0.901	2.430	0.048	0.966	0.986	0.993	0.993	0.989
组织投入	0.937	2.416	0.048	0.905	0.940	0.912	0.910	0.859
组织依恋	0.900	2.526	0.050	0.952	0.938	0.973	0.973	0.956
工作满意感	0.845	1.978	0.040	0.978	0.995	0.997	0.997	0.993
组织公民行为	0.929	2.469	0.049	0.935	0.957	0.977	0.977	0.963

从表 5-4 的结果可以看出，各研究变量的 *Cronbach's α* 值均大于 0.70 的判断标准，具有较好的信度；从验证性因子分析的结果来看，模型的适配度指标均达到标准，其中 χ^2/df 的值小于 3，RMSEA 的值小于 1，GFI 与 AGFI 的值大于或接近 0.90 的判断标准（Hu et al.，1999），从增值适配度指标来看，IFI、CFI、NFI 的值绝大部分超过 0.90，个别接近 0.90，表明模型的适配度较好。

5.5　变量的相关分析

本书将主要变量的维度及量表的平均分作为变量得分，计算变量的均值、标准差和相关系数，结果如表 5-5 所示。

表 5–5　变量的相关分析

	发展性投入	物质性投入	组织投入	仁慈领导	德行领导	威权领导	家长式领导	人际氛围	组织安全感	组织留恋感	组织依恋	工作满意感	组织公民行为
发展性投入	1												
物质性投入	0.730**	1											
组织投入	0.964**	0.885**	1										
仁慈领导	0.726**	0.696**	0.764**	1									
德行领导	0.674**	0.579**	0.683**	0.696**	1								
威权领导	−0.120**	−0.058	−0.104**	−0.148**	−0.138**	1							
家长式领导	0.697**	0.654**	0.728**	0.840**	0.852**	0.247**	1						
人际氛围	0.392**	0.372**	0.411**	0.367**	0.383**	0.010	0.404**	1					
组织安全感	0.731**	0.629**	0.742**	0.721**	0.686**	−0.100*	0.709**	0.484**	1				
组织留恋感	0.613**	0.572**	0.639**	0.569**	0.570**	−0.166**	0.540**	0.304**	0.587**	1			
组织依恋	0.758**	0.676**	0.779**	0.729**	0.709**	−0.147**	0.707**	0.449**	0.905**	0.876**	1		
工作满意感	0.734**	0.669**	0.760**	0.681**	0.673**	−0.132**	0.668**	0.491**	0.699**	0.678**	0.773**	1	
组织公民行为	0.515**	0.450**	0.526**	0.466**	0.450**	−0.061	0.463**	0.490**	0.593**	0.523**	0.628**	0.580**	1
均值	3.830	3.550	3.737	3.518	4.119	3.595	3.744	4.455	4.017	3.619	3.831	3.942	4.455
标准差	1.016	1.164	0.996	1.239	1.306	0.953	0.797	0.771	0.971	0.980	0.869	0.923	0.727

从表 5–5 中可以看出，组织依恋两个维度，即组织安全感和组织留恋感的相关系数为 0.587（$P<0.01$），说明组织安全感和组织留恋感的方向相同，且正相关。

表 5–5 中，除家长式领导中的威权领导与物质性投入、人际氛围和组织公民行为的相关关系未达到显著以外，其他变量之间的相关关系均达到显著。根据曾楚宏等（2009）对家长式领导 3 个维度的领导效能进行研究显示，与仁慈领导和德行领导相比，威权领导对于组织和团队的效能的作用并不确定。结合本书，尽管威权领导与上述变量的相关关系未达到显著，但不是本书讨论的重点，对后续研究不会造成影响。

5.6　本章小结

本章对主要变量，包括家长式领导、人际氛围、组织投入、组织依恋、组织依恋类型、工作满意感以及组织公民行为的测量量表进行了较为详细的介绍，同时对于数据的调查方式、数据的分布以及样本的人口统计学情况进行阐述，在正式数据处理之前，对于数据进行了预处理，包括样本容量检验、数据的极端值检验、缺失值检验，对反向题进行反向计分，数据的正态分布检验以及同源误差的检验，结果均表明数据达到了要求；最后对测量工具的信效度进行了检验，各测量工具的信效度指标均较为理想，各变量之间的相关系数（除威权领导与部分变量之间的相关关系不显著外）均达到显著相关。

·第 6 章　组织依恋影响因素实证分析·

从本章开始，将分章讨论组织内部的影响因素对组织依恋的影响，组织依恋对结果变量的影响以及组织依恋在前因变量和结果变量之间的中介作用，逐一验证前面的理论假设。本章主要实证家长式领导、人际氛围和组织投入对组织依恋的影响，以及组织依恋类型和企业用工模式的调节作用。

6.1　研究变量的关系模型与研究假设

本章根据具体选择的研究变量，构建了组织依恋影响因素的理论模型，如图 6–1 所示。

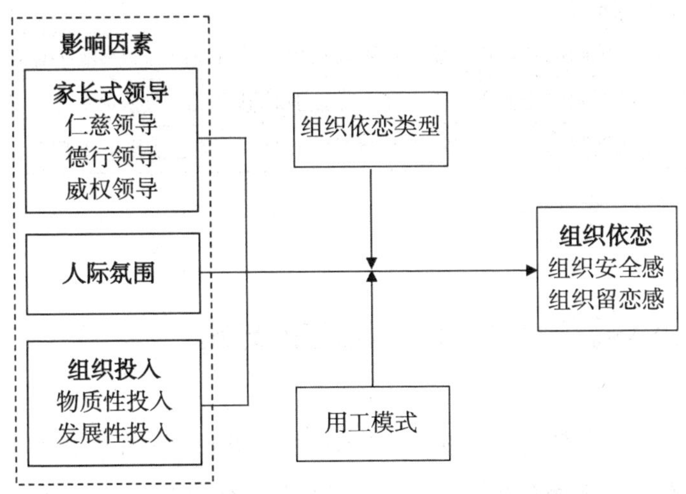

图 6–1　组织内部因素对组织依恋影响的理论模型

为了便于展开后续实证研究，将组织内部因素对组织依恋影响作用的研究假设进行了汇总，具体内容见表 6–1。

表 6–1 组织内部因素对组织依恋影响的研究假设汇总

研究假设	假设的内容
H1	家长式领导对组织依恋有显著正向影响
H1a	仁慈领导对组织依恋有显著正向影响
H1b	德行领导对组织依恋有显著正向影响
H1c	威权领导对组织依恋有显著负向影响
H2	人际氛围对组织依恋有显著正向影响
H3	组织投入对组织依恋有显著正向影响
H3a	物质性投入对组织依恋有显著正向影响
H3b	发展性投入对组织依恋有显著正向影响
H4	不同的组织依恋类型在组织依恋各影响因素对组织依恋的影响中存在显著差异
H4a	不同的组织依恋类型在家长式领导对组织依恋的影响中存在显著差异
H4b	不同的组织依恋类型在人际氛围对组织依恋的影响中存在显著差异
H4c	不同的组织依恋类型在组织投入对组织依恋的影响中存在显著差异
H5	不同期限的企业用工模式在组织依恋各影响因素对组织依恋的影响中存在显著差异
H5a	不同期限的企业用工模式在家长式领导对组织依恋的影响中存在显著差异
H5b	不同期限的企业用工模式在人际氛围对组织依恋的影响中存在显著差异
H5c	不同期限的企业用工模式在组织投入对组织依恋的影响中存在显著差异

6.2 组织内影响因素对组织依恋的影响

在第 5 章已经对各变量的测量工具、数据的正态分布检验进行了阐述，本章不再赘述，下面分析各人口统计学变量（即控制变量）对组织依恋的影响作用。

6.2.1　控制变量对组织依恋的影响

独立样本 T 检验适用于自变量是二分类别变量、因变量是连续变量的情况，而单因素方差分析适用于自变量是三分类别变量、因变量是连续变量的情况（吴明隆，2010）。通过独立样本 T 检验以及单因素方差分析法对性别、年龄、学历、行业、司龄、职位层次、企业性质、户籍、是否工会会员、用工模式等人口统计学变量对组织依恋影响作用进行分析，结果发现除“性别”以及“是否工会会员”在组织依恋上存在显著差异外，其他人口统计学变量对组织依恋的影响作用并不显著，“性别”与“是否工会会员”对组织依恋的影响见表 6-2 和表 6-3。

表 6-2　性别在组织依恋上的独立样本 T 检验结果

检验变量	性别	个数	平均数	标准差	t 值
组织依恋	男	315	4.00	0.843	4.990**
	女	297	3.66	0.867	
组织安全感	男	315	4.21	0.921	5.244**
	女	297	3.81	0.976	
组织留恋感	男	315	3.76	0.964	3.535**
	女	297	3.48	0.991	

从表 6-2 中可以看出，男性在组织依恋及其维度的得分上均高于女性的得分，男性与女性在组织依恋上的差异达到显著。

表 6-3　是否工会会员在组织依恋上的独立样本 T 检验结果

检验变量	是否工会会员	个数	平均数	标准差	t 值
组织依恋	是	287	3.99	0.836	2.768*
	否	124	3.73	0.914	

续表

检验变量	是否工会会员	个数	平均数	标准差	t 值
组织安全感	是	287	4.17	0.948	1.849
	否	124	3.98	0.988	
组织留恋感	是	287	3.79	0.900	3.124*
	否	124	3.46	1.018	

从表 6-3 中可以看出，工会会员在组织依恋及其维度上的得分要高于非工会会员，并且在组织依恋及组织留恋感维度上的差异达到显著。

鉴于绝大多数人口统计学变量对组织依恋不具有显著性影响，因此在影响因素对组织依恋的影响，以及组织依恋类型和用工模式的调节作用检验中，仅对“性别”以及“是否工会会员”进行控制。

6.2.2 家长式领导对组织依恋的影响

本部分主要分析家长式领导及其三个维度对组织依恋的影响作用。家长式领导及其维度以及组织依恋均属于连续变量，因此采用皮尔逊相关法计算变量之间的相关系数。

表 6-4 家长式领导与组织依恋之间的皮尔逊相关系数

	仁慈领导	德行领导	威权领导	家长式领导	组织安全感	组织留恋感	组织依恋
仁慈领导	1						
德行领导	0.696**	1					
威权领导	−0.148**	−0.138**	1				
家长式领导	0.840**	0.852**	0.247**	1			
组织安全感	0.721**	0.686**	−0.100*	0.709**	1		
组织留恋感	0.596**	0.570**	−0.166**	0.540**	0.587**	1	
组织依恋	0.729**	0.709**	−0.147**	0.707**	0.905**	0.876**	1
均值	3.518	4.119	3.595	3.744	4.017	3.619	3.831
标准差	1.239	1.306	0.953	0.797	0.971	0.980	0.869

表 6–4 显示，仁慈领导、德行领导以及家长式领导与组织依恋及其维度均呈显著正相关，相关系数 r 为 0.540 ～ 0.729（P<0.01），而威权领导与组织依恋及其维度呈显著负相关，其中与组织安全感的相关系数为 0.100（P<0.05），与组织留恋感的相关系数为 –0.166（P<0.01），与组织依恋的相关系数为 –0.147（P<0.01），因此研究假设 H1 及其分假设均初步得到验证。

考虑到前文分析中性别、是否工会会员在组织依恋上有显著差异，因此需要将其作为控制变量。在纳入控制变量后，将家长式领导及其维度纳入回归模型 M2 ～ M5，如表 6–5 所示。

表 6–5　家长式领导及其维度对组织依恋的回归分析结果

变量	组织依恋				
	M1	M2	M3	M4	M5
性别	–0.134*	–0.058	–0.045	–0.146*	–0.023
是否工会会员	–0.122*	–0.041	–0.023	–0.109*	–0.052
仁慈领导	—	0.736**	—	—	—
德行领导	—	—	0.709**	—	—
威权领导	—	—	—	–0.155*	—
家长式领导	—	—	—		0.713**
R^2	0.038	0.565	0.521	0.062	0.526
ΔR^2	0.038	0.527	0.483	0.024	0.488
ΔF	7.943**	487.360**	404.841**	10.229*	414.497**

从表 6–5 中可以看出，模型 M2 ～ M5 分别将仁慈领导、德行领导、威权领导以及家长式领导纳入回归分析模型。其中，从模型 M2 中可以看出，仁慈领导对组织依恋具有显著正向影响作用（β=0.736，P<0.01），研究假设 H1a 得到进一步验证。

M3 是将德行领导纳入回归分析模型，可以看出德行领导对组织依恋具有显著正向影响（β=0.709，P<0.01），研究假设 H1b 得到进一步验证。

M4 是将威权领导纳入回归分析模型，从结果来看，威权领导对组织依恋具有显著负向影响（β=–0.155，P<0.05），研究假设 H1c 得到进一步验证。

M5 是将家长式领导整体量表纳入回归分析，以验证家长式领导对组织依恋的影响作用，可以看出家长式领导对组织依恋具有显著正向影响（β=0.713，P<0.01），研究假设 H1 得到进一步验证。

尽管研究假设中未进一步提出家长式领导及其维度对组织依恋两个维度的影响作用，但鉴于组织依恋两维度与组织依恋呈正相关（见表 6–4），总结出家长式领导及其维度对组织依恋两个维度的影响作用可能与对组织依恋的影响作用一样。为了进一步验证，分别将“组织安全感”和“组织留恋感”作为因变量，见表 6–6 和表 6–7。

表 6–6　家长式领导及其维度对组织安全感的回归分析结果

变量	组织安全感				
	M6	M7	M8	M9	M10
性别	-0.147^{*}	-0.071^{*}	–0.058	-0.154^{*}	–0.032
是否工会会员	–0.079	0.001	0.020	-0.070^{*}	–0.007
仁慈领导	—	0.726^{**}	—	—	—
德行领导	—	—	0.709^{**}	—	—
威权领导	—	—	—	-0.100^{*}	—
家长式领导	—	—	—	—	0.731^{**}
R^2	0.031	0.544	0.514	0.041	0.545
ΔR^2	0.031	0.513	0.482	0.010	0.514
ΔF	6.508^{*}	452.519^{**}	398.650^{**}	4.151^{*}	454.381^{**}

表 6–7　家长式领导及其维度对组织留恋感的回归分析结果

变量	组织留恋感				
	M11	M12	M13	M14	M15
性别	-0.147^{*}	–0.030	–0.021	-0.107^{*}	–0.007

续表

变量	组织留恋感				
	M11	M12	M13	M14	M15
是否工会会员	−0.079	0.081*	0.068	−0.132*	−0.093*
仁慈领导	—	0.601**	—	—	—
德行领导	—	—	0.569**	—	—
威权领导	—	—	—	−0.188**	—
家长式领导	—	—	—	—	0.550**
R^2	0.035	0.387	0.345	0.070	0.325
ΔR^2	0.035	0.352	0.310	0.035	0.291
ΔF	7.233*	230.635**	190.531**	15.125**	173.330**

从表 6–6 和表 6–7 中可以看出，家长式领导及其维度与组织依恋两个维度的关系均呈显著相关，其中家长式领导及仁慈领导和德行领导与组织安全感以及组织留恋感呈显著正相关，威权领导与组织安全感和组织留恋感呈显著负相关。同时结合表 6–5、表 6–6 和表 6–7，可以看出仁慈领导和德行领导相比，其系数更大，因此相较而言，仁慈领导对组织依恋及其维度的作用更大。

6.2.3　人际氛围对组织依恋的影响

本部分主要分析人际氛围对组织依恋的影响作用。皮尔逊相关矩阵结果如表 6–8 所示。

表 6–8　人际氛围与组织依恋之间的皮尔逊相关系数

	人际氛围	组织安全感	组织留恋感	组织依恋
人际氛围	1			
组织安全感	0.484**	1		
组织留恋感	0.304**	0.587**	1	
组织依恋	0.449**	0.905**	0.876**	1

续表

	人际氛围	组织安全感	组织留恋感	组织依恋
均值	4.455	4.017	3.619	3.831
标准差	0.771	0.971	0.980	0.869

表 6–8 显示，人际氛围与组织依恋及其维度均呈显著正相关，其中人际氛围与组织安全感的相关系数为 0.484（P<0.01），与组织留恋感的相关系数为 0.304（P<0.01），与组织依恋整体量表的相关系数为 0.449（P<0.01），研究假设 H2 得到初步验证。

由于人口统计学变量的“性别”“是否工会会员”在组织依恋上存在显著差异，因此需要将其作为控制变量，并将人际氛围纳入回归模型，进一步验证人际氛围对组织依恋及组织依恋两个维度，即组织安全感和组织留恋感的影响关系，见表 6–9。

表 6–9　人际氛围对组织依恋及其维度的回归分析结果

变量	组织依恋		组织安全感			组织留恋感
	M16	M17	M18	M19	M20	M21
性别	0.017	0.004	–0.014	–0.029	0.050	0.040
是否工会会员	–0.130*	–0.099*	–0.075	–0.041	–0.169*	–0.146*
人际氛围	—	0.528**	—	0.567**	—	0.380**
R^2	0.018	0.296	0.005	0.326	0.034	0.177
ΔR^2	0.018	0.278	0.005	0.320	0.034	0.144
ΔF	3.218*	138.044**	0.962	166.173**	6.111*	61.104**

表 6–9 显示，人际氛围对组织依恋具有显著正向影响作用（β=0.528，P<0.01），进一步分析人际氛围对组织依恋两个维度的影响作用（见表 6–9 中模型 M19 和模型 M21）可以看出：人际氛围对组织安全感和组织留恋感均具有显著正向作用，系数分别为 0.567（P<0.01）和 0.380（P<0.01），研究假设 H2 得到进一步验证。

6.2.4　组织投入对组织依恋的影响

本部分主要研究组织投入及其维度，即物质性投入和发展性投入对组织依恋及其维度的影响作用。组织投入及组织依恋的皮尔逊相关系数如表 6–10 所示。

表 6–10　组织投入与组织依恋之间的皮尔逊相关系数

	物质性投入	发展性投入	组织投入	组织安全感	组织留恋感	组织依恋
物质性投入	1					
发展性投入	0.730**	1				
组织投入	0.885**	0.964**	1			
组织安全感	0.629**	0.731**	0.742**	1		
组织留恋感	0.572**	0.613**	0.639**	0.587**	1	
组织依恋	0.676**	0.758**	0.779**	0.905**	0.876**	1
均值	3.550	3.830	3.737	4.017	3.619	3.831
标准差	1.164	1.015	0.996	0.971	0.980	0.869

通过表 6–10 中皮尔逊相关系数分析，结果表明：组织投入及其维度与组织依恋及其维度呈显著正相关关系，其相关系数介于 0.572 ～ 0.779（$P<0.01$）。可见研究假设 H3、H3a 和 H3b 均得到初步验证。

为了进一步验证上述研究假设，将人口统计学变量中的性别、是否工会会员作为控制变量纳入回归模型，进一步验证组织投入及其维度对组织依恋的影响，见表 6–11。

表 6–11　组织投入及其维度对组织依恋的回归分析结果

变量	组织依恋			
	M22	M23	M24	M25
性别	0.017	0.029	0.021*	0.056
是否工会会员	–0.130*	–0.087*	–0.072*	–0.071*
物质性投入	—	0.694**	—	—

续表

变量	组织依恋			
	M22	M23	M24	M25
发展性投入	—	—	0.781**	—
组织投入	—	—	—	0.794**
R^2	0.018	0.498	0.624	0.644
ΔR^2	0.035	0.480	0.605	0.626
ΔF	3.218*	334.226**	562.877**	616.205**

表 6–11 显示，组织投入及其维度对组织依恋具有显著正向影响作用，其中组织投入对组织依恋的系数为 0.794（P<0.01），物质性投入对组织依恋的系数为 0.694（P<0.01），发展性投入对组织依恋的系数为 0.781（P<0.01），从分析结果来看，研究假设 H3 和 H3a 及 H3b 得到进一步验证。

为了进一步分析组织投入及其维度对组织依恋两维度的影响作用，将组织安全感和组织留恋感作为因变量，分析结果如表 6–12 和表 6–13 所示。

表 6–12　组织投入及其维度对组织安全感的回归分析结果

变量	组织安全感			
	M26	M27	M28	M29
性别	–0.014	–0.002	0.034	0.024
是否工会会员	–0.075	–0.032	–0.018	–0.017
物质性投入	—	0.677**	—	—
发展性投入	—	—	0.760**	—
组织投入	—	—	—	0.773**
R^2	0.005	0.462	0.579	0.599
ΔR^2	0.005	0.456	0.573	0.594
ΔF	0.962	296.622**	476.252**	518.746**

从表 6–12 中可以看出，组织投入与组织安全感呈显著正相关，其系

数为 0.773（P<0.01），物质性投入以及发展性投入与组织安全感之间的关系也呈显著正相关，其系数分别为 0.677（P<0.01）和 0.760（P<0.01）。

表 6–13　组织投入及其维度对组织留恋感的回归分析结果

变量	组织留恋感			
	M30	M31	M32	M33
性别	0.050	0.060	0.091*	0.082*
是否工会会员	–0.169*	–0.132*	–0.120*	–0.119*
物质性投入	—	0.578**	—	—
发展性投入	—	—	0.652**	—
组织投入	—	—	—	0.662**
R^2	0.034	0.366	0.456	0.469
ΔR^2	0.034	0.332	0.422	0.436
ΔF	6.111*	183.380**	271.299**	287.174**

从表 6–13 中可以看出，组织投入与组织留恋感呈显著正相关，其系数为 0.662（P<0.01），物质性投入以及发展性投入与组织留恋感之间的关系也呈显著正相关，其系数分别为 0.578（P<0.01）和 0.652（P<0.01）。

综上可知，组织投入及其维度与组织依恋及其维度均呈显著正相关。

6.2.5　组织内影响因素对组织依恋的竞争性影响

前文分析了家长式领导、人际氛围和组织投入对组织依恋的影响作用，证实了这三个因素均会对组织依恋产生正向影响。但是单一层面的分析很难找到影响组织依恋的最大解释变量，因此有必要对上述影响因素与组织依恋之间的关系进行整合分析。具体做法是将家长式领导、人际氛围、组织投入与组织依恋一起纳入结构方程模型中，模型分析的结果见图 6–2。

从图 6–2 的竞争模型中可以看出，家长式领导对组织依恋影响的系数为 0.70（P<0.01），说明家长式领导对组织依恋仍具有显著的正向影响作用；人际氛围对组织依恋影响的系数为 0.12（P<0.01），即人际氛围对组织依恋也具有显著正向影响作用；而组织投入对组织依恋影响的系数为 0.25，不具有统计学意义，说明在竞争模型中，组织投入对组织依恋的影响变得不显著。

比较家长式领导和人际氛围对组织依恋影响系数的大小，可以发现家长式领导的作用比人际氛围大。这说明在组织中相较于人际氛围，直接上司的领导风格对员工的组织依恋影响更大，领导作为员工在组织中的重要他人，对员工的组织依恋起着至关重要的作用。这也符合组织依恋的理论基础，依恋理论提出个体有赖于父母的照顾和关心而得以生存和发展，领导就像父母一般，为员工提供支持、帮助和关怀（Popper et al.，2003），家长式领导相较于其他领导风格，更贴近中国人的文化特征和内心期待，因此在组织内部各因素中起着关键作用。而组织投入在三个前因变量纳入结构方程模型后对组织依恋的影响作用变得不显著，这说明相比给员工提供发展性和物质性的投入，员工更看重直接上级的领导风格及人际氛围。

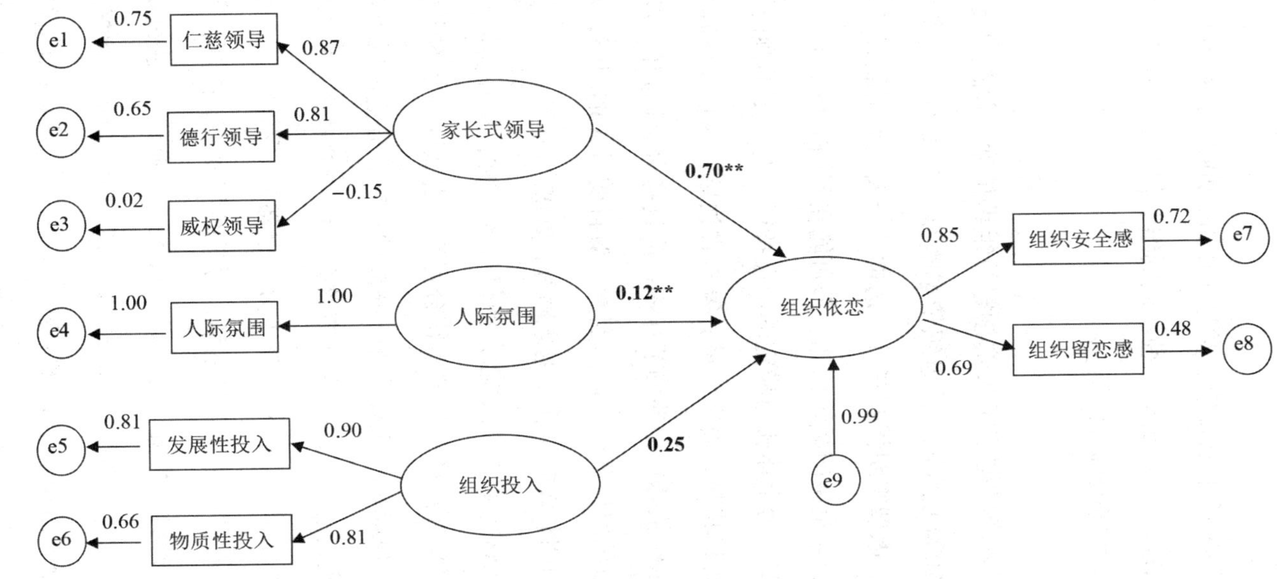

图 6-2　组织内影响因素对组织依恋的竞争性影响作用

注：χ^2/df =2.425；GFI=0.963；AGFI=0.942；NFI=0.970；RMSEA=0.048。

6.3 组织依恋类型的调节作用

组织依恋类型来源于成人依恋类型（Clair，2000），被看作相对稳定的人格特质，本书将进一步实证三种不同的组织依恋类型在组织依恋的影响因素及组织依恋之间的调节作用。

6.3.1 组织依恋类型在家长式领导及组织依恋之间的调节作用

根据 Clair（2000）的研究，组织依恋类型分为安全型组织依恋、回避型组织依恋和焦虑型组织依恋三种。通常一个人不大可能既是安全型的组织依恋，又是非安全型的组织依恋，但可能在不同的情境下有不同的表现。组织依恋类型作为个体相对稳定的个性特征，有一定的倾向性，因此本书在实证分析时将其归为类别变量。家长式领导作为自变量属于连续变量，因此要检验组织依恋类型的调节作用，应选择分组回归的方法，具体做法是按调节变量的取值分组，做因变量 Y 对自变量 X 的回归，若回归系数的差异显著，则调节效应显著（温忠麟等，2005）。

尽管 Clair（2000）将组织依恋类型仅分为三种，但在实际调研中发现，有部分调查对象在选择三种类型符合程度时要么区分度不明显，比如都打同样的分值，很难判断其属于哪一种类型；要么分值都低于 4 分（1= 非常不符合，2= 比较不符合，3= 有些不符合，4= 有些符合，5= 比较符合，6= 非常符合），因此即使调查对象打了分，但却是“不符合”，也不能判断其类型；还有一种情况是出现了漏填，导致数据缺失。因此，本书将这些情况的数据在处理时一律编号为“4”，代表“未确定”，通过统计发现“未确定”一共有 217 份，除去这部分数据，还有 405 份有效数据。405 份有效数据中，安全型组织依恋有 298 份，占 73.58%，回避型组织依恋有 28 份，占 6.91%，焦虑型组织依恋有 79 份，占 19.51%，可以看出，调查对象中绝大多数是安全型的，其次是焦虑型的，再次是回避型的。尽管本书的数据主要来源于四川，少部分来自武汉和上海，但从结果来看，员工的组织依恋类型的分布也可以为后续的研究提供借鉴。

将组织依恋三种类型进行回归分析，将对组织依恋有显著影响的“性别”和“是否工会会员”作为控制变量，模型 1 指纳入控制变量的结果，模型 2 指纳入了家长式领导的结果，见表 6–14。

表 6–14　不同的组织依恋类型下家长式领导对组织依恋影响的回归模型检验

组织依恋类型	模型	分析	平方和	均方	F 值	P 值
安全型组织依恋	1	回归	0.275	0.138	0.324	0.724
		残差	81.111	0.425	—	—
		合计	81.386	—	—	—
	2	回归	30.036	10.012	37.045	0.000
		残差	51.350	0.270	—	—
		合计	81.386	—	—	—
回避型组织依恋	1	回归	0.569	0.285	0.444	0.649
		残差	10.251	0.641	—	—
		合计	10.820	—	—	—
	2	回归	6.686	2.229	8.085	0.002
		残差	4.135	0.276	—	—
		合计	10.820	—	—	—
焦虑型组织依恋	1	回归	0.050	0.025	0.051	0.951
		残差	19.205	0.492	—	—
		合计	19.255	—	—	—
	2	回归	8.927	2.976	10.948	0.000
		残差	10.328	0.272	—	—
		合计	19.255	—	—	—

从表 6–14 中可以看出，不同的组织依恋类型下家长式领导对组织

依恋影响的回归模型具有统计学意义，其回归模型的 F 值分别为 37.045（P<0.001）、8.085（P<0.01）和 10.948（P<0.001）。

表 6–15　不同的组织依恋类型下家长式领导对组织依恋影响的模型拟合

组织依恋类型	模型	R	R^2	Durbin–Watson
安全型组织依恋	1	0.058	0.003	—
	2	0.607	0.369	2.101
回避型组织依恋	1	0.229	0.053	—
	2	0.786	0.618	1.266
焦虑型组织依恋	1	0.051	0.003	—
	2	0.681	0.464	2.158

表 6–15 进一步说明不同组织依恋类型下家长式领导对组织依恋影响的模型拟合情况。从 Durbin–Watson 统计量来看，取值均在 2 左右，说明残差独立，分析是可靠的（王兴琼，2009）。在不同的组织依恋类型的影响下，决定系数（R^2）分别为 0.369、0.618 和 0.464，说明可解释的变异量分别为 36.9%、61.8% 和 46.4%。继续分析不同的组织依恋类型下家长式领导对组织依恋影响的回归系数，见表 6–16。

表 6–16　不同的组织依恋类型下家长式领导对组织依恋影响的回归系数

组织依恋类型	模型	变量	B	β	t 值	P 值	容忍度
安全型组织依恋	1	常数	4.421	—	22.654	0.000	—
		性别	–0.060	–0.044	–0.606	0.545	1.000
		是否工会会员	–0.059	–0.038	–0.521	0.603	1.000
	2	常数	1.537	—	4.865	0.000	—
		性别	0.054	0.039	0.675	0.501	0.981
		是否工会会员	–0.038	–0.024	–0.421	0.675	0.999
		家长式领导	0.666	0.611	10.494	0.000	0.981

续表

组织依恋类型	模型	变量	B	β	t 值	P 值	容忍度
回避型组织依恋	1	常数	3.046	—	3.992	0.001	—
		性别	0.258	0.171	0.702	0.493	0.998
		是否工会会员	−0.246	−0.161	−0.660	0.518	0.998
	2	常数	0.493	—	0.668	0.514	—
		性别	0.197	0.130	0.815	0.428	0.995
		是否工会会员	−0.213	−0.139	−0.872	0.397	0.997
		家长式领导	0.823	0.753	4.711	0.000	0.996
焦虑型组织依恋	1	常数	3.298	—	8.435	0.000	—
		性别	0.052	0.038	0.223	0.825	0.871
		是否工会会员	0.032	0.023	0.132	0.896	0.871
	2	常数	1.145	—	2.407	0.021	—
		性别	−0.096	−0.070	−0.544	0.590	0.853
		是否工会会员	0.016	0.012	0.092	0.927	0.871
		家长式领导	0.659	0.688	5.715	0.000	0.973

表 6–16 说明员工的组织依恋类型在家长式领导对组织依恋影响中的差异程度。容忍度的值在 0 ~ 1，如果越接近 0，表示越有共线性问题（吴明隆，2010）。表 6–16 中的容忍度均不等于 0，说明不存在共线性问题。当员工属于不同的组织依恋类型时，家长式领导对组织依恋的回归系数分别为 0.611、0.753 和 0.688（P<0.001）。

结合上述分析，组织依恋类型作为个体的个性特征在家长式领导对组织依恋的影响中具有调节效应，研究假设 H4a 得到验证。

6.3.2　组织依恋类型在人际氛围及组织依恋之间的调节作用

人际氛围同家长式领导一样，也属于连续变量，因此本部分仍然选择分组回归的方法验证组织依恋类型在人际氛围及组织依恋之间的调节作用。通过分析发现，人际氛围纳入控制变量的结果同家长式领导纳入控制变量的结果相同，并且主要分析纳入自变量的结果，因此为了精练表述，从本部分开始，验证组织依恋类型对人际氛围以及组织依恋类型对组织投入的调节作用仅呈现模型 2 的值，详见表 6–17 至表 6–19。

表 6–17　不同的组织依恋类型下人际氛围对组织依恋影响的回归模型检验

组织依恋类型	模型	分析	平方和	均方	F 值	P 值
安全型组织依恋	2	回归	22.176	7.392	23.720	0.000
		残差	59.210	0.312	—	—
		合计	81.386	—	—	—
回避型组织依恋	2	回归	0.875	0.292	0.440	0.728
		残差	9.945	0.663	—	—
		合计	10.820	—	—	—
焦虑型组织依恋	2	回归	1.586	0.529	1.137	0.346
		残差	17.669	0.465	—	—
		合计	19.255	—	—	—

从表 6–17 中可以看出，仅在安全型组织依恋的作用下，人际氛围对组织依恋影响的回归模型具有统计学意义，其 F 值为 23.270（$P<0.001$），在回避型组织依恋和焦虑型组织依恋作用下，人际氛围对组织依恋影响的回归模型不具有统计学意义，其 P 值均大于 0.05。进一步说明模型的拟合情况，见表 6–18。

表 6–18　不同的组织依恋类型下人际氛围对组织依恋影响的模型拟合

组织依恋类型	模型	R	R^2	Durbin–Watson
安全型组织依恋	2	0.522	0.272	1.904
回避型组织依恋	2	0.284	0.081	2.412
焦虑型组织依恋	2	0.287	0.082	1.293

表 6–18 显示了不同组织依恋类型下人际氛围对组织依恋影响的模型拟合情况。在不同的组织依恋类型的影响下，决定系数分别为 0.272、0.081

和 0.082，说明可解释的变异量分别为 27.2%、8.1% 和 8.2%。进一步分析不同的组织依恋类型下人际氛围对组织依恋影响的回归系数，见表 6-19。

表 6-19　不同的组织依恋类型下人际氛围对组织依恋影响的回归系数

组织依恋类型	模型	变量	B	β	T 值	P 值	容忍度
安全型组织依恋	2	常数	1.825	—	5.186	0.000	—
		性别	0.025	0.018	0.288	0.774	0.986
		是否工会会员	–0.072	–0.046	–0.746	0.457	0.999
		家长式领导	0.533	0.522	8.383	0.000	0.986
回避型组织依恋	2	常数	2.442	—	2.069	0.056	—
		性别	0.323	0.214	0.837	0.416	0.937
		是否工会会员	–0.289	–0.189	–0.752	0.464	0.971
		家长式领导	0.137	0.176	0.680	0.507	0.918
焦虑型组织依恋	2	常数	2.126	—	2.840	0.007	—
		性别	0.042	0.031	0.184	0.855	0.871
		是否工会会员	0.023	0.017	0.099	0.921	0.871
		家长式领导	0.270	0.283	1.818	0.077	0.998

如表 6-19 所示，当员工属于安全型组织依恋时，人际氛围对组织依恋的回归系数为 0.522（P<0.001），而当员工属于回避型组织依恋及焦虑型组织依恋时，人际氛围对组织依恋的回归系数均未达到显著（P>0.05）。

因此，只有当员工属于安全型组织依恋时，人际氛围对组织依恋的影响才达到显著，研究假设 H4b，即“不同的组织依恋类型在人际氛围对组织依恋的影响中存在显著差异”得到部分验证。

6.3.3　组织依恋类型在组织投入及组织依恋之间的调节作用

组织投入也是连续变量，因此本部分仍然选择分组回归的方法验证组织依恋类型在组织投入及组织依恋之间的调节作用。同前面人际氛围的分析过程一样，仅保留模型 2 的数据，分析结果如表 6–20 至表 6–22 所示。

表 6–20　不同的组织依恋类型下组织投入对组织依恋影响的回归模型检验

组织依恋类型	模型	分析	平方和	均方	F 值	P 值
安全型组织依恋	2	回归	44.772	14.924	77.445	0.000
		残差	36.614	0.193	—	—
		合计	81.386	—	—	—
回避型组织依恋	2	回归	7.721	2.574	12.455	0.000
		残差	3.099	0.207	—	—
		合计	10.820	—	—	—
焦虑型组织依恋	2	回归	9.558	3.186	12.484	0.000
		残差	9.697	0.255	—	—
		合计	19.255	—	—	—

从表 6–20 中可以看出，三种组织依恋类型下组织投入对组织依恋影响的回归模型具有统计学意义，其 F 值依次为 77.445、12.455 和 12.484（$P<0.001$）。模型的拟合情况如表 6–21 所示。

表 6–21　不同的组织依恋类型下组织投入对组织依恋影响的模型拟合

组织依恋类型	模型	R	R^2	Durbin–Watson
安全型组织依恋	2	0.742	0.550	1.959
回避型组织依恋	2	0.845	0.714	1.759
焦虑型组织依恋	2	0.705	0.496	1.380

表 6–21 显示了不同组织依恋类型下组织投入对组织依恋影响的模型拟合情况。在不同的组织依恋类型的影响下，决定系数分别为 0.550、0.714 和 0.496，说明可解释的变异量分别为 55%、71.4% 和 49.6%。进一步分析不同的组织依恋类型下组织投入对组织依恋影响的回归系数，见表 6–22。

表 6-22　不同的组织依恋类型下组织投入对组织依恋影响的回归系数

组织依恋类型	模型	变量	B	β	t 值	P 值	容忍度
安全型组织依恋	2	常数	1.913	—	9.065	0.000	—
		性别	−0.052	−0.038	−0.783	0.434	1.000
		是否工会会员	−0.006	−0.004	−0.078	0.938	0.998
		家长式领导	0.581	0.740	15.196	0.000	0.998
回避型组织依恋	2	常数	1.725	—	3.535	0.003	—
		性别	−0.055	−0.036	−0.255	0.803	0.937
		是否工会会员	−0.277	−0.181	−1.310	0.210	0.997
		家长式领导	0.666	0.839	5.883	0.000	0.938
焦虑型组织依恋	2	常数	1.923	—	5.334	0.000	—
		性别	−0.084	−0.061	−0.491	0.626	0.856
		是否工会会员	0.012	0.008	0.068	0.946	0.871
		家长式领导	0.468	0.711	6.104	0.000	0.978

如表 6–22 显示，当员工属于安全型组织依恋时，组织投入对组织依恋的回归系数为 0.740（P<0.001）；当员工属于回避型组织依恋时，组织投入对组织依恋的回归系数为 0.839（P<0.001）；当员工属于焦虑型组织依恋时，组织投入对组织依恋的回归系数为 0.711（P<0.001）。

以上分析表明，不同的组织依恋类型在组织投入及组织依恋的关系之间起调节作用，研究假设 H4c 得到验证。

6.4　用工模式的调节作用

通过数据分析发现，被调查对象绝大多数都属于劳动合同用工，劳务派遣或外包用工仅占 6.27%。分析原因主要有：第一，在调查样本的选取上，由于个人资源和精力有限，未能在劳务派遣或外包工集中的行业或领域抽样；第二，在有劳务派遣或外包工的企业进行调研时，由于这一类员工主要集中在辅助性、临时性和替代性较强的岗位上，且大多数学历都在高中甚至初中以下，对于问卷内容的理解有一定的难度，从而导致部分问卷漏填或作废，这也使得样本量减少。

参照李萍等（2014）对劳动合同的分类，本书按用工期限的不同，将其分为短期用工和长期用工两大类。短期用工包括 3 年及 3 年以内的劳动合同用工以及劳务派遣和外包用工，长期用工包括 3 年以上的劳动合同用工以及无固定期限劳动合同用工。之所以这样划分，首先是因为劳务派遣和外包用工从期限来看都属于短期用工。其次从比例来看，劳务派遣和外包用工在调查数据中占极小的比例，仅有 39 人，占比为 6.27%，为了防止数据相差过于悬殊，将其与 3 年及以下的劳动合同用工合并在一起，以进一步分析用工期限不同是否会对员工的组织依恋产生显著影响。通过划分，短期用工共有 173 人，占比为 27.81%；长期用工共有 439 人，占比为 70.58%；其他 3 人，主要指实习生；还有 7 人未填写所属的用工类型。

由于短期用工和长期用工模式也属于类别变量，而组织依恋的前因变量，即家长式领导、人际氛围与组织投入都属于连续变量，因此也采用分组回归分析的方法。

6.4.1 用工模式在家长式领导及组织依恋之间的调节作用

本书的控制变量是“性别”和“是否工会会员”，将用工模式按上述标准分组，并将家长式领导纳入模型，模型 1 仅纳入控制变量，模型 2 纳入了家长式领导，结果见表 6–23 至表 6–25。

表 6–23　不同的用工模式下家长式领导对组织依恋影响的回归模型检验

用工模式	模型	分析	平方和	均方	F 值	P 值
短期用工	1	回归	12.993	6.496	10.787	0.000
		残差	97.564	0.602	—	—
		合计	110.557	—	—	—
	2	回归	60.979	20.326	66.009	0.000
		残差	49.577	0.308	—	—
		合计	110.557	—	—	—
长期用工	1	回归	4.676	2.338	3.012	0.051
		残差	182.427	0.776	—	—
		合计	187.102	—	—	—
	2	回归	96.486	32.162	83.052	0.000
		残差	90.616	0.387	—	—
		合计	187.102	—	—	—

从表 6–23 中可以看出，不同的用工模式下家长式领导对组织依恋影响的回归模型具有统计学意义，其回归模型的 F 值分别为 66.009 和 83.052（P<0.001）。

表 6–24　不同的用工模式下家长式领导对组织依恋影响的模型拟合

用工模式	模型	R	R^2	Durbin–Watson
短期用工	1	0.343	0.118	—
	2	0.743	0.552	1.939
长期用工	1	0.158	0.025	—
	2	0.718	0.516	1.614

表 6–24 显示不同的用工模式下家长式领导对组织依恋影响的模型拟合情况，Durbin–Watson 的值在 2 左右，表明分析是可靠的。当员工属于短期用工时，决定系数为 0.552，说明可解释 55.2% 的变异量；当员工属

于长期用工时，决定系数为0.516，表明可解释51.6%的变异量。继续分析不同的用工模式下家长式领导对组织依恋影响的回归系数，见表6-25。

表6-25 不同的用工模式下家长式领导对组织依恋影响的回归系数

用工模式	模型	变量	B	β	t值	P值	容忍度
短期用工	1	常数	5.092	—	21.204	0.000	—
		性别	–0.436	–0.255	–3.421	0.001	0.984
		是否工会会员	–0.328	–0.200	–2.687	0.008	0.984
	2	常数	1.214	—	3.421	0.001	—
		性别	–0.035	–0.074	–1.343	0.181	0.917
		是否工会会员	–0.035	–0.021	–0.385	0.701	0.918
		家长式领导	0.776	0.712	12.483	0.000	0.857
长期用工	1	常数	4.339	—	19.421	0.000	—
		性别	–0.078	–0.043	–0.649	0.517	0.957
		是否工会会员	–0.325	–0.144	–2.180	0.030	0.957
	2	常数	1.086	—	4.119	0.000	—
		性别	0.022	0.012	0.260	0.795	0.951
		是否工会会员	–0.275	–0.121	–2.608	0.010	0.956
		家长式领导	0.803	0.703	15.397	0.000	0.992

表6-25表明不同用工模式在家长式领导对组织依恋影响中的差异程度。结果显示，短期用工和长期用工在家长式领导对组织依恋的回归系数均达到显著，分别为0.712和0.703（P<0.001）。

上述分析表明，用工模式在家长式领导对组织依恋的影响中具有调节效应，研究假设H5a得到验证。

6.4.2 用工模式在人际氛围及组织依恋之间的调节作用

本部分采用分组回归的方法验证用工模式在人际氛围及组织依恋之间的调节作用。由于模型1（纳入控制变量）的结果同前文分析用工模式在家长式领导与组织依恋之间调节作用的结果相同，且主要验证模型 2（纳入自变量）的结果，因此后文验证用工模式在人际氛围与组织依恋之间以及在组织投入与组织依恋之间的调节作用均仅显示模型 2 的结果，见表 6–26。

表 6–26　不同的用工模式下人际氛围对组织依恋影响的回归模型检验

用工模式	模型	分析	平方和	均方	F 值	P 值
短期用工	2	回归	33.237	11.079	23.069	0.000
		残差	77.320	0.480	—	—
		合计	110.557	—	—	—
长期用工	2	回归	55.259	18.420	32.692	0.000
		残差	131.843	0.563	—	—
		合计	187.102	—	—	—

表 6–26 表明，当员工属于短期用工和长期用工时，人际氛围对组织依恋影响的回归模型具有统计学意义，其 F 值分别为 23.069 和 32.692（P<0.001），模型拟合情况见表 6–27。

表 6–27　不同的用工模式下人际氛围对组织依恋影响的模型拟合

用工模式	模型	R	R^2	Durbin–Watson
短期用工	2	0.548	0.301	1.629
长期用工	2	0.543	0.286	1.596

表 6–27 表明，不同的用工模式下，人际氛围对组织依恋影响的决定系数分别为 0.301 和 0.286，说明可解释的变异量分别为 30.1% 和 28.6%。不同的用工模式下人际氛围对组织依恋影响的回归系数，如表 6–28 所示。

表 6–28　不同的用工模式下人际氛围对组织依恋影响的回归系数

用工模式	模型	变量	B	β	t 值	P 值	容忍度
短期用工	2	常数	2.592	—	5.879	0.000	—
		性别	–0.303	–0.177	–2.620	0.010	0.953

续表

用工模式	模型	变量	B	β	t 值	P 值	容忍度
短期用工	2	是否工会会员	-0.318	-0.194	-2.917	0.004	0.984
		人际氛围	0.506	0.435	6.492	0.000	0.967
长期用工	2	常数	1.245	—	3.292	0.001	—
		性别	0.023	0.012	0.219	0.827	0.947
		是否工会会员	-0.238	-0.105	-1.865	0.063	0.952
		人际氛围	0.628	0.525	9.475	0.000	0.980

表 6-28 显示，在短期用工和长期用工的情况下，人际氛围对组织依恋的回归系数均达到显著，分别为 0.435 和 0.525（P<0.001）。

综上所述，用工模式在人际氛围对组织依恋的影响中具有调节效应，研究假设 H5b 得到验证。

6.4.3 用工模式在组织投入及组织依恋之间的调节作用

用工模式在组织投入及组织依恋之间的调节作用的检验过程见表 6-29 至表 6-31。

表 6-29 不同的用工模式下组织投入对组织依恋影响的回归模型检验

用工模式	模型	分析	平方和	均方	F 值	P 值
短期用工	2	回归	77.372	25.791	125.126	0.000
		残差	33.185	0.206	—	—
		合计	110.557	—	—	—
长期用工	2	回归	117.729	39.243	132.369	0.000
		残差	69.373	0.296	—	—
		合计	187.102	—	—	—

由表 6-29 可知，不同的用工模式下，组织投入对组织依恋影响的回归模型具有统计学意义，其 F 值依次为 125.126 和 132.369（P<0.001）。回归模型的拟合情况见表 6-30。

表 6–30 不同的用工模式下组织投入对组织依恋影响的模型拟合

用工模式	模型	R	R^2	Durbin–Watson
短期用工	2	0.837	0.700	1.794
长期用工	2	0.793	0.629	1.817

如表 6–30 所示，在不同的用工模式下，组织投入对组织依恋的决定系数分别为 0.700 和 0.629，说明可解释的变异量分别为 70% 和 62.9%。在不同的用工模式下，组织投入对组织依恋影响的回归系数见表 6–31。

表 6–31 不同的用工模式下组织投入对组织依恋影响的回归系数

用工模式	模型	变量	B	β	t 值	P 值	容忍度
短期用工	2	常数	1.862	—	8.079	0.000	—
		性别	–0.259	–0.151	–3.440	0.001	0.967
		是否工会会员	–0.025	–0.015	–0.335	0.738	0.930
		组织投入	0.646	0.795	17.673	0.000	0.921
长期用工	2	常数	1.714	—	8.893	0.000	—
		性别	–0.077	–0.042	–1.026	0.306	0.957
		是否工会会员	–0.303	–0.134	–3.288	0.001	0.957
		组织投入	0.694	0.777	19.528	0.000	1.000

从表 6–31 可以看出，不同的用工模式下组织投入对组织依恋影响的回归系数均达到显著，分别为 0.795 和 0.777（$P<0.001$）。

以上分析证实，不同的用工模式在组织投入及组织依恋的关系之间起调节作用，研究假设 H5c 得到验证。

6.5 本章小结

6.5.1 研究假设验证情况汇总

表 6-32 对本章关于组织依恋影响因素的研究假设检验情况进行了汇总，发现绝大部分研究假设都得到了验证，仅有少数假设得到部分验证，说明本书假设合理，收集的数据可靠，有效地保证了研究结果。

表 6-32 本章关于组织依恋的影响因素的研究假设检验情况汇总

研究假设	假设的内容	验证情况
H1	家长式领导对组织依恋有显著正向影响	得到验证
H1a	仁慈领导对组织依恋有显著正向影响	得到验证
H1b	德行领导对组织依恋有显著正向影响	得到验证
H1c	威权领导对组织依恋有显著负向影响	得到验证
H2	人际氛围对组织依恋有显著正向影响	得到验证
H3	组织投入对组织依恋有显著正向影响	得到验证
H3a	物质性投入对组织依恋有显著正向影响	得到验证
H3b	发展性投入对组织依恋有显著正向影响	得到验证
H4	不同的组织依恋类型在组织依恋各影响因素对组织依恋的影响中存在显著差异	得到部分验证
H4a	不同的组织依恋类型在家长式领导对组织依恋的影响中存在显著差异	得到验证
H4b	不同的组织依恋类型在人际氛围对组织依恋的影响中存在显著差异	得到部分验证
H4c	不同的组织依恋类型在组织投入对组织依恋的影响中存在显著差异	得到验证
H5	不同期限的企业用工模式在组织依恋各影响因素对组织依恋的影响中存在显著差异	得到验证
H5a	不同期限的企业用工模式在家长式领导对组织依恋的影响中存在显著差异	得到验证

续表

研究假设	假设的内容	验证情况
H5b	不同期限的企业用工模式在人际氛围对组织依恋的影响中存在显著差异	得到验证
H5c	不同期限的企业用工模式在组织投入对组织依恋的影响中存在显著差异	得到验证

6.5.2　研究结论

本章对 622 份数据进行了分析，实证了家长式领导、人际氛围、组织投入与组织依恋之间的关系，结果发现：

第一，家长式领导对组织依恋有显著正向影响，其维度仁慈领导和德行领导对组织依恋也有显著正向影响，而威权领导对组织依恋有显著负向影响，研究假设 H1 及分假设得到验证。

第二，人际氛围对组织依恋有显著正向影响，和谐的人际氛围有助于员工对组织的依恋，研究假设 H2 得到验证。

第三，组织投入及其子维度对组织依恋有显著正向影响，员工感知到的物质性投入和发展性投入越高，越有助于员工对组织的依恋，研究假设 H3 及分假设得到验证。

第四，为了进一步找到组织依恋影响因素中起关键作用的影响因素，将家长式领导、人际氛围、组织投入和组织依恋一同纳入结构方程模型，用来比较各影响因素在竞争模型下对组织依恋影响作用的变化，结果发现，家长式领导与人际氛围对组织依恋起显著正向作用，并且家长式领导的影响作用最大，而组织投入的作用变得不显著。

第五，组织依恋类型作为员工稳定的人格特质，本书对其在前因变量及组织依恋之间是否存在调节作用进行了检验。结果发现，在家长式领导、组织投入两个影响因素与组织依恋的关系中起调节作用，但在人际氛围中，仅有安全型组织依恋在其中起调节作用，研究假设 H4 得到部分验证。

第六，本书对用工模式在前因变量和组织依恋之间的调节作用进行了检验，将用工模式按用工期限分为短期用工和长期用工两种。研究发现，不同期限的用工模式在家长式领导、人际氛围、组织投入与组织依恋的关系中起调节作用，研究假设 H5 及分假设得到验证。

6.5.3 讨论与分析

家长式领导中的三个维度，即仁慈领导、德行领导和威权领导对组织依恋的影响作用不同，其中仁慈领导和德行领导对组织依恋有显著正向影响，而威权领导对组织依恋有显著负向影响，而对于家长式领导整体概念而言，对组织依恋也具有显著正向影响。为什么家长式领导包含了对组织依恋有负向影响的威权领导，但却没有影响其对组织依恋的影响作用？可能的原因在于，仁慈领导和德行领导的积极作用会抵消或削弱威权领导的负面影响，因此未对家长式领导对员工组织依恋的影响产生足够大的作用。

在验证组织依恋类型在影响因素与组织依恋之间的调节作用时发现，组织依恋类型在人际氛围与组织依恋之间的调节作用得到部分验证，其中，组织依恋类型中的安全型组织依恋起调节作用，回避型组织依恋和焦虑型组织依恋在中间不起调节作用。原因可能在于组织依恋类型属于类别变量，根据调查对象实际填写的数据，各类别的比例并不均衡：其中安全型组织依恋占比最大，占 73.58%，其次是焦虑型组织依恋，占 19.51%，最后是回避型组织依恋，仅占 6.91%。同时由于有部分调查对象对于自身所属的组织依恋类型要么打同一分数或从打分上不能判断类型，要么漏填题项，也导致数据丢失不能进行分析，还有一个原因在于组织依恋类型的测量问卷来自 Clair（2000），每种类型仅有一个问题，虽然经过了翻译和回译的过程，但可能与中国人的思维和语言习惯有一定的差异，对于部分调查对象可能会存在不易理解的问题。

为什么组织依恋类型的调节作用不显著的情况仅出现在人际氛围对组织依恋的影响作用上呢？从调节变量在研究中的作用来看，调节变量是解释一个关系在不同的条件下是否会有所变化（陈晓萍等，2012）。根据依恋理论，同事作为员工在组织中依恋的重要他人，与同事的人际氛围必然会对员工的组织依恋产生影响。非安全型组织依恋在人际氛围与组织依恋之间并不起调节作用，也就是说，即使员工的组织依恋类型是非安全型的，但只要员工与同事之间的人际氛围是和谐的，就不会给员工的组织依恋带来显著影响。造成上述结果的原因可能在于受到中国传统文化的影响，人与人之间讲究与人为善、和谐相处，不同期限的用工模式相对不容易改变，对雇佣身份的接纳不仅表现出了中国人顺应的智慧，还有助于人与人之间的相处和共事。因此，尽管员工自身的组织依恋类型是非安全型的，但对员工的组织依恋并未造成显著影响。

·第 7 章　组织依恋作用结果实证分析·

本章主要探讨组织依恋对于员工的工作满意感和员工的组织公民行为的影响作用。

7.1　研究变量关系模型与研究假设

本章根据具体选择的研究变量，构建了组织依恋作用结果的理论模型，如图 7–1 所示。

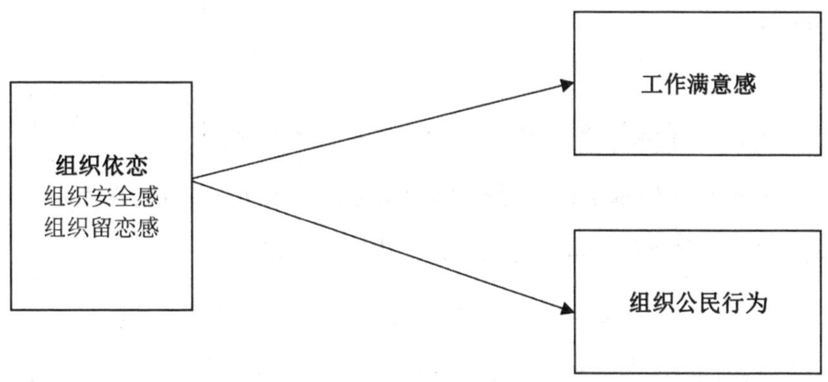

图 7–1　组织依恋对工作满意感和组织公民行为影响的理论模型

为了便于开展实证研究，对以上变量关系的研究假设进行了汇总。由于研究假设提出时还未对组织依恋量表的开发过程进行介绍，并不知道组织依恋的维度结构，因此提出的研究假设不包括组织依恋的两个维度。组织安全感和组织留恋感二者方向相同，且为显著正相关，因此根据第 3 章提出的假设，组织依恋对工作满意感和组织公民行为均有显著正向影响，那么其维度对上述两个结果变量的影响也极有可能是显著正向影响，研究假设汇总见表 7–1。

表 7–1　组织依恋对工作满意感和组织公民行为影响的研究假设汇总

研究假设	假设的内容
H6	组织依恋对工作满意感有显著正向影响
H7	组织依恋对组织公民行为有显著正向影响

7.2　组织依恋的作用结果

在第 5 章已经对各变量的测量工具、数据的正态分布检验进行了介绍和阐述，测量工具的信效度以及数据的正态分布检验均达到标准，本章不再赘述。

7.2.1　控制变量对组织依恋作用结果的影响

通过独立样本 T 检验分析工作满意感、组织公民行为在性别、户籍、是否工会会员上的差异，分析结果如表 7–2 所示。

表 7–2　组织依恋的作用结果在性别上的差异分析

检验变量	性别	个数	平均数	标准差	t 值
工作满意感	男	315	4.07	0.950	3.596**
	女	297	3.80	0.882	
组织公民行为	男	315	4.55	0.704	3.024**
	女	297	4.37	0.734	

从表 7–2 中可以看出，“性别”在工作满意感以及组织公民行为上的差异达到显著，t 值分别为 3.596（P<0.01）以及 3.024（P<0.01），后续分析需要控制性别因素对工作满意感和组织公民行为的影响。

表 7–3　组织依恋的作用结果在户籍上的差异分析

检验变量	户籍	个数	平均数	标准差	t 值
工作满意感	城镇	265	4.02	0.995	0.390
	农村	136	3.98	0.953	
组织公民行为	城镇	265	4.52	0.668	2.124*
	农村	136	4.35	0.785	

表 7–3 显示，“户籍”在组织公民行为上具有显著差异，t 值为 2.124（P<0.05），而在工作满意感上不具有显著差异，因此需要控制户籍对组织公民行为的影响作用。

表 7–4　组织依恋的作用结果在是否工会会员上的差异分析

检验变量	是否工会会员	个数	平均数	标准差	t 值
工作满意感	是	287	4.09	0.960	2.987**
	否	124	3.79	0.943	
组织公民行为	是	287	4.51	0.726	2.571*
	否	124	4.31	0.709	

表 7–4 显示，“是否工会会员”在工作满意感和组织公民行为上均具有显著差异，t 值分别为 2.987（P<0.01）和 2.571（P<0.05），后续分析需要控制“是否工会会员”对工作满意感和组织公民行为的影响。

其他的人口统计学变量，包括年龄、学历、职位、在公司的工作年限等均是三个以上的类别变量，运用单因素方差分析（one–way ANOVA）进行检验。通过分析发现，在年龄、学历、企业性质、司龄上，工作满意感和组织公民行为均不存在显著差异，因此后续研究不需要控制这些变量的影响，存在显著差异的变量有职位层次、行业和用工模式，见表7–5至表7–7。

表7–5 组织依恋的作用结果在职位层次上的差异分析

检验变量		平方和	自由度	均方	F值	P值
工作满意感	组间	0.980	3	0.327	0.375	0.771
	组内	515.433	591	0.872	—	—
	总数	516.413	594	—	—	—
组织公民行为	组间	8.972	3	2.991	5.785	0.001
	组内	305.526	591	0.517	—	—
	总数	314.498	594	—	—	—

由表7–5可以看出，工作满意感在职位层次分组上不存在显著差异，后续研究不需要控制职位层次对工作满意感的影响，但是组织公民行为在职位层次分组上有显著差异（F=5.785，P<0.01），需要对其进行控制。

表7–6 组织依恋的作用结果在行业上的差异分析

检验变量		平方和	自由度	均方	F值	P值
工作满意感	组间	15.231	5	3.046	3.829	0.002
	组内	454.280	571	0.796	—	—
	总数	469.511	576	—	—	—
组织公民行为	组间	10.366	5	2.073	3.994	0.001
	组内	296.408	571	0.519	—	—
	总数	306.774	576	—	—	—

表7–6显示，工作满意感、组织公民行为在行业分组上存在显著差异，其F值分别为3.829（P<0.01）和3.994（P<0.01），因此在后续的实证分析中，需要控制行业对工作满意感和组织公民行为的影响。

表 7–7　组织依恋的作用结果在用工模式上的差异分析

检验变量		平方和	自由度	均方	F 值	P 值
工作满意感	组间	9.579	5	1.916	2.268	0.046
	组内	514.427	609	0.845	—	—
	总数	524.006	614	—	—	—
组织公民行为	组间	8.503	5	1.701	3.304	0.006
	组内	313.416	609	0.515	—	—
	总数	321.919	614	—	—	—

由表 7–7 可知，工作满意感和组织公民行为在用工模式的分组上存在显著差异（尽管用工模式在第 6 章是作为调节变量，但在本章分析中，是将其作为控制变量）。表 7–7 显示，F 值分别为 2.268（$P<0.05$）和 3.304（$P<0.01$），故后续的分析中也需要控制用工模式对结果变量的影响。

综上所述，组织依恋对工作满意感和组织公民行为之间的关系需要控制的人口统计学变量有：性别、户籍、是否工会会员、用工模式和行业，变量“职位层次”需在分析组织依恋对组织公民行为的影响中加以控制。

7.2.2　组织依恋与结果变量间的皮尔逊相关系数

采用皮尔逊相关系数分析组织依恋及其维度与工作满意感、组织公民行为之间的关系，相关分析见表 7–8。

表 7–8　组织依恋与工作满意感及组织公民行为间的皮尔逊相关系数

	组织安全感	组织留恋感	组织依恋	工作满意感	人际指向组织公民行为	组织指向组织公民行为	组织公民行为
组织安全感	1						
组织留恋感	0.587**	1					
组织依恋	0.905**	0.876**	1				

续表

	组织安全感	组织留恋感	组织依恋	工作满意感	人际指向组织公民行为	组织指向组织公民行为	组织公民行为
工作满意感	0.699**	0.678**	0.773**	1			
人际指向组织公民行为	0.486**	0.364**	0.481**	0.478**	1		
组织指向组织公民行为	0.592**	0.582**	0.659**	0.576**	0.663**	1	
组织公民行为	0.593**	0.523**	0.628**	0.580**	0.905	0.918**	1
均值	4.017	3.619	3.831	3.942	4.353	4.557	4.455
标准差	0.971	0.980	0.869	0.923	0.769	0.824	0.727

从表 7–8 中可以看出，组织依恋与工作满意感呈显著正相关，相关系数为 0.773（P<0.01），组织依恋的子维度，即组织安全感和组织留恋感与工作满意感也呈显著正相关，相关系数分别为 0.699（P<0.01）和 0.678（P<0.01）；组织依恋与组织公民行为呈显著正相关，相关系数为 0.628（P<0.01），组织安全感和组织留恋感与组织公民行为也呈显著正相关，相关系数分别为 0.593（P<0.01）和 0.523（P<0.01）。此外，组织公民行为的量表分为人际指向的组织公民行为和组织指向的组织公民行为两个维度，而组织依恋及其维度与组织公民行为的两个维度也呈显著正相关。因此，研究假设 H6 以及研究假设 H7 均初步得到验证。

7.2.3　组织依恋对工作满意感的影响

在前面的分析中已知，性别、户籍、是否工会会员、用工模式以及行业在工作满意感上有显著差异，因此需要将其作为控制变量，将组织依恋及子维度作为自变量，工作满意感作为因变量进行回归分析，见表 7–9。

表 7–9　组织依恋及其维度对工作满意感的回归分析结果

变量	工作满意感			
	M1	M2	M3	M4
性别	−0.093	0.018	−0.012	0.026
户籍	0.019	−0.017	−0.024	−0.029
是否工会会员	−0.198**	−0.105*	−0.071	−0.064
用工模式	0.053	0.002	0.022	0.002
行业	−0.098	−0.051	−0.092*	−0.064
组织依恋	—	0.784**	—	—
组织安全感	—	—	0.715**	—
组织留恋感	—	—	—	0.688**
R^2	0.073	0.643	0.553	0.520
ΔR^2	0.073	0.570	0.480	0.447
ΔF	5.516**	555.693**	373.870**	324.068**

如表 7–9 所示，模型 M2 主要采用回归分析，实证组织依恋对工作满意感的影响，结果表明，组织依恋对工作满意感有显著正向的影响作用（β=0.784，P<0.01），研究假设 H6 得到进一步验证。

模型 M3 是运用回归分析法实证组织安全感对工作满意感的影响作用，结果表明，组织安全感对工作满意感具有显著正向的影响作用（β=0.715，P<0.01）。

模型 M4 是分析组织留恋感对工作满意感的影响，从表 7–9 中可以看出，组织留恋感对工作满意感具有显著正向的影响作用（β=0.688，P<0.01）。

7.2.4 组织依恋对组织公民行为的影响

在前面探讨人口统计学变量对组织公民行为的影响中发现，性别、户籍、是否工会会员、用工模式、行业以及职位层次对其具有显著影响，因此需要将其作为控制变量。在纳入控制变量后，将组织依恋及其维度作为自变量，组织公民行为及其维度作为因变量，分析结果见表 7–10 至表 7–12。

表 7–10 组织依恋及其维度对组织公民行为的回归分析结果

变量	组织公民行为			
	M5	M6	M7	M8
性别	–0.116*	–0.007	–0.044	–0.004
户籍	0.087	0.051	0.050	0.042
是否工会会员	–0.121*	–0.036*	–0.020	–0.006
用工模式	0.030	–0.027	0.000	–0.023
行业	–0.090	–0.044	–0.083	–0.057
职位层次	0.113*	0.074	0.060	0.056
组织依恋	—	0.683**	—	—
组织安全感	—	—	0.662**	—
组织留恋感	—	—	—	0.555**
R^2	0.072	0.501	0.358	0.358
ΔR^2	0.072	0.429	0.286	0.286
ΔF	4.340**	286.750**	148.673**	148.673**

如表 7–10 所示，模型 M6 在纳入控制变量后，将自变量组织依恋纳入回归模型，结果显示，组织依恋对组织公民行为有显著正向的影响作用（β=0.683，P<0.01），研究假设 H7 得到进一步验证。

回归模型 M7 是将组织安全感作为自变量，分析组织安全感对组织公民行为的影响作用，结果显示，组织安全感对组织公民行为有显著正向的影响作用（β=0.662，P<0.01）。

回归模型 M8 是实证组织留恋感对组织公民行为的影响作用，结果显示，组织留恋感对组织公民行为有显著正向的影响作用（β=0.555，P<0.01）。

由于组织公民行为有两个维度，包括人际指向的组织公民行为和组织指向的组织公民行为，本书进一步实证组织依恋及其维度对组织公民行为维度的影响。

表 7-11 组织依恋及其维度对人际指向的组织公民行为的回归分析结果

变量	人际指向的组织公民行为			
	M9	M10	M11	M12
性别	-0.104	-0.005	-0.047	-0.008
户籍	0.090	0.057	0.061	0.051
是否工会会员	-0.049	0.028	0.032	0.050
用工模式	0.005	-0.047	-0.019	-0.041
行业	-0.086	-0.044	-0.080	-0.058
职位层次	0.093	0.058	0.051	0.044
组织安全感	—	0.602**	—	—
组织留恋感	—	—	0.442**	—
组织依恋	—	—	—	0.589**
R^2	0.046	0.384	0.227	0.364
ΔR^2	0.046	0.338	0.182	0.319
ΔF	2.673*	183.095**	78.457**	167.524**

表 7-11 进一步分析了组织依恋及其维度对人际指向的组织公民行为的影响作用。模型 M10 显示，组织安全感对人际指向的组织公民行为具有显著正向影响（β=0.602，P<0.01）；模型 M11 显示，组织留恋感对人际指向的组织公民行为具有显著正向影响（β=0.442，P<0.01）；模型 M12

显示，组织依恋整体量表对人际指向的组织公民行为具有显著正向影响（β=0.589，P<0.01）。

继续分析组织依恋及其维度对组织指向的组织公民行为的影响作用，见表 7–12。

表 7–12　组织依恋及其维度对组织指向的组织公民行为的回归分析结果

变量	组织指向的组织公民行为			
	M13	M14	M15	M16
性别	–0.110*	–0.008	–0.035	0.000
户籍	0.072	0.038	0.033	0.027
是否工会会员	–0.171**	–0.092	–0.065	–0.058
用工模式	0.049	–0.004	0.018	–0.003
行业	–0.080	–0.037	–0.072	–0.048
职位层次	0.115*	0.079	0.060	0.059
组织安全感	—	0.619**	—	—
组织留恋感	—	—	0.578**	—
组织依恋	—	—	—	0.669**
R^2	0.083	0.439	0.392	0.494
ΔR^2	0.083	0.357	0.310	0.411
ΔF	5.021**	212.350**	170.233**	271.283**

表 7–12 进一步分析了组织依恋及其维度对组织指向的组织公民行为的影响作用。模型 M14 显示，组织安全感对组织指向的组织公民行为具有显著正向影响（β=0.619，P<0.01）；模型 M15 显示，组织留恋感对组织指向的组织公民行为具有显著正向影响（β=0.578，P<0.01）；模型 M16 显示组织依恋整体量表对组织指向的组织公民行为具有显著正向影响（β=0.669，P<0.01）。

7.2.5　组织依恋对工作满意感和组织公民行为的影响对比分析

如前所述，组织依恋对工作满意感和组织公民行为均具有显著正向影响作用，但并不确定组织依恋对上述结果变量的影响差异，即对哪一个结果变量具有更强的解释力。本书采用结构方程模型同时分析组织依恋对工作满意感和组织公民行为的影响作用，将组织依恋、工作满意感和组织公民行为纳入结构方程模型，如图 7–2 所示。

从图 7–2 中可以看出，组织依恋对工作满意感及组织公民行为均具有显著正向影响，其中组织依恋对工作满意感的系数为 0.98（$P<0.01$），对组织公民行为的系数为 0.85（$P<0.01$）。比较组织依恋对工作满意感和组织公民行为影响系数的大小，发现组织依恋对工作满意感的影响作用比对组织公民行为的作用略大。

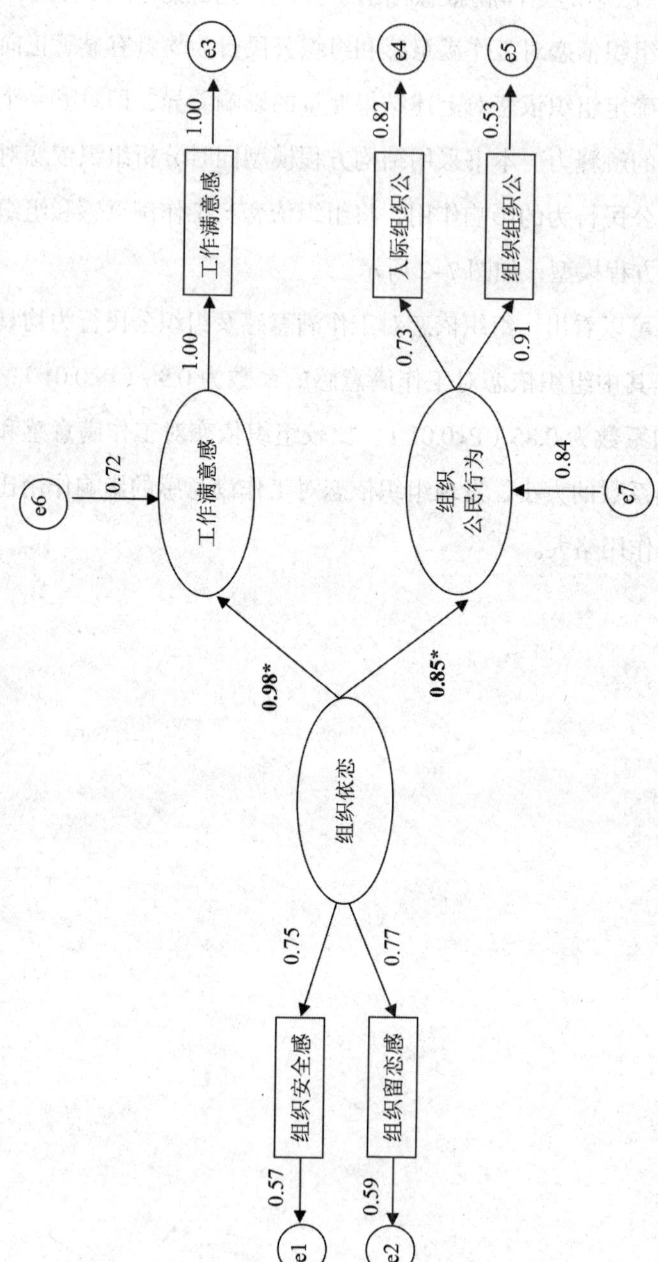

图 7-2 组织依恋对工作满意感和组织公民行为的影响所做的对比分析

注：χ^2/df=2.284；GFI=0.982；AGFI=0.960；NFI=0.982；RMSEA=0.045。

7.3　本章小结

7.3.1　研究假设验证情况汇总

表 7–13 是对本章关于组织依恋对工作满意感和组织公民行为影响作用的研究假设检验情况的汇总，发现组织依恋作用结果的研究假设全部得到了验证与支持，说明本书的理论假设科学，收集的数据可靠，保证了研究结果的有效性。

表 7–13　本章关于组织依恋的作用结果的研究假设检验情况汇总

研究假设	假设的内容	验证情况
H6	组织依恋对工作满意感有显著正向影响	得到验证
H7	组织依恋对组织公民行为有显著正向影响	得到验证

7.3.2　研究结论

本章对 622 份数据进行了分析，实证了组织依恋及其维度对工作满意感以及组织公民行为的影响作用，结果发现：

第一，组织依恋对工作满意感具有显著正向影响。组织依恋是个体对所在组织的情感联结，是对组织的一种积极正向的情感。当员工对组织依恋程度较高时，对员工自身的工作满意感也具有促进作用。

第二，组织依恋的维度，即组织安全感和组织留恋感对工作满意感也具有显著正向影响作用。当员工遭受困境和挫折时能获得组织的帮助，在需要探索和创新时能获得组织的支持，也有助于员工的工作满意感的提升；而从员工舍不得离开组织可以看出员工对组织的留恋，组织留恋感也会提升其工作满意感。

第三，组织依恋对组织公民行为具有显著正向影响。组织公民行为是员工的角色外行为，是员工的自愿行为，员工对组织表现出依恋情感，会促使员工更多地帮助同事和维护公司的品牌与形象。

第四，组织依恋的维度对组织公民行为及其维度具有显著正向影响。组织公民行为包括人际指向的组织公民行为和组织指向的组织公民行为两个维度，前者主要是指帮助同事解决工作上的难题，协调同事关系，给予同事关注和关怀；后者主要是指维护公司的形象，对公司提出改善建议，对公司忠诚等。组织安全感和组织留恋感同样有助于促进员工自动自发地展现出组织公民行为，与组织公民行为的两个维度也呈显著正相关。

第五，通过将组织依恋、工作满意感、组织公民行为一起纳入结构方程模型以检验组织依恋对工作满意感和组织公民行为哪一个的影响作用更大，结果发现，组织依恋对工作满意感和组织公民行为的影响作用都是显著的，但是对工作满意感的影响作用略大。

7.3.3 讨论与分析

本章主要分析了组织依恋的作用结果，即组织依恋对工作满意感和组织公民行为的影响，研究结果表明，组织依恋及其维度对工作满意感具有显著正向影响，组织依恋及其维度对组织公民行为及其维度也具有显著正向影响，且组织依恋对工作满意感的作用效果略优于对组织公民行为的作用效果。

当员工对组织产生依恋后，对于提高员工的工作满意感和促进员工的组织公民行为都有显著正向影响，这表明员工对组织越有依恋情感，越容易体现出工作满意感和组织公民行为，对于员工和组织都是有利的。组织依恋的两个维度，即组织安全感和组织留恋感之间呈显著正相关，表现为二者同样有助于促进员工的工作满意感和组织公民行为。

组织依恋对工作满意感的作用效果略优于组织公民行为，可能的原因在于，组织依恋和工作满意感同属于员工自身的感知，带有主观性，更多是情感的体验，而促使员工展现出帮助同事和维护公司的组织公民行为需要员工更多的权衡和行动。

·第 8 章　组织依恋中介效应实证分析·

本章主要实证组织依恋是否在各影响因素与工作满意感和组织公民行为之间起到中介作用。

8.1　研究变量关系模型与研究假设

根据第 3 章的组织依恋的前因与结果变量的理论模型，并结合研究具体选择的变量，构建了组织依恋的中介作用理论模型，见图 8-1。

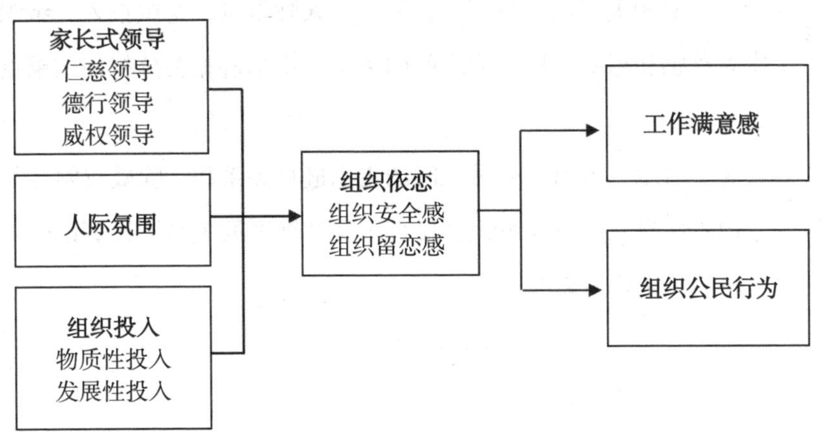

图 8-1　组织依恋的中介作用理论模型

本章对组织依恋在上述影响因素与结果变量之间的中介作用的研究假

设进行了汇总，为后续实证研究的展开奠定了基础。具体内容见表 8–1。

表 8–1 组织依恋中介作用的研究假设汇总

研究假设	假设的内容
H8	组织依恋在各影响因素与工作满意感之间起中介作用
H8a	组织依恋在家长式领导与工作满意感之间起中介作用
H8b	组织依恋在人际氛围与工作满意感之间起中介作用
H8c	组织依恋在组织投入与工作满意感之间起中介作用
H9	组织依恋在各影响因素与组织公民行为之间起中介作用
H9a	组织依恋在家长式领导与组织公民行为之间起中介作用
H9b	组织依恋在人际氛围与组织公民行为之间起中介作用
H9c	组织依恋在组织投入与组织公民行为之间起中介作用

8.2 研究变量的皮尔逊相关系数

采用皮尔逊相关系数分析家长式领导、人际氛围、组织投入、组织依恋、工作满意感和组织公民行为之间的关系。皮尔逊相关分析的结果见表 8–2。

如表 8–2 所示，各研究变量之间的皮尔逊相关系数，除威权领导与人际氛围、物质性投入以及与组织公民行为及其维度的关系不显著以外，其他变量之间均呈显著相关。

表 8-2　相关变量的皮尔逊相关系数

	仁慈领导	德行领导	威权领导	家长式领导	人际氛围	发展性投入	物质性投入	组织投入	组织安全感	组织留恋感	组织依恋	工作满意感	人际取向的组织公民行为	组织取向的组织公民行为	组织公民行为
仁慈领导	1														
德行领导	0.696**	1													
威权领导	−0.148**	−0.138**	1												
家长式领导	0.840**	0.852**	0.247**	1											
人际氛围	0.367**	0.383**	0.010	0.404**	1										
发展性投入	0.726**	0.674**	−0.120**	0.697**	0.392**	1									
物质性投入	0.696**	0.579**	−0.058	0.654**	0.372**	0.730**	1								
组织投入	0.764**	0.683**	−0.104**	0.728**	0.411**	0.964**	0.885**	1							
组织安全感	0.721**	0.686**	−0.100*	0.709**	0.484**	0.731**	0.629**	0.742**	1						
组织留恋感	0.569**	0.570**	−0.166**	0.540**	0.304**	0.613**	0.572**	0.639**	0.587**	1					
组织依恋	0.729**	0.709**	−0.147**	0.707**	0.449**	0.758**	0.676**	0.779**	0.905**	0.876**	1				
工作满意感	0.681**	0.673**	−0.132**	0.668**	0.491**	0.734**	0.669**	0.760**	0.699**	0.678**	0.773**	1			
人际取向的组织公民行为	0.389**	0.352**	−0.032	0.382**	0.492**	0.400**	0.361**	0.412**	0.486**	0.364**	0.481**	0.478**	1		
组织取向的组织公民行为	0.458**	0.465**	−0.077	0.461**	0.405**	0.535**	0.457**	0.542**	0.592**	0.582**	0.659**	0.576**	0.663**	1	
组织公民行为	0.466**	0.450**	−0.061	0.463**	0.490**	0.515**	0.450**	0.526**	0.593**	0.523**	0.628**	0.580**	0.905**	0.918**	1
均值	3.518	4.119	3.595	3.744	4.455	3.830	3.550	3.737	4.017	3.619	3.831	3.942	4.353	4.557	4.455
标准差	1.239	1.306	0.953	0.797	0.771	1.016	1.164	0.996	0.971	0.980	0.869	0.923	0.769	0.824	0.727

8.3 组织依恋在其影响因素与工作满意感之间的中介作用检验

8.3.1 组织依恋在家长式领导与工作满意感之间的中介作用检验

自变量影响因变量，并且通过一个中间变量 M 对因变量产生影响，这个中间变量 M 就是中介变量（陈晓萍等，2012）。

根据 Baron et al.（1986）提出的中介作用检验方法，其检验步骤分为三步：第一，自变量 X 对中介变量 M 的回归，检验回归系数 a 的显著性；第二，自变量 X 对因变量 Y 的回归，检验回归系数 c 的显著性；第三，自变量 X 和中介变量 M 对因变量 Y 的回归，检验回归系数 c' 和 b 的显著性。如果系数 a、b 和 c 都显著，就表示存在中介效应。此时，如果系数 c' 不显著，就称这个中介效应是完全中介效应；如果回归系数 c' 显著，且 $c'<c$，就称这个中介效应是部分中介效应（方杰等，2012）（见图 8–2）。

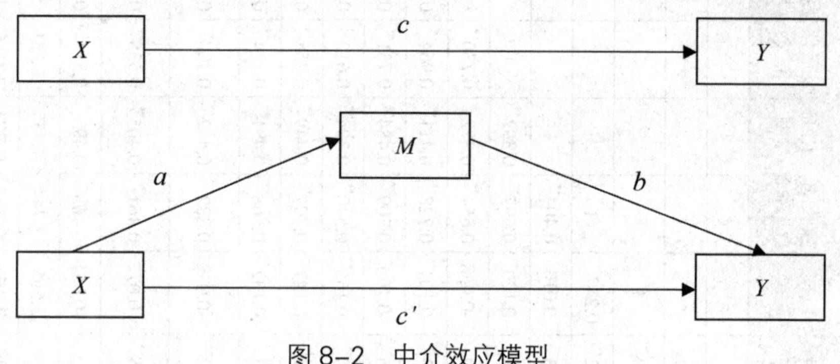

图 8–2 中介效应模型

要检验组织依恋在家长式领导与工作满意感之间的中介作用，首先判断变量间的相关系数。根据表 8–2 可知，家长式领导与组织依恋的相关系数为 0.707（P<0.01）；家长式领导的三个维度，即仁慈领导、德行领导和威权领导与组织依恋的相关系数分别为 0.729（P<0.01）、0.709（P<0.01）和 –0.147（P<0.01），即仁慈领导和德行领导与组织依恋呈显著正相关，

威权领导与组织依恋呈显著负相关；家长式领导与工作满意感的相关系数为 0.668（P<0.01），仁慈领导、德行领导和威权领导与工作满意感的相关系数分别为 0.681（P<0.01）、0.673（P<0.01）和 –0.132（P<0.01），即仁慈领导、德行领导与工作满意感呈显著正相关，威权领导与工作满意感呈显著负相关；组织依恋与工作满意感的相关系数为 0.773（P<0.01），可见，分析变量间两两相关。

检验了变量间的相关系数后，接下来的步骤如下：①对中介变量（组织依恋）的回归分析：以组织依恋为因变量，分两步引入回归方程的自变量。首先引入控制变量，包括性别、户籍、是否工会会员、用工模式、行业和职位层次，其次引入家长式领导；②组织依恋在家长式领导及工作满意感之间的中介作用检验：首先引入控制变量，其次引入家长式领导，最后引入中介变量组织依恋。回归分析结果见表 8–3。

表 8–3 组织依恋在家长式领导对工作满意感的影响中的中介作用检验结果

被解释变量		组织依恋		工作满意感		
模型		M1	M2	M3	M4	M5
控制变量	性别	–0.164**	–0.050	–0.103	0.008	0.038
	户籍	0.066	0.019	0.033	–0.013	–0.025
	是否工会会员	–0.169**	–0.096*	–0.195**	–0.122**	–0.066
	用工模式	0.078	0.077	0.063	0.062	0.016
	行业	–0.048	0.037	–0.098	–0.015	–0.037
	职位层次	0.083	0.087*	0.036	0.040	–0.012
自变量	家长式领导	—	0.700**	—	0.686**	0.269**
中介变量	组织依恋	—	—	—	—	0.596**
模型统计量	R^2	0.082	0.533	0.076	0.510	0.676
	ΔR^2	0.082	0.452	0.076	0.434	0.166
	ΔF	4.958**	323.132**	4.618**	296.134**	170.143**

控制变量和家长式领导对组织依恋的回归结果见表 8–3 中的模型 M2。在控制了员工性别、户籍、是否工会会员等人口统计学变量之后，M2 比只包括控制变量的模型 M1 的解释力有显著提高［ΔR^2=0.452，ΔF=323.132（P<0.01）］，家长式领导对组织依恋具有显著的正向影响（β=0.700，P<0.01）。

控制变量、家长式领导和组织依恋对工作满意感的回归结果见模型 M3、M4 和 M5。模型 M4 比只包括控制变量的模型 M3 的解释力有显著提高［ΔR^2=0.434，ΔF=296.134（P<0.01）］，家长式领导对工作满意感具有显著的正向影响（β=0.686，P<0.01），M5 加入中介变量组织依恋后发现，组织依恋对工作满意感具有显著的正向影响（β=0.596，P<0.01），家长式领导对工作满意感的显著性减弱（β=0.269，P<0.01），说明组织依恋在家长式领导和工作满意感之间起部分中介作用，研究假设 H8a 得到验证。

为了进一步分析组织依恋是否在家长式领导三个维度与工作满意感之间起中介作用，按照上述步骤进行回归分析，将仁慈领导、德行领导和威权领导同时作为自变量纳入回归模型，先分析对中介变量组织依恋的作用，再将自变量和组织依恋纳入模型分析对工作满意感的作用，回归分析结果见表 8–4。

表 8–4　组织依恋在家长式领导三个维度对工作满意感的影响中的中介作用检验结果

被解释变量		组织依恋		工作满意感		
模型		M6	M7	M8	M9	M10
控制变量	性别	−0.164**	−0.051	−0.103	0.009	0.035
	户籍	0.066	−0.015	0.033	−0.043	−0.035
	是否工会会员	−0.169**	−0.044	−0.195**	−0.078	−0.055
	用工模式	0.078	0.048	0.063	0.039	0.014
	行业	−0.048	0.024	−0.098	−0.023	−0.035
	职位层次	0.083	0.077*	0.036	0.031	−0.009

续表

被解释变量		组织依恋		工作满意感		
模型		M6	M7	M8	M9	M10
自变量	仁慈领导	—	0.452**	—	0.400**	0.169**
	德行领导	—	0.404**	—	0.429**	0.222**
	威权领导	—	−0.013	—	0.022	0.028
中介变量	组织依恋	—	—	—	—	0.512**
模型统计量	R^2	0.082	0.801	0.076	0.771	0.829
	ΔR^2	0.082	0.561	0.076	0.518	0.094
	ΔF	4.958**	173.543**	4.618**	141.049**	99.156**

表 8–4 显示，模型 M6 加入员工性别、户籍等人口统计学变量后，M7 纳入家长式领导的三个子维度，即仁慈领导、德行领导和威权领导，发现 M7 比 M6 的解释力显著提高［ΔR^2=0.561，ΔF=173.543（P<0.01）］，仁慈领导、德行领导对组织依恋有显著正向影响（β=0.452，P<0.01；β=0.404，P<0.01），而威权领导对组织依恋的负向影响不显著（β=−0.013，P>0.05）。

控制变量、家长式领导三维度和组织依恋对工作满意感的回归结果见表 8–4 中的模型 M8、模型 M9 和模型 M10。模型 M9 比只包括控制变量的模型 M8 的解释力有显著提高［ΔR^2=0.518，ΔF=141.049（P<0.01）］，仁慈领导和德行领导对工作满意感具有显著的正向影响（β=0.400，P<0.01；β=0.429，P<0.01），M10 加入中介变量组织依恋后发现，组织依恋对工作满意感具有显著的正向影响（β=0.512，P<0.01），仁慈领导和德行领导对工作满意感的显著性减弱（β=0.169，P<0.01；β=0.222，P<0.01），说明组织依恋在仁慈领导和工作满意感之间以及德行领导与工作满意感之间起部分中介作用。而威权领导与组织依恋、工作满意感的回归系数均不显著，不满足中介作用判定条件，组织依恋在威权领导与工作满意感之间不起中介作用。

8.3.2 组织依恋在人际氛围与工作满意感之间的中介作用检验

根据表 8-2 变量间的相关系数表，人际氛围与组织依恋的相关系数为 0.449（P<0.01），人际氛围与工作满意感的相关系数为 0.491（P<0.01），组织依恋与工作满意感的相关系数为 0.773（P<0.01），相关变量间两两相关。

为了检验人际氛围对工作满意感的影响以及组织依恋的中介作用，具体步骤如下：①对中介变量（组织依恋）的回归分析，即以组织依恋为因变量，首先引入控制变量，然后将人际氛围纳入回归模型；②组织依恋的中介作用检验：引入控制变量、人际氛围及组织依恋，以工作满意感为因变量进行回归分析，结果见表 8-5。

表 8-5 组织依恋在人际氛围对工作满意感的影响中的中介作用检验结果

被解释变量		组织依恋		工作满意感		
模型		M11	M12	M13	M14	M15
控制变量	性别	−0.164**	−0.096*	−0.103	0.035	0.033
	户籍	0.066	0.035	0.033	0.002	−0.023
	是否工会会员	−0.169**	−0.155**	−0.195**	−0.181**	−0.070
	用工模式	0.078	0.094	0.063	0.080	0.012
	行业	−0.048	−0.006	−0.098	−0.056	−0.022
	职位层次	0.083	0.090	0.036	0.043	−0.009
自变量	人际氛围	—	0.489**	—	0.486**	0.136**
中介变量	组织依恋	—	—	—	—	0.715**
模型统计量	R^2	0.082	0.311	0.076	0.303	0.810
	ΔR^2	0.082	0.229	0.076	0.226	0.353
	ΔF	4.958**	111.183**	4.618**	108.455**	340.580**

从表 8-5 中可以看出，模型 M11 仅引入员工性别、户籍、是否工会会员等人口统计学变量，M12 引入自变量人际氛围，发现 M12 比 M11 的解

释力有显著提高［ΔR^2=0.229，ΔF=111.183（$P<0.01$）］，人际氛围对组织依恋具有显著的正向影响（β=0.489，$P<0.01$），即自变量对中介变量的回归系数显著。

控制变量、人际氛围和组织依恋对工作满意感的回归结果见模型 M13、模型 M14 和模型 M15。模型 M14 比只包括控制变量的模型 M13 的解释力有显著提高［ΔR^2=0.226，ΔF=108.455（$P<0.01$）］，人际氛围对工作满意感具有显著的正向影响（β=0.486，$P<0.01$），即自变量对因变量的回归系数显著。M15 加入中介变量组织依恋后发现，组织依恋对工作满意感具有显著的正向影响（β=0.715，$P<0.01$），而人际氛围对工作满意感的显著性减弱（β=0.136，$P<0.01$），根据中介作用的判定方法，说明组织依恋在人际氛围和工作满意感之间起部分中介作用，研究假设 H8b 得到验证。

8.3.3　组织依恋在组织投入与工作满意感之间的中介作用检验

根据表 8–2 中变量间的相关系数，组织投入与组织依恋的相关系数为 0.779（$P<0.01$），组织投入的两个维度即发展性投入与物质性投入和组织依恋的相关系数分别为 0.758（$P<0.01$）和 0.676（$P<0.01$）；组织投入与工作满意感的相关系数为 0.760（$P<0.01$），发展性投入和物质性投入与工作满意感的相关系数分别为 0.734（$P<0.01$）和 0.669（$P<0.01$）；组织依恋与工作满意感的相关系数为 0.773（$P<0.01$），相关变量之间两两相关。

为了检验组织投入对工作满意感的影响以及组织依恋的中介作用，具体步骤如下：①对中介变量（组织依恋）的回归分析，即以组织依恋为因变量，首先引入控制变量，然后将组织投入纳入回归模型；②组织依恋的中介作用检验：引入控制变量、组织投入及组织依恋，以工作满意感为因变量，通过比较回归系数判定中介作用，回归分析的结果见表 8–6。

表 8-6　组织依恋在组织投入对工作满意感的影响中的中介作用检验结果

被解释变量		组织依恋		工作满意感		
模型		M16	M17	M18	M19	M20
控制变量	性别	–0.164**	–0.105**	–0.103	–0.045	0.005
	户籍	0.066	–0.015	0.033	–0.047	–0.040
	是否工会会员	–0.169**	–0.082*	–0.195**	–0.108**	–0.069
	用工模式	0.078	0.038	0.063	0.023	0.005
	行业	–0.048	0.048	–0.098	–0.003	–0.026
	职位层次	0.083	0.029	0.036	–0.018	–0.032
自变量	组织投入	—	0.768**	—	0.761**	0.395**
中介变量	组织依恋	—	—	—	—	0.476**
模型统计量	R^2	0.082	0.632	0.076	0.617	0.837
	ΔR^2	0.082	0.551	0.076	0.541	0.083
	ΔF	4.958**	500.221**	4.618**	471.883**	92.595**

由表 8-6 可知，模型 M16 仅引入员工性别、户籍、是否工会会员等人口统计学变量，M17 加入自变量组织投入，发现 M17 比 M16 的解释力有显著提高［ΔR^2=0.551，ΔF=500.221（$P<0.01$）］，并且组织投入对组织依恋具有显著的正向影响（β=0.768，$P<0.01$），即自变量对中介变量的回归系数显著。

控制变量、组织投入和组织依恋对工作满意感的回归结果见表 8-6 中的模型 M18、模型 M19 和模型 M20。模型 M19 比只包括控制变量的模型 M18 的解释力有显著提高［ΔR^2=0.541，ΔF=471.883（$P<0.01$）］，组织投入对工作满意感具有显著的正向影响（β=0.761，$P<0.01$），即自变量对因变量的回归系数显著。M20 加入中介变量组织依恋后发现，组织依恋对工作满意感具有显著的正向影响（β=0.476，$P<0.01$），而组织投入对工作满意感的显著性减弱（β=0.395，$P<0.01$），根据中介作用的判定方法，说明

组织依恋在组织投入和工作满意感之间起部分中介作用，研究假设 H8c 得到验证。

为了进一步分析组织依恋是否在组织投入的两个维度与工作满意感之间起中介作用，按照上述步骤进行回归分析，将发展性投入、物质性投入同时作为自变量纳入回归模型，先分析自变量对组织依恋的作用，再以工作满意感为因变量，分析自变量、中介变量的影响作用，回归分析结果见表 8–7。

表 8–7　组织依恋在组织投入两个维度对工作满意感的影响中的中介作用检验结果

被解释变量		组织依恋		工作满意感		
模型		M21	M22	M23	M24	M25
控制变量	性别	−0.164**	−0.105**	−0.103	−0.045	0.005
	户籍	0.066	−0.015	0.033	−0.047	−0.040
	是否工会会员	−0.169**	−0.081*	−0.195**	−0.109**	−0.070*
	用工模式	0.078	0.038	0.063	0.023	0.005
	行业	−0.048	0.046	−0.098	0.000	−0.023
	职位层次	0.083	0.028	0.036	−0.018	−0.032
自变量	发展性投入	—	0.532**	—	0.495**	0.242**
	物质性投入	—	0.283**	—	0.316**	0.181**
中介变量	组织依恋	—	—	—	—	0.476**
模型统计量	R^2	0.082	0.632	0.076	0.617	0.701
	ΔR^2	0.082	0.551	0.076	0.541	0.083
	ΔF	4.958**	249.503**	4.618**	235.400**	92.595**

表 8–7 显示了组织依恋在发展性投入和物质性投入对工作满意感中的中介作用。模型 M21 仅纳入人口统计学变量（控制变量），M22 将发展性投入和物质性投入纳入回归模型，结果显示 M22 比 M21 的解释力有显著提高［ΔR^2=0.551，ΔF=249.503（$P<0.01$）］，发展性投入、物质性投入对组织依恋均有显著正向影响（β=0.532，$P<0.01$；β=0.283，$P<0.01$），说明

自变量对中介变量的回归系数显著。

模型 M23、模型 M24 和模型 M25 表示加入控制变量、发展性投入和物质性投入以及组织依恋对工作满意感的回归结果。模型 M24 比只包括控制变量的模型 M23 的解释力有显著提高［ΔR^2=0.541，ΔF=235.400（P<0.01）］，发展性投入和物质性投入对工作满意感具有显著的正向影响（β=0.495，P<0.01；β=0.316，P<0.01），M25 在加入中介变量组织依恋后发现，组织依恋对工作满意感具有显著的正向影响（β=0.476，P<0.01），发展性投入和物质性投入对工作满意感的显著性减弱（β=0.242，P<0.01；β=0.181，P<0.01），说明组织依恋在发展性投入和工作满意感之间以及物质性投入与工作满意感之间起部分中介作用。

8.4 组织依恋在其影响因素与组织公民行为之间的中介作用检验

8.4.1 组织依恋在家长式领导与组织公民行为之间的中介作用检验

如表 8–2 变量间的相关系数所示，家长式领导与组织依恋的相关系数为 0.707（P<0.01），家长式领导与组织公民行为的相关系数为 0.463（P<0.01），组织依恋与组织公民行为的相关系数为 0.628（P<0.01），相关变量间两两相关。

为了检验家长式领导对组织公民行为的影响以及组织依恋的中介作用，按照前面的步骤，首先对中介变量（组织依恋）的回归分析，以组织依恋为因变量，引入控制变量，然后将家长式领导纳入回归模型；其次对组织依恋的中介作用检验：引入控制变量、家长式领导及组织依恋，以组织公民行为作为因变量，回归分析的结果见表 8–8。

表 8-8　组织依恋在家长式领导对组织公民行为的影响中的中介作用检验结果

被解释变量		组织依恋		组织公民行为		
模型		M26	M27	M28	M29	M30
控制变量	性别	−0.164**	−0.050	−0.116*	−0.029	0.001
	户籍	0.066	0.019	0.087	0.051	0.040
	是否工会会员	−0.169**	−0.096*	−0.121*	−0.065	−0.007
	用工模式	0.078	0.077	0.030	0.029	−0.017
	行业	−0.048	0.037	−0.090	−0.025	−0.047
	职位层次	0.083	0.087*	0.113*	0.116*	0.064
自变量	家长式领导	—	0.700**	—	0.536**	0.114*
中介变量	组织依恋	—	—	—	—	0.603**
模型统计量	R^2	0.082	0.533	0.072	0.337	0.507
	ΔR^2	0.082	0.452	0.072	0.265	0.170
	ΔF	4.958**	323.132**	4.340**	133.508**	114.618**

从表 8-8 中可以看出，模型 M26 仅引入控制变量，模型 M27 引入自变量家长式领导，发现 M27 比 M26 的解释力有显著提高［ΔR^2=0.452，ΔF=323.132（$P<0.01$）］，家长式领导对组织依恋具有显著的正向影响（β=0.700，$P<0.01$），即自变量对中介变量的回归系数显著。

控制变量、家长式领导和组织依恋对组织公民行为的回归结果见模型 M28、模型 M29 和模型 M30。模型 M29 比只包括控制变量的模型 M28 的解释力有显著提高［ΔR^2=0.265，ΔF=133.508（$P<0.01$）］，家长式领导对组织公民行为具有显著的正向影响（β=0.536，$P<0.01$），即自变量对因变量的回归系数显著。M30 加入中介变量组织依恋后发现，组织依恋对组织公民行为具有显著的正向影响（β=0.603，$P<0.01$），而家长式领导对组织公民行为的显著性减弱（β=0.114，$P<0.05$），可以判断组织依恋在家长式领导与组织公民行为之间起部分中介作用，研究假设 H9a 得到验证。

前面分析了家长式领导作为整体变量对组织公民行为的影响以及组织依恋在之间的中介作用，下面进一步分析组织依恋是否在家长式领导三个维度与组织公民行为之间起到中介作用。按照前面的方法进行回归分析，将仁慈领导、德行领导和威权领导同时作为自变量纳入回归模型，分析对组织依恋的作用，再加入组织依恋分析对组织公民行为的影响作用，回归分析见表 8–9。

表 8–9　组织依恋在家长式领导三个维度对组织公民行为的影响中的中介作用检验结果

因变量		组织依恋		组织公民行为		
模型		M31	M32	M33	M34	M35
控制变量	性别	–0.164**	–0.051	–0.116	–0.030	0.001
	户籍	0.066	–0.015	0.087	0.032	0.041
	是否工会会员	–0.169**	–0.044	–0.121*	–0.035	–0.008
	用工模式	0.078	0.048	0.030	0.013	–0.017
	行业	–0.048	0.024	–0.090	–0.033	–0.048
	职位层次	0.083	0.077*	0.113*	0.111*	0.063
自变量	仁慈领导	—	0.452**	—	0.340**	0.062
	德行领导	—	0.404**	—	0.294**	0.046
	威权领导	—	–0.013	—	0.051	0.059
中介变量	组织依恋	—	—	—	—	0.614**
模型统计量	R^2	0.082	0.801	0.072	0.372	0.507
	ΔR^2	0.082	0.561	0.072	0.300	0.135
	ΔF	4.958**	173.543**	4.340**	52.916**	90.544**

如表 8–9 所示，模型 M31 仅加入控制变量，模型 M32 加入家长式领导的三个子维度，即仁慈领导、德行领导和威权领导，可以看出 M32 比 M31 的解释力有显著提高［ΔR^2=0.561，ΔF=173.543（P<0.01）］，并且仁慈领导、德行领导对组织依恋有显著正向影响（β=0.452，P<0.01；

β=0.404，P<0.01），而威权领导对组织依恋的负向影响不显著（β=-0.013，P>0.05）。

表 8-9 中，模型 M33、模型 M34 和模型 M35 是引入控制变量、家长式领导三维度和组织依恋对组织公民行为的回归分析。模型 M34 比只包括控制变量的模型 M33 的解释力有显著提高［ΔR^2=0.300，ΔF=52.916（P<0.01）］，仁慈领导和德行领导对组织公民行为具有显著的正向影响（β=0.340，P<0.01；β=0.294，P<0.01），M35 加入中介变量组织依恋后发现，组织依恋对组织公民行为具有显著的正向影响（β=0.614，P<0.01），仁慈领导和德行领导对组织公民行为的影响作用变得不显著（β=0.062，P>0.05；β=0.046，P>0.05），说明组织依恋在仁慈领导和组织公民行为之间以及德行领导与组织公民行为之间起完全中介作用。而威权领导与组织依恋、组织公民行为的回归系数均不显著，不满足中介作用判定条件，说明组织依恋在威权领导与组织公民行为之间不起中介作用。

8.4.2　组织依恋在人际氛围与组织公民行为之间的中介作用检验

表 8-2 呈现了变量间的相关系数，人际氛围与组织依恋的相关系数为 0.449（P<0.01），人际氛围与组织公民行为的相关系数为 0.490（P<0.01），组织依恋与组织公民行为的相关系数为 0.628（P<0.01），相关变量之间两两相关。

为了检验人际氛围对组织公民行为的影响以及组织依恋的中介作用，首先对中介变量进行回归分析，以组织依恋为因变量，引入控制变量和人际氛围；其次对组织依恋的中介作用检验：引入控制变量、人际氛围以及组织依恋，以组织公民行为作为因变量，回归分析的结果见表 8-10。

表 8-10　组织依恋在人际氛围对组织公民行为的影响中的中介作用检验结果

因变量		组织依恋		组织公民行为		
模型		M36	M37	M38	M39	M40
控制变量	性别	−0.164**	−0.096*	−0.116*	−0.040	0.011
	户籍	0.066	0.035	0.087	0.053	0.034
	是否工会会员	−0.169**	−0.155**	−0.121*	−0.106*	−0.022
	用工模式	0.078	0.094	0.030	0.049	−0.003
	行业	−0.048	−0.006	−0.090	−0.043	−0.040
	职位层次	0.083	0.090	0.113*	0.121**	0.072
自变量	人际氛围	—	0.489**	—	0.543**	0.279**
中介变量	组织依恋	—	—	—	—	0.541**
模型统计量	R^2	0.082	0.311	0.072	0.355	0.557
	ΔR^2	0.082	0.229	0.072	0.283	0.201
	ΔF	4.958**	111.183**	4.340**	146.622**	151.355**

表 8-10 显示，模型 M37 纳入人际氛围，比仅纳入控制变量的模型 M36 的解释力有显著提高［ΔR^2=0.229，ΔF=111.183（P<0.01）］，人际氛围对组织依恋具有显著的正向影响（β=0.489，P<0.01），表明自变量对中介变量的回归系数显著。

进一步验证组织依恋是否起到中介作用，将控制变量、人际氛围、组织依恋纳入模型，分析对组织公民行为的回归结果，详见表 8-10 中模型 M38、模型 M39 和模型 M40。模型 M39 比模型 M38 的解释力有显著提高［ΔR^2=0.283，ΔF=146.622（P<0.01）］，人际氛围对组织公民行为具有显著的正向影响（β=0.543，P<0.01），表明自变量对因变量的回归系数显著。模型 M40 加入中介变量组织依恋后发现，组织依恋对组织公民行为具有显著的正向影响（β=0.541，P<0.01），而人际氛围对组织公民行为的显著性减弱（β=0.279，P<0.01），根据前文中介作用的判定标准，可知组织依恋

在人际氛围与组织公民行为之间起部分中介作用，研究假设 H9b 得到验证。

8.4.3　组织依恋在组织投入与组织公民行为之间的中介作用检验

从表 8–2 中变量间的相关系数可知，组织投入与组织依恋的相关系数为 0.779（P<0.01），组织投入的两个维度，即发展性投入和物质性投入与组织依恋也呈显著正相关，其相关系数分别为 0.758（P<0.01）和 0.676（P<0.01）；组织投入与组织公民行为的相关系数为 0.526（P<0.01），发展性投入和物质性投入与组织公民行为的相关系数分别为 0.515（P<0.01）和 0.450（P<0.01）；组织依恋与组织公民行为的相关系数为 0.628（P<0.01），即变量间两两显著相关。

为了检验组织投入对组织公民行为的影响以及组织依恋在二者之间的中介作用，具体步骤如下：①对中介变量（组织依恋）的回归分析，即以组织依恋为因变量，首先引入控制变量，其次将组织投入纳入回归模型；②组织依恋的中介作用检验：引入控制变量、组织投入及组织依恋，将组织公民行为作为因变量，通过比较回归系数的大小和变化判定中介作用，回归分析的结果见表 8–11。

表 8–11　组织依恋在组织投入对组织公民行为的影响中的中介作用检验结果

因变量		组织依恋		组织公民行为		
模型		M41	M42	M43	M44	M45
控制变量	性别	−0.164**	−0.105**	−0.116*	−0.073	−0.010
	户籍	0.066	−0.015	0.087	0.028	0.036
	是否工会会员	−0.169**	−0.082*	−0.121*	−0.056	−0.008
	用工模式	0.078	0.038	0.030	0.000	−0.022
	行业	−0.048	0.048	−0.090	−0.019	−0.048
	职位层次	0.083	0.029	0.113*	0.073	0.056

续表

因变量		组织依恋		组织公民行为		
模型		M41	M42	M43	M44	M45
自变量	组织投入	—	0.768**	—	0.567**	0.106
中介变量	组织依恋	—	—	—	—	0.600**
模型统计量	R^2	0.082	0.632	0.072	0.372	0.505
	ΔR^2	0.082	0.551	0.072	0.300	0.133
	ΔF	4.958**	500.221**	4.340**	159.837**	89.137**

从表 8–11 中可知，模型 M41 仅引入员工性别、户籍、是否工会会员等人口统计学变量，模型 M42 加入了自变量组织投入，结果发现 M42 比 M41 的解释力有显著提高［ΔR^2=0.551，ΔF=500.221（P<0.01）］，并且组织投入对组织依恋具有显著的正向影响（β=0.768，P<0.01），表示自变量对中介变量的回归系数显著。

表 8–11 中，模型 M43、模型 M44 和模型 M45 是控制变量、组织投入、组织依恋对组织公民行为的回归结果。模型 M44 比只包括控制变量的模型 M43 的解释力有显著提高［ΔR^2=0.300，ΔF=159.837（P<0.01）］，并且组织投入对组织公民行为具有显著的正向影响（β=0.567，P<0.01），即自变量对因变量的回归系数显著。M45 加入中介变量组织依恋后发现，组织依恋对组织公民行为具有显著的正向影响（β=0.600，P<0.01），而组织投入对组织公民行为的影响作用变得不显著（β=0.106，P>0.05），根据中介作用的判定标准，可知加入组织依恋后，组织投入对组织公民行为的影响作用不显著，组织依恋在组织投入与组织公民行为之间起完全中介作用，研究假设 H9c 得到验证。

为了进一步验证组织依恋是否在组织投入的两个维度（发展性投入与物质性投入）与组织公民行为之间起到中介作用，按照上述步骤进行回归分析，将发展性投入、物质性投入同时作为自变量纳入回归模型，先分析自变量对组织依恋的作用，再将组织公民行为作为因变量，分析自变量、中介变量（组织依恋）对因变量的影响作用，回归分析结果见表 8–12。

表 8–12　组织依恋在组织投入两维度对组织公民行为的影响中的中介作用检验结果

因变量		组织依恋		组织公民行为		
模型		M46	M47	M48	M49	M50
控制变量	性别	–0.164**	–0.105**	–0.116*	–0.073	–0.010
	户籍	0.066	–0.015	0.087	0.027	0.036
	是否工会会员	–0.169**	–0.081*	–0.121*	–0.058	–0.010
	用工模式	0.078	0.038	0.030	0.000	–0.022
	行业	–0.048	0.046	–0.090	–0.015	–0.042
	职位层次	0.083	0.028	0.113*	0.073	0.056
自变量	发展性投入	—	0.532**	—	0.349**	0.029
	物质性投入	—	0.283**	—	0.257**	0.087
中介变量	组织依恋	—	—	—	—	0.601**
模型统计量	R^2	0.082	0.632	0.072	0.373	0.506
	ΔR^2	0.082	0.551	0.072	0.301	0.133
	ΔF	4.958**	249.503**	4.340**	79.909**	89.290**

如表 8–12 所示，模型 M46 仅纳入人口统计学变量（控制变量），模型 M47 将发展性投入和物质性投入作为自变量同时纳入回归模型，结果显示模型 M47 比模型 M46 的解释力有显著提高［ΔR^2=0.551，ΔF=249.503（$P<0.01$）］，发展性投入、物质性投入对组织依恋均有显著正向影响（β=0.532，$P<0.01$；β=0.283，$P<0.01$），说明自变量对中介变量的回归系数显著。

模型 M48、模型 M49 和模型 M50 表示加入控制变量、发展性投入、物质性投入以及组织依恋对组织公民行为的回归结果。模型 M49 比只包括控制变量的模型 M48 的解释力有显著提高［ΔR^2=0.301，ΔF=79.909

（P<0.01）]，发展性投入和物质性投入对组织公民行为均具有显著的正向影响（β=0.349，P<0.01；β=0.257，P<0.01），说明自变量对因变量的回归系数显著。M50 在加入中介变量组织依恋后发现，组织依恋对组织公民行为具有显著的正向影响（β=0.601，P<0.01），即中介变量对因变量的回归系数显著，发展性投入和物质性投入对组织公民行为的影响作用变得不显著（β=0.029，P>0.05；β=0.087，P>0.05），根据中介作用的判定标准，可知组织依恋在发展性投入和组织公民行为之间以及物质性投入与组织公民行为之间起完全中介作用。

8.5 本章小结

8.5.1 研究假设验证情况汇总

表 8-13 对本章关于组织依恋中介作用的研究假设检验情况进行了汇总。

表 8-13 本章关于组织依恋中介作用的研究假设检验情况汇总

研究假设	假设的内容	验证情况
H8	组织依恋在各影响因素与工作满意感之间起中介作用	得到验证
H8a	组织依恋在家长式领导与工作满意感之间起中介作用	得到验证
H8b	组织依恋在人际氛围与工作满意感之间起中介作用	得到验证
H8c	组织依恋在组织投入与工作满意感之间起中介作用	得到验证
H9	组织依恋在各影响因素与组织公民行为之间起中介作用	得到验证
H9a	组织依恋在家长式领导与组织公民行为之间起中介作用	得到验证
H9b	组织依恋在人际氛围与组织公民行为之间起中介作用	得到验证
H9c	组织依恋在组织投入与组织公民行为之间起中介作用	得到验证

汇总结果发现，本书提出的关于组织依恋在各影响因素与工作满意感和组织公民行为之间的中介作用的研究假设全部得到验证。

8.5.2　研究结论

本章对组织依恋在组织内各影响因素与结果变量之间的中介作用进行检验发现：

第一，组织依恋在家长式领导与工作满意感之间起部分中介作用，在家长式领导的仁慈领导和德行领导与工作满意感之间起部分中介作用，在威权领导与工作满意感之间不起中介作用；组织依恋在家长式领导与组织公民行为之间起部分中介作用，在仁慈领导、德行领导与组织公民行为之间起完全中介作用，在威权领导与组织公民行为之间不起中介作用。

第二，组织依恋在人际氛围与工作满意感之间起部分中介作用，在人际氛围与组织公民行为之间起部分中介作用。

第三，组织依恋在组织投入（及维度）与工作满意感之间起部分中介作用，在组织投入（及维度）与组织公民行为之间起完全中介作用。

8.5.3　讨论与分析

本章主要验证了组织依恋在家长式领导、人际氛围、组织投入与工作满意感和组织公民行为之间的中介作用，研究结果表明，组织依恋在上述影响因素与结果变量之间起到部分或完全中介作用。

家长式领导同父母一般，给员工以恩威并举和榜样示范，面对家长式领导，员工容易在其身上找到类似父母的感觉，从而促进员工对领导的信赖，加上通常由直接领导作为组织的代言人，因此员工对领导的情感有助于促进员工对组织的依恋，进而提升其工作满意感和组织公民行为。进一步分析组织依恋在家长式领导三个维度与结果变量（包括工作满意感和组织公民行为）之间是否起到中介作用时发现，组织依恋在仁慈领导、德行领导与结果变量之间起到中介作用，但在威权领导与结果变量之间未起到中介作用，即表明威权领导不能通过员工对组织依恋的感知进而消除对工作满意感和组织公民行为的负面影响，因此在管理实践中需要慎用威权领导，多给员工开放一些信息和提供参与的平台。

同事作为除领导以外的重要他人，员工对同事间人际氛围的感知，也能影响其对组织的依恋，进而影响其工作满意感和组织公民行为，组织公民行为包括人际取向的组织公民行为和组织取向的组织公民行为，其中人际取向的组织公民行为就体现在是否愿意帮助同事。

组织投入与员工组织依恋的关系，除了可以用依恋理论进行解释以外，运用社会交换理论也可以进行解释。组织对员工进行薪酬及发展机会的投入，促进员工对组织的依恋，进而有助于提高工作满意感和组织公民行为。

·第 9 章 案例研究·

在前面章节，主要采用问卷调查的方式对影响员工组织依恋的因素和作用结果进行了实证分析。通过问卷的分析和处理可以获得较为普遍的结论，并且在处理数据时，将人口统计学变量作为控制变量进行处理，尽量排除企业的性质、行业等特征变量的影响。然而每一家企业都有自己的独特性，前面通过访谈归纳和提炼出的组织依恋的影响因素，以及运用数据分析方法得出的结论，对于某一家具体企业而言是否能得到支持和验证？基于此，本书选取一家民营化工企业作为案例，对该企业的管理者和员工展开访谈和调查，进一步补充和验证组织依恋的影响因素以及对员工态度和行为的影响。

9.1 案例的选择

本书选取的案例是一家民营化工企业（以下简称 CH 公司），调研发现，目前该企业 60% 的员工工作年限超过 5 年，其中超过 1/3 的员工工作年限达到 10 年及以上。对于一家民营传统生产制造型企业，是什么原因让员工在组织中工作这么长的时间？这对员工的态度和行为以及给组织又带来怎样的影响？通过分析发现，对该案例的研究可以更加深入和有针对性地理解员工组织依恋的影响因素及作用结果，这是选择该案例的主要原因。此外，出于研究可行性的考虑，该企业综合部的经理是笔者导师的MBA学生，在获取研究数据（包括一手资料和二手资料）方面积极配合和支持，为本书的开展提供了便利。

9.2 案例描述

9.2.1 CH公司概况

CH公司是一家以磷化工为主业，多元化投资，集团化管理的中型民营企业。公司始建于1999年，集团总部位于四川省SF市，磷化工生产基地主要位于贵州省FQ市。公司从初创时的4人，原始资金6万元，经过近20年的发展，现拥有全资子公司9家，参股公司9家，员工近千人，集团资产总计25亿元，利税超过1.8亿元，目前已形成集矿山开采、磷资源精深加工、磷营养技术服务、磷产品销售为一体的磷化工循环经济产业群。

CH公司注重研发与创新，累计申报专利40余件，授权专利30余件，并取得了省级以上多项技术创新奖项。公司与国内一流的农业院校合作，成立了“中国磷营养研究中心”，提高动植物对磷和其他有益元素的吸收利用率，保证食品安全，减少对环境的危害。此外，CH公司的饲料级磷酸二氢钙产品连续9年在国内市场保持近半的市场占有率；高性能磷酸一铵使中国节水农业的肥料成本大幅下降，特种酸性磷肥开创了盐碱地改良的新模式；特殊定制的磷酸一铵成为消防行业的重要原料。

9.2.2 CH公司人力资源现状

本部分主要介绍CH公司的组织结构以及人力资源的构成情况，资料来源于 CH 公司官网、内刊资料和对 CH 公司人员的访谈。

CH 公司实行直线职能制组织结构，最高权力机构为董事会下设的总经理办公室。总经办设总经理 1 名，总工程师 1 名，以及副总经理 3 名，分管采购、销售和生产。总经办下设 12 个部门，其中总工办、生产部和营销中心下设立科室。详见图 9–1。

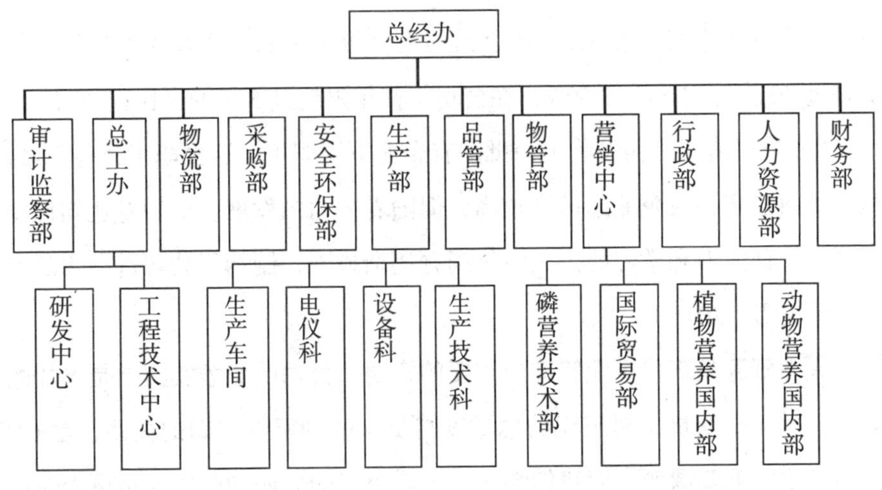

图 9–1　CH 公司组织结构

根据 CH 人力资源部提供的资料，截至 2015 年底，CH 公司员工为 881 人，其中劳动合同用工 865 人、实习生 14 人、退休返聘人员 2 人。

CH 公司劳动合同工的学历、年龄、在公司工作年限（即司龄）以及工种的分布情况见表 9–1。

表 9–1　CH 公司劳动合同工的学历、年龄、司龄、工种分布（N=865）

变量	分类	占比 /%	变量	分类	占比 /%
学历	本科及以上	15.49	年龄	50 岁及以上	12.72
	大专	13.87		40 ～ 49 岁	38.84
	大专以下	70.64		30 ～ 39 岁	27.17

续表

变量	分类	占比 /%	变量	分类	占比 /%
司龄	10 年及以上	34.68	年龄	30 岁以下	21.27
	5 年以上 10 年以下	33.87	工种	生产物流类	74.10
	3 年以上 5 年以下	7.51		专业技术类	5.09
	1 年以上 3 年以下	20.69		综合管理类	17.34
	1 年以下	3.24		商务类	3.47

从表 9–1 中可以看出，CH 公司绝大多数员工的学历在大专以下；年龄超过 40 岁的占比超过 50%；在公司工作年限超过 5 年的占比近 70%。

CH 公司建厂之初接收了一批国有企业下岗职工，这批职工经验丰富，相对成熟稳定，对企业忠诚度较高，但随着公司的发展，他们专业知识底子薄、管理能力和学习能力欠缺等问题逐渐显现，制约了公司进一步的发展（陈俊霞，2016）。

人力资源是现代企业管理最重要的资源，公司的竞争实质上是人才的竞争。如何平衡员工对组织的忠诚度与员工的创新性之间的关系，是 CH 公司面临的重要课题。而我们知道员工对组织的忠诚和归属，是员工对组织依恋的表现，在竞争日益激烈的今天，为什么员工会在组织中工作这么长时间，是主动选择还是被动的无奈之举？有哪些组织内的影响因素决定着员工对 CH 公司的依恋？员工对组织依恋给员工和 CH 公司会带来怎样的影响？

尽管 CH 公司除了四川总部外，在外地还有生产基地，但受到时间、精力和经费的影响，本书在 CH 公司相关人员的配合和支持下对 CH 公司四川总部进行了深入的调研。

9.3　数据采集

在数据采集过程中，本书遵循案例研究数据采集的规范步骤和方法，对 CH 公司四川总部高层管理者、中层管理者以及普通员工、劳务外包工进行了半结构化式访谈，阅读了相关的内部材料和公开报道，同时也进行了实际的直接观察，这是案例研究数据采集的三大基础（欧阳桃花，2004）。此外，本书还在 CH 四川总部发放了近百份调查问卷，以进一步验证相关变量之间的关系。

9.3.1　个人访谈

本书对 CH 公司四川总部的人员进行了访谈，共访谈 7 人，包括综合部经理、人力资源经理、工会主席，以及劳动合同工 2 人、外包工 2 人，分别用 A ～ G 编号。访谈对象的基本情况见表 9–2。

表 9–2　访谈对象的基本情况

访谈对象	性别	年龄	学历	在 CH 工作年限	职务
A	女	38	研究生	12 年	综合部经理
B	女	30	本科	5 年	HR 经理
C	男	53	高中	17 年	工会主席
D	男	48	初中	17 年	劳动合同工
E	男	47	初中	16 年	劳动合同工
F	男	53	高中	8 个月	外包工工头
G	男	44	初中	4 个月	外包工

9.3.2　资料收集

本书收集的资料主要包括 CH 公司内部刊物、从公司官网以及百度搜索获得的二手资料。

9.3.3 实际观察

笔者于 2016 年 10 月中旬来到 CH 公司四川总部，在综合部经理和人力资源经理的陪同下参观了公司的生产车间，并通过观察公司的生产环境、劳动保护状况以及员工的工作状态和精神面貌间接了解了员工对组织依恋的情况。

9.3.4 问卷调查

本次调查共发放 100 份包括组织依恋及工作满意感和组织公民行为的问卷，回收 83 份，并按以下原则剔除无效问卷：整页漏选、整页选择同一数字或填答的数字呈现一定的规律性，以及所选题项与反向题的选项存在矛盾。最终剔除 9 份问卷，总计回收有效问卷 74 份。调查样本的基本情况见表 9–3。

表 9–3 调查样本的基本情况（N=74）

<table>
<tr><th>变量</th><th>分类</th><th>占比 /%</th><th>变量</th><th>分类</th><th>占比 /%</th></tr>
<tr><td rowspan="2">性别</td><td>男</td><td>85.5</td><td rowspan="2">户籍</td><td>农村</td><td>67.7</td></tr>
<tr><td>女</td><td>14.5</td><td>城镇</td><td>32.3</td></tr>
<tr><td rowspan="4">学历</td><td>高中或中专及以下</td><td>78.7</td><td rowspan="4">年龄</td><td>25 岁以下</td><td>1.6</td></tr>
<tr><td>大专</td><td>4.9</td><td>25 ～ 36 岁</td><td>27.9</td></tr>
<tr><td>本科</td><td>13.1</td><td>37 ～ 46 岁</td><td>47.5</td></tr>
<tr><td>硕士及以上</td><td>3.3</td><td>46 岁以上</td><td>23.0</td></tr>
<tr><td rowspan="5">司龄</td><td>不到 1 年</td><td>24.6</td><td rowspan="5">用工模式</td><td>3 年以下合同员工</td><td>22.2</td></tr>
<tr><td>1 年以上 3 年以下</td><td>14.5</td><td>3 年以上 5 年以下合同员工</td><td>16.7</td></tr>
<tr><td>3 年以上 5 年以下</td><td>4.3</td><td>5 年及以上合同员工</td><td>16.7</td></tr>
<tr><td>5 年以上 10 年以下</td><td>26.1</td><td>无固定期限合同员工</td><td>29.2</td></tr>
<tr><td>10 年以上</td><td>30.4</td><td>劳务外包工</td><td>13.9</td></tr>
</table>

续表

变量	分类	占比 /%	变量	分类	占比 /%
职位层次	普通员工	76.9	用工模式	其他	1.4
	基层管理或技术人员	10.8	是否工会会员	是	67.6
	中、高层管理或技术人员	12.3		否	32.4

从表 9-3 中可知，调查样本以男性为主，女性仅占 14.5%；从学历来看，高中或中专及以下占比最大，占 78.7%；司龄（即在公司的工作年限）方面，5 年以上 10 年以下的占 26.1%，10 年以上的占 30.4%，即 5 年及以上的员工占比超过 50%；从职位层次来看，76.9% 属于普通员工；户籍方面，农村的占比为 67.7%；年龄方面，37 ～ 46 岁占比最大，为 47.5%，即以“70 后”为主；用工模式方面，无固定期限合同员工占比最大，为 29.2%，其次是 3 年以下合同员工，占比为 22.2%，劳务外包工占 13.9%；是否工会会员方面，67.6% 的调查对象是工会会员。调查数据的结果与表 9-1 所呈现的内容也是相吻合的。

9.4 数据分析

本节数据分析的内容主要包括两个方面：一是针对访谈调查的内容，归纳和提炼 CH 公司四川总部组织依恋的影响因素，同时结合公司相关的资料，以及现场观察，对访谈的内容进行验证和补充；二是针对调查问卷进行数据分析，验证组织依恋对员工工作满意感和组织公民行为的影响作用，下面分别进行阐释。

9.4.1 CH公司访谈材料分析

9.4.1.1 影响员工组织依恋的内部因素

通过对访谈材料的分析和编码，发现影响CH公司员工组织依恋的内部因素主要包括组织因素、领导因素、员工个体因素以及其他因素。为了说明编码的过程，以组织因素中的“组织投入”和“公司品牌”为例进行呈现，括号中的数字代表出现的频次，见表9-4。

表9-4 组织依恋内部因素编码（以组织投入及公司品牌为例）

资料来源	一级编码	二级编码	三级编码
A，1，39 ~ 40	没有成熟的产业工人可以用，就现招聘，招聘过来自己作培训	发展性投入（1）	组织投入（6）
A，2，21 ~ 22	当时为了让大家买医保，每个月公司发钱给补助，如果不买保险，公司给的补助就没有了	物质性投入（5）	
A，2，32	我们当时过去（指去贵州）的这批人，每个月公司还给生活补贴		
D，1，29 ~ 30	CH劳动福利、工资待遇都可以，每个月工资都是准时到位		
E，3，7	这里工资可以		
A，4，23 ~ 24	现在这几年，企业调整待遇，员工增强了归属感		
A，2，42 ~ 43	公司是黔南州民营企业的一颗明珠，应该说是黔南州最大的一家民营企业	公司影响力（2）	公司品牌（6）
A，8，29 ~ 31	我们企业在当地属于纳税大户，在黔南州可以排第一		
B，9，29 ~ 30	公司的劳动保障、薪酬福利、工资的按时发放是有口皆碑的	公司口碑（4）	
F，4，20 ~ 21	我们这一个化工区都知道CH的工资不高，但CH的钱最稳当，所以都乐意来		
G，2，27 ~ 28	我觉得公司可以，不会拖欠工资		
G，2，31 ~ 32	从CH建厂我就在这里上班，从来没有拖欠过工资		

注：资料来源中的“A，1，39 ~ 40”指一级编码的材料来源于访谈对象A，第1页，第39 ~ 40行。二级编码和三级编码括号中的数字指出现的条目总数。全书下同。

按照上述编码方法，被访对象提及的影响 CH 公司组织依恋的因素汇总见表 9–5。

表 9–5　CH 公司员工组织依恋的内部影响因素

影响因素分类	具体因素	材料来源举例
组织因素	组织文化（3）	CH 是一家比较注重员工感情纽带的民营企业，比如 CH 的文化就是“创新·爱人”，很注重员工的情感纽带（A，3，15 ～ 17）
	用工模式的差异（3）	公司的福利只针对正式员工，不包含外包工（B，5，28 ～ 29）
	人才本地化策略（2）	从四川过去（贵州）的人根本不利于企业的长远发展，所以公司做了一个人才本地化策略（A，2，34 ～ 35）
	组织投入（6）	见表 9–4
	公司品牌（6）	见表 9–4
领导因素	领导风格（3）	我们都是熟人，都是靠本人（指包工头）平时的信誉留在 CH 做工（F，2，18）
个体因素	个体特征（5）	我们这块（指外包工）多数是农村的，农村人的基本情况就是不可能长期扎根在厂里，只有农闲才来（F，1，20 ～ 21）
	可雇佣性（4）	文化素质比较高的技能型工人到一线，相对来说队伍更稳定（A，4，26 ～ 27）
	追求保障（3）	员工会想，我年纪大了，只求有一个保障（B，10，5）
	对领导的偏好（1）	他要是喜欢这个领导，可能不会太在意钱，觉得收入差不多就行了（A，3，35 ～ 36）
其他因素	家庭责任（1）	在这里做工是因为孩子读书要用钱（E，2，4）
	对公司的误解（1）	以前我们去招聘的时候，就有老百姓说你们 CH 一直在招人的原因就是有污染，你们必须每年把这些招进来的人解聘，不然会有生命危险（A，2，14 ～ 16）

从表 9–5 中可以看出，影响 CH 公司员工组织依恋的因素中，“组织因素”包括组织文化、用工模式的差异（企业对劳动合同工和外包工的区别对待）、人才本地化策略（着重培养和吸引当地人才，留住当地人才）、

组织投入以及公司品牌；“领导因素”主要包括领导风格；“个体因素”包括个体特征（员工自身的特点，如农民工或“90后”员工的特点）、可雇佣性（员工通过教育和培训获得的能力和资格）、追求保障以及对领导的偏好；“其他因素”包括家庭责任以及对公司的误解等。上述因素中，提及次数最多的是组织因素中的组织投入和公司品牌以及个体因素中的个体特征和可雇佣性。

前面章节提到，员工对组织的依恋受依恋主体和依恋对象的相互影响。组织对员工的投入，尤其是访谈对象提到的物质性投入，以及员工对组织能按时发放工资、不拖欠工资的口碑的信赖，影响着员工是否依恋于组织。从依恋主体即员工的角度来看，其自身的特点和可雇佣性相对而言影响更为重要。自身的特点，如农民工到工厂做工的季节性（见表9–5）和随意性［如：“他们的企业意识非常薄弱，如果哪个家里红白喜事，一群工人全部请假，或者家里面农忙，就辞职。”（A，1，41～43）］，以及“90后”员工的特点［如：“现在的90后从信息时代中成长起来，他能够看到第一产业，也能够看到第二产业、第三产业，甚至还可以自己创业，那和企业之间的黏度越来越松散。”（A，9，38～40）］。而员工的可雇佣性主要体现在员工的文化素质（见表9–5）以及员工的经验［如：“再加上我们企业觉得他干了这么久，也有经验，企业愿意留。”（C，4，1～2）］等。

将表9–5的结果与本书第3章共28家企业的29个访谈对象分析的结果进行比较，发现共同提及的因素有组织文化、组织投入、公司品牌、领导风格、可雇佣性、追求稳定及家庭责任，说明这些因素具有普遍性。不同的是，上述因素的频次有所不同，这可以理解，因为对CH公司的访谈是针对一家公司，对于某一具体的公司而言，影响因素的重要性有所差异正是其独特性的体现。

而影响CH公司较为独特的因素包括用工模式的差异、人才本地化策略和个体特征。由于 CH 公司除了大部分劳动合同工以外，在四川集团总部大约有 70 人、贵州生产基地有 300 余人的劳务外包工。在访谈中了解到，用工模式的差异，在公司的福利、工会的帮扶以及员工自身的归属感方面均有差异。同时外包工集中在重体力、对人员素质要求不高并且有淡、旺季需求的工种上，如搬运、装卸等，工种的特点决定了外包工对公司的联结比较灵活、自由，不及正式工联结紧密和稳定。而在访谈外包工的时候，他们对自己的身份的差异并不觉得有什么不好，反而觉得自由［如："我认为外包工和正式工相比，没有什么区别，都是有活就做，而我们如果家里有事，提前打个招呼就可以走。"（G，1，23 ～ 25）］。

CH 公司的人才本地化策略主要是因为 CH 公司作为磷化工企业，在选址建厂时需要考虑资源、交通等条件，而这些条件受地理环境的影响较大，因此最好的办法是吸引和培养当地的人才，增加他们对企业的依恋，这不仅有利于 CH 公司长远持续地发展，还有利于人才队伍的稳定。这一点从 CH 公司内刊中的报道也有所体现：一名员工在 CH 公司工作了 12 年，在谈到为什么留在公司时说到，CH 就在他家附近建厂，这不仅让他获得了经济来源，更避免了外出打工，与家人分离的情况（CH 公司 2015 年 9 月内刊）。

而员工的个体特征，在前文已进行了阐述，主要指农民工和"90 后"员工的特点，农民工在农闲时进工厂做工，主要以务农为主，而"90 后"员工（也包括农二代）的需求更加丰富，如访谈对象 A 提道："现在'90 后'愿意从一线做起，但对企业提出了更多的要求，包括工作环境、休息休假，以及自己的成长通道、发展平台。"（A，9，26 ～ 29）上述 3 个因素，可以体现出 CH 公司与其他企业，特别是其他以知识型员工为主的企业在影响员工组织依恋方面的差异。

9.4.1.2 员工组织依恋对组织的影响分析

为了进一步了解员工对组织的依恋给组织带来的影响，本书对访谈材料进行了归纳和提炼，访谈材料主要来源于访谈对象 A 与 B，他们更多地站在组织的层面进行分析。A 谈道："员工对组织的联结是公司希望发生的，也有利于公司队伍的稳定和长远的发展。"（A，5，27 ~ 28）同时也有外部溢出效应："通过艰难的磨合，用了可能 3 ~ 5 年的时间，还是培养出了本地的产业工人，之后进入 FQ 的企业也是受了益的。"（A，2，36 ~ 38）

然而，过于依赖组织又会带来管理上的压力并影响员工的心态和行为。给管理上带来压力如："还有一种是无固定劳动合同工，你不能解雇他，他在企业里倚老卖老，会影响你的一个管理节奏。"（A，5，37 ~ 39）"比如一个班组全部都是无固定期限的，你想要去推行一个管理措施，他不理你，没有人支持你。"（A，10，21 ~ 22）

影响员工的心态表现为："员工在公司待的时间越久，心态越会发生变化，他没有那么积极上进了。"（A，15，23）"老员工跟新员工有一个很大的区别，就是他的心态会发生变化，难免出现懈怠。"（B，6，17 ~ 19）对员工行为的影响举例："很多老员工认为公司这个不好，那个不好，他可能就会自动降低他的工作投入。"（B，7，8 ~ 9）"工龄十多年的，天天在这儿磨洋工。"（A，10，13）

9.4.2 CH 公司调查问卷分析

本书同时进行了问卷调查，以进一步实证组织依恋与结果变量之间的关系。调查对象尽量选择具有一定文化程度和理解能力的员工，但考虑到劳务外包工文化程度不高，可能存在对某些题项理解困难的情况，因此 CH 人力资源经理建议并帮助找到两名实习生作为助理，以备必要时对这部分员工进行题项的宣读和解释。少部分问卷当场发放，大部分问卷委托人力资源经理发放，并统一回收。在发放之前详细告知人力资源经理问卷填写的要求和注意事项，约两周后寄回。

9.4.2.1　调查问卷数据预处理

本章对数据进行统计分析之前，对数据进行了预处理，包括检查数据有无极端值和错误值、缺失值检验，对反向题进行反向计分，以及同源误差检验。

题项采用李克特 6 点计分，通过对题项的描述性统计，发现各题项最小值与最大值均在 1 ～ 6（包含 1 和 6），数据录入无误。本书数据的缺失包括调查对象对同一题项勾选了两个答案，而研究者并不能确定调查对象的选择，以及调查对象漏填的情况，对缺失值的处理除人口统计学变量外，其他连续变量用“序列均值”进行替代。关于反向题反向计分，由于组织依恋问卷包含两道反向题，需要对其进行重新编码计分，以免后续数据分析出现偏差。

由于本书的数据来源于单一被试，因此需要在调查程序和数据分析的方法上对同源误差进行控制和检验。本书在封面信中就告知被试调查仅用于研究用途，并且仅要求匿名填写，强调按其真实情况作答，并无对错之分，还设置了反向题以降低同源误差。在统计方法上，采用 Harman 单因素检验法检验同源误差的严重程度（Podsakoff et al.，1986）。检验结果如表 9–6 所示。

表 9–6　Harman 单因素检验结果（N=74）

成分	初始特征值			被提取的载荷平方和		
	总和	方差的 %	累积 %	总和	方差的 %	累积 %
1	16.155	43.663	43.663	16.155	43.663	43.663
2	2.905	7.852	51.515	2.905	7.852	51.515
3	2.296	6.204	57.720	2.296	6.204	57.720

续表

成分	初始特征值			被提取的载荷平方和		
	总和	方差的 %	累积 %	总和	方差的 %	累积 %
4	1.862	5.033	62.753	1.862	5.033	62.753
5	1.563	4.224	66.977	1.563	4.224	66.977
6	1.384	3.741	70.717	1.384	3.741	70.717
7	1.209	3.268	73.985	1.209	3.268	73.985
8	1.071	2.895	76.881	1.071	2.895	76.881

由表 9–6 可知，共提取出 8 个特征值大于 1 的因子，解释了总变异量的 76.881%，其中第一主成分因子的解释变异量为 43.663%，未超过建议值 50%（刘翔宇等，2015），因此本书数据的同源误差并不显著。

9.4.2.2 控制变量对组织依恋的影响作用分析

通过独立样本 T 检验和单因素方差分析检验各人口统计学变量，如年龄、性别、是否工会会员、用工模式等对组织依恋的影响。其中“是否工会会员”对组织安全感（t=3.349，P<0.01）和组织依恋（t=2.416，P<0.05）的影响具有显著差异。运用单因素方差分析发现“用工模式”对组织安全感的影响具有显著差异（F=3.322，P<0.05）；“职位层次”对组织安全感（F=4.363，P<0.01）和组织依恋（F=3.851，P<0.05）的影响具有显著差异，在后面的回归分析中需要将其进行控制（见表 9–7）。

表 9–7 组织依恋在各人口统计学变量上的差异（N=74）

变量	分类	组织安全感	组织留恋感	组织依恋
性别	男	3.963	3.637	3.811
	女	3.925	3.357	3.660
户籍	农村	3.906	3.566	3.747
	城镇	4.117	3.728	3.937
是否工会会员	是	4.437	3.787	4.134
	否	3.627	3.534	3.584

续表

变量	分类	组织安全感	组织留恋感	组织依恋
年龄	25 岁以下	4.250	3.714	4.000
	25 ～ 36 岁	3.817	3.513	3.675
	37 ～ 46 岁	3.967	3.643	3.816
	46 岁以上	4.036	3.568	3.818
司龄	不到 1 年	4.404	3.833	4.138
	1 ～ 3 年	4.189	3.600	3.914
	3 ～ 5 年	3.330	3.000	3.176
	5 ～ 10 年	3.771	3.520	3.654
	10 年以上	3.467	3.565	3.512
学历	高中或中专及以下	3.798	3.645	3.727
	大专	3.833	2.905	3.400
	本科	3.955	3.500	3.743
	硕士及以上	3.625	4.143	3.867
用工模式	3 年以下合同员工	3.946	3.679	3.821
	3 年以上 5 年以下合同员工	3.603	3.417	3.516
	5 年及以上合同员工	4.084	3.352	3.742
	无固定期限合同员工	3.645	3.568	3.609
	劳务外包工	4.837	4.031	4.461
	其他	1.250	3.286	2.200
职位层次	普通员工	3.950	3.564	3.770
	基层管理或技术人员	3.357	3.204	3.286
	中层管理或技术人员	5.364	4.333	4.883
	高层管理或技术人员	3.625	4.000	3.800

9.4.2.3 组织依恋与工作满意感和组织公民行为的相关分析

组织依恋、工作满意感与组织公民行为之间的相关系数采用皮尔逊相关分析进行检验，统计分析结果见表 9-8。

表 9-8　组织依恋与工作满意感及组织公民行为间的皮尔逊相关系数（N=74）

	组织安全感	组织留恋感	组织依恋	工作满意感	人际取向的组织公民行为	组织取向的组织公民行为	组织公民行为
组织安全感	（0.929）						
组织留恋感	0.618**	（0.731）					
组织依恋	0.937**	0.854**	（0.904）				
工作满意感	0.641**	0.634**	0.706**	（0.841）			
人际取向的组织公民行为	0.660**	0.553**	0.683**	0.661**	（0.896）		
组织取向的组织公民行为	0.674**	0.641**	0.731**	0.492**	0.736**	（0.945）	
组织公民行为	0.716**	0.645**	0.761**	0.610**	0.918**	0.944**	（0.949）
均值	3.918	3.587	3.764	3.789	4.061	4.292	4.177
标准差	1.129	0.865	0.909	0.938	0.849	1.020	0.871

注：括号中的数字为 *Cronbach's α* 系数。

由表 9-8 可知，从各量表的 *Cronbach's α* 系数来看，均大于 0.7，说明各量表均具有良好的信度。从相关分析结果来看，CH 公司组织依恋与工作满意感呈显著正相关，相关系数 r=0.706（P<0.01），组织依恋的维度，组织安全感和组织留恋感与工作满意感也呈显著正相关，相关系数分别为 0.641（P<0.01）和 0.634（P<0.01）；组织依恋与组织公民行为呈显著正相关，相关系数为 0.761（P<0.01），组织安全感和组织留恋感与组织公民行为也呈显著正相关，相关系数分别为 0.716（P<0.01）和 0.645（P<0.01）。组织公民行为又可分为人际指向的组织公民行为和组织指向的组织公民行为两个维度，组织依恋及其维度与组织公民行为的两个维度也呈显著正相关。

从相关分析的结果可初步得出，CH 公司员工的组织依恋与员工的工作满意感和组织公民行为呈显著正相关。

9.4.2.4　组织依恋对工作满意感影响的回归分析

采用回归分析方法进一步验证 CH 公司员工组织依恋对其工作满意感的影响。根据控制变量的分析结果，需要控制“是否工会会员”“用工模式”和“职位层次”。将组织依恋及其维度作为自变量，工作满意感作为因变量进行回归分析，见表 9–9。

表 9–9　CH 公司组织依恋及其维度对工作满意感的回归分析结果

变量	工作满意感			
	M1	M2	M3	M4
是否工会会员	0.061	–0.041	–0.082	0.042
用工模式	0.180	–0.039	–0.021	0.022
职位层次	0.333	0.017	0.037	0.112
组织依恋	—	0.729**	—	—
组织安全感	—	—	0.711**	—
组织留恋感	—	—	—	0.578**
R^2	0.123	0.516	0.492	0.398
ΔR^2	0.123	0.393	0.369	0.275
ΔF	2.755	47.169**	42.118**	26.550**

如表 9–9 所示，模型 M2 主要采用回归分析，实证组织依恋对工作满意感的影响，结果表明，组织依恋对工作满意感有显著正向的影响作用（β=0.729，P<0.01）。

模型 M3 是运用回归分析法实证组织安全感对工作满意感的影响作用，结果表明，组织安全感对工作满意感具有显著正向的影响作用（β=0.711，P<0.01）。

模型 M4 是分析组织留恋感对工作满意感的影响，从表 9–9 中可以看出，组织留恋感对工作满意感具有显著正向的影响作用（β=0.578，P<0.01）。

9.4.2.5 组织依恋对组织公民行为影响的回归分析

采用回归分析的方法进一步验证 CH 公司员工组织依恋对其组织公民行为的影响。根据控制变量的分析结果，需要控制“是否工会会员”“用工模式”和“职位层次”。将组织依恋及其维度作为自变量，组织公民行为作为因变量进行回归分析，见表 9-10。

表 9-10　CH 公司组织依恋及其维度对组织公民行为的回归分析结果

变量	组织公民行为			
	M5	M6	M7	M8
是否工会会员	0.031	−0.068	−0.102	0.011
用工模式	0.212	−0.001	0.024	0.049
职位层次	0.461**	0.154	0.184	0.234*
组织依恋	—	0.708**	—	—
组织安全感	—	—	0.665**	—
组织留恋感	—	—	—	0.594**
R^2	0.212	0.584	0.535	0.503
ΔR^2	0.212	0.372	0.322	0.290
ΔF	5.302**	51.798**	40.197**	33.890**

如表 9-10 所示，模型 M6 在纳入控制变量后，将自变量组织依恋纳入回归模型，结果显示，组织依恋对组织公民行为有显著正向的影响作用（β=0.708，P<0.01）。

模型 M7 是将组织安全感作为自变量，分析组织安全感对组织公民行为的影响作用，结果显示，组织安全感对组织公民行为有显著正向的影响作用（β=0.665，P<0.01）。

模型 M8 是实证组织留恋感对组织公民行为的影响作用，结果显示，组织留恋感对组织公民行为有显著正向的影响作用（β=0.594，P<0.01）。

9.5 研究发现

9.5.1 访谈的基本发现

通过访谈发现，影响 CH 员工组织依恋的因素可分为四大类，即组织因素、领导因素、个体因素和其他因素。组织因素包括组织投入、公司品牌等；领导因素主要指领导风格；个体因素包括个体特征、可雇佣性等；其他因素包括家庭责任和对行业的误解。影响最大的因素是组织投入、公司品牌、个体特征和可雇佣性。分析原因在于，CH 公司绝大部分员工的学历在高中或中专及以下，大部分属于农民工，因此看重公司的投入，特别是物质性投入，同时对于公司能按时发放工资等口碑也充满信赖；员工自身素质和群体特征的影响，决定着他们对公司的依恋受到一些限制，比如农民工要兼顾农活，与公司的联结更为灵活和随意，“90 后”员工除了工资要求以外，对于发展、归属提出了更多的要求，与公司的联结变得越来越松散。

与第 3 章的访谈结果相比，除共同提到的组织文化、组织投入、公司品牌、领导风格、可雇佣性、追求稳定以及家庭责任的因素以外，影响 CH 公司组织依恋的因素也具有独特性，包括用工模式的差异、人才本地化策略和个体特征。通过分析发现，这主要与公司所处的行业、地域以及人力资源构成有关。

为了进一步分析员工组织依恋给组织和员工带来的影响，对访谈对象的访谈内容进行编码，了解到如果员工对组织过于依赖，会给组织的管理带来压力，并让员工产生懈怠的心态和影响工作投入。

9.5.2 问卷调查的基本发现

为了进一步实证员工组织依恋对员工工作满意感和组织公民行为的影

响，对CH公司员工发放100份调查问卷，最终74份有效问卷进行了相关和回归分析。结果显示，员工的组织依恋有助于促进员工的工作满意感和组织公民行为，即组织依恋与工作满意感和组织公民行为呈显著正相关。

9.6 管理建议

通过对CH公司的调研，发现员工对组织的依恋可以给员工和组织带来积极正面的影响，包括促进员工的工作满意感和组织公民行为，以及公司人才的稳定和长远的发展，但如果过于依赖组织，又会像计划经济时期一样在给组织带来负担的同时影响员工的积极性和工作投入。为了促进员工对组织的依恋，同时减少或避免负面影响，根据调研的结果提出如下管理建议：

首先，对于员工日常的考核做到有据可查，有理可依。为了防止员工因资历以及受无固定期限劳动合同保护而降低工作积极性和主动性，需要公司有规范的人力资源绩效考核制度。一项制度的推行不仅是人力资源管理部门的责任，更需要公司管理层，特别是上层领导的支持和推行。否则，从短期来看是稳定了员工，但从长期来看却会给企业带来沉重的负担，最终也会影响员工的利益。

其次，合理规划企业人力资源的结构。当前CH公司员工年龄偏大、学历偏低，这一批员工是公司财富的创造者，但随着公司的发展，也可能成为公司管理升级的阻力，需要对他们的知识、技能和能力的现状进行盘点，并对他们的发展潜力进行评估，要考虑把他们放在更适合的位置上，可以通过转岗、再培训的方式，对于确实不能满足公司发展需要的员工要进行置换。此外，还要加强新鲜血液的引进和保留，以使企业保持活力和创造力，对现有的人员也是一种激励和鞭策。

再次，满足员工除工资收入以外的其他需求。CH 公司地处四川省 SF 市，距离成都市一个多小时的车程，对于吸引和保留人才有一定的难度。随着“80 后”“90 后”员工逐步成为职场主力，他们的诉求与上一代职工相比有很大的不同，比如 CH 公司综合部经理在访谈中提到，“80 后”“90 后”员工的自我意识更强，对于成长的需求更为看重等，因此公司需要因情境和时代背景的改变，面对不同的管理对象，需要了解他们的需要，比如提供发展的平台和机会、给予员工更多的心理上的关心和帮助等。

最后，从管理理念上要注意平衡稳定与效率、人情与竞争的关系，真正落实 CH 公司“创新・爱人”的企业文化。一味地追求稳定、讲究人情，一味地追求效率和竞争，都不能使公司和员工长远发展。员工与企业，除了雇佣与被雇佣的关系外，还是相互合作的关系，员工依靠公司提供的机会和平台施展自己的才华和抱负，公司依靠员工投入的时间、精力和能力获取利润和发展，二者相互依存，相互制约。管理者需要兼顾平衡上述关系，既发挥员工的积极性，又促进公司长久发展。

综上所述，管理不是静止的，也没有哪一种管理策略或者方法可以一劳永逸，必须根据现实的情境进行系统思考和权变管理。正如本书研究的组织依恋一样，组织依恋有利于公司的稳定和提升员工的安全感和对组织的留恋感，但如果过于依赖组织，就会给组织和员工带来不利影响。因此，需要企业管理者及时调整，最大限度地促进组织依恋给员工和组织带来的积极作用。

·第 10 章　研究结论与管理启示·

本章主要对通过访谈、问卷调查和个案研究得出的研究结论进行提炼和总结，并得出相应的管理启示，同时对本书的研究局限以及未来的研究展望进行阐述。

10.1 研究结论

10.1.1 组织依恋的维度结构

本书基于文献研究并结合员工访谈，按照问卷开发的规范和流程，开发出中国企业员工组织依恋问卷。研究发现，中国情境下组织依恋主要包括两个维度，即组织安全感和组织留恋感。前者主要指员工在遭受困难或挫折时能得到组织的支持和帮助（组织提供安全港湾的功能）以及员工在感到安全时组织支持其积极创新和探索外部世界（组织提供安全基地的功能）；后者主要指员工离开组织时体验到的分离痛苦以及对组织的留恋。

与国外测量组织依恋大多用替代变量不同，本书所开发的组织依恋问卷测量的是组织依恋这一本身，避免了用替代变量测量造成的自变量与因变量的混淆；与国内已有的组织依恋问卷相比，在访谈阶段避免由访谈对象根据自己的理解界定“组织依恋”，而由研究者根据已有的文献对概念进行操作化。经过数据检验，本书开发的组织依恋问卷具有较为理想的信度和效度。

10.1.2 组织依恋的组织内影响因素

通过文献和访谈，归纳和提炼出影响员工组织依恋的组织内部因素，包括领导风格、人际氛围、组织投入及组织文化。“组织文化”如果采用大概念，几乎包括组织的方方面面，而考虑到人际氛围是人与人之间的关系，对于员工的组织依恋的影响更为直接，因此本书最终选择将家长式领导、人际氛围和组织投入作为影响组织依恋的组织内因素，组织文化的因素可在后续研究中专门进行研究。通过对 622 份问卷进行分析，实证家长式领导、人际氛围和组织投入与组织依恋之间的关系，结果表明：

第一，家长式领导对组织依恋具有显著正向影响。其中，仁慈领导和德行领导对组织依恋具有显著正向影响，威权领导对组织依恋具有显著负向影响。尽管威权领导不利于员工的组织依恋，但家长式领导仍然对组织依恋具有显著正向影响，可能的原因在于仁慈领导和德行领导的积极作用会抵消威权领导的影响。

第二，人际氛围对组织依恋有显著正向影响，即和谐的人际氛围能促进员工的组织依恋。

第三，组织投入对组织依恋有显著正向影响。组织投入的两个维度——物质性投入和发展性投入对组织依恋均有显著正向影响。

第四，为了找到影响组织依恋的关键因素，将家长式领导、人际氛围、组织投入和组织依恋一同纳入结构方程模型，比较各影响因素在竞争模型下对组织依恋影响作用的变化。结果发现，家长式领导和人际氛围对组织依恋依然起显著正向作用，并且家长式领导的影响作用最大，而组织投入的作用变得不显著。

第五，组织依恋类型在家长式领导、组织投入与组织依恋之间起调节作用，但在人际氛围与组织依恋之间，仅有安全型组织依恋在其中起到调节作用。可能的原因在于中国人讲究和谐，即使属于非安全型组织依恋，但只要人际氛围是和谐的，就不会对其组织依恋产生明显影响。

第六，不同期限的用工模式，即短期用工和长期用工，在家长式领导、人际氛围、组织投入与组织依恋之间起调节作用，用工模式是影响组织依恋的另一重要边界条件。

10.1.3　组织依恋的作用结果

通过实证组织依恋及其维度对员工工作满意感及组织公民行为的影响作用，结果表明：

第一，组织依恋对员工工作满意感具有显著正向影响，组织依恋的维度，即组织安全感和组织留恋感对工作满意感也具有显著正向影响作用。

第二，组织依恋对组织公民行为具有显著正向影响，组织依恋的维度对组织公民行为及其维度具有显著正向影响，即组织安全感和组织留恋感能促进组织公民行为，并且对人际指向的组织公民行为和组织指向的组织公民行为都具有促进作用。

第三，将组织依恋、工作满意感、组织公民行为一起纳入结构方程模型，以检验组织依恋对工作满意感和组织公民行为哪一个影响作用更大。结果发现，组织依恋对工作满意感和组织公民行为的影响作用都是显著的，但对工作满意感的影响作用略大。

10.1.4　组织依恋的中介作用

本书对组织依恋在组织内各影响因素与结果变量之间的中介作用进行了检验，结果发现：

第一，组织依恋在家长式领导与工作满意感之间起部分中介作用。其中，组织依恋在仁慈领导、德行领导与工作满意感之间起部分中介作用，在威权领导与工作满意感之间不起中介作用。组织依恋在家长式领导与组织公民行为之间起部分中介作用。其中，在仁慈领导和德行领导与组织公民行为之间起完全中介作用，在威权领导与组织公民行为之间不起中介作用。

第二，组织依恋在人际氛围与工作满意感之间以及人际氛围与组织公民行为之间均起部分中介作用。

第三，组织依恋在组织投入与工作满意感之间起部分中介作用，在组织投入与组织公民行为之间起完全中介作用。

10.1.5 CH公司案例研究

影响 CH 公司员工组织依恋的因素包括组织投入、公司品牌、领导风格、个体特征、可雇佣性、家庭责任等，其中被提及频次最多的因素是组织投入、公司品牌、个体特征和可雇佣性，而影响 CH 公司员工组织依恋的较为独特的因素包括用工模式的差异、人才本地化策略和个体特征。

通过访谈和问卷调查对 CH 公司员工组织依恋对组织和员工的影响进行了验证。通过访谈了解到，组织依恋有利于公司人员的稳定和公司长远的发展，同时对当地其他企业也有正向影响（如培养了人才，提高了职业素养），但员工过于依赖组织会给组织管理带来挑战，使员工产生懈怠心理并影响工作投入。通过对 74 份问卷进行分析，显示员工的组织依恋与员工的工作满意感和组织公民行为均呈显著正相关关系。

10.2　管理启示

组织依恋可以衡量员工是否信赖组织以及是否有意愿继续留在组织中，是员工对组织的积极情感，和谐稳定的组织依恋体现了员工与组织积极互动的关系，对于员工和组织都具有重要意义。尽管当前科技飞速发展，尤其是“互联网 +”的出现和普及，一方面改变了人们的生活，另一方面也影响了员工与组织的关系，即由原来的非常紧密变得越来越松散。但是无论员工与组织以怎样的方式进行工作或者合作，员工对组织情感上的联结都是必不可少的。试想，如果员工与组织只有经济关系，没有情感的交流，员工则很难在组织中找到归属感，组织也很难持续地发展。本书结合访谈、问卷调查以及个案研究的结论，从组织的视角和员工的视角分别提出如下管理启示。

10.2.1　组织视角

从组织的视角来看，家长式领导整体量表对员工的组织依恋具有促进作用，进一步分析知道家长式领导中的仁慈领导和德行领导对员工的组织依恋具有促进作用，而威权领导对组织依恋具有削弱作用。因此，面对员工，特别是“80 后”“90 后”员工，应尽量采用仁慈领导和德行领导，慎用威权领导。仁慈领导关心下属会扩及其家人，出于人情法则以及“报答”的思想，会促进员工对组织的依恋；德行领导的以身作则和树德的行为，可以给员工很好的示范和榜样，从而促进员工对组织的依恋。慎用威权领导，不代表威权领导就一定是负面的，特别对于受传统儒家文化和法家文化影响的中国员工，威权领导在特定的时候可能会促进管理效能，Ning et al.（2012）指出，威权领导无论是对个体层面还是团体层面的组织公民行为都有积极的影响，因此需要企业管理者根据具体的情境进行权变处理。

员工与同事之间的人际氛围对组织依恋也具有促进作用。同事作为员工在组织中依恋的重要他人，同事间的人际氛围对员工的组织依恋有重要影响。随着社会竞争的激烈与加剧，想要解决工作中的问题离不开同事之间的协作与配合，即使互联网信息技术的普及使得人们越来越自由和灵活地办公，也不能代替和同事实际的接触和交流，良好的人际氛围有助于人们获得人际支持和人情温暖，促进人们对组织的依恋。组织可以从以下几个方面营造和谐的人际氛围：首先，提升和培训员工的沟通表达能力。员工由于自身成长背景、所受教育及个性特征等存在差异，不可避免地对事物存在不同的认知和理解，如果沟通不畅就会产生工作中的误会和隔阂。组织可以帮助员工学会及时澄清和透明化表达，同时通过恰当的提问了解对方的真实意图。其次，建立及时反馈的机制，做好过程的监督。任何组织都不可能完全消除人际冲突和矛盾，而人际冲突也并不完全是有害的，在某种程度上还可以增加组织的活力和创造力（陈维政等，2015）。组织应该从制度上鼓励员工沟通和表达，带着开放、包容面对人际冲突，及时反馈，而不是等待事态发展不可控时再想办法弥补。最后，领导层要以身作则，从自身做起，及时沟通，培养同理心，不仅站在公司的角度，还要学会站在员工的角度理解对方的处境，更多地理解对方背后的需要和意图，当人际关系遭遇困境时，要敏锐地觉察，以防不利影响蔓延。

组织对员工的投入，包括物质性投入和发展性投入，同样有助于员工的组织依恋。在可能的情况下，增加组织对员工的投入，包括增加工资、奖金等物质性投入以及提供晋升、发展和职业规划等发展性投入。当然，企业是以营利为目的的机构，不可能不计成本一味地给员工投入，要基于组织自身的现状以及员工所提供的价值。对于不同的员工，也需要因人而异，给员工所需要的投入。例如，有些员工可能看重发展机会，那么需要给员工这样的通道和平台，帮助员工实现自身的职业理想；而有些员工更看重工资的多少，对在公司能否晋升并不关心，因此组织需要提供公平合理的绩效考核机制和兑现机制，为员工提供较为满意的物质性投入。随着员工与组织的关系越来越多元，员工也可以以股东的身份参与公司的管理，特别是对于高层员工的投入方式应该更加与时俱进，如股权分红、以合伙人的方式给予管理自主权等。

10.2.2　员工视角

无论领导给予多大的关怀、照顾和榜样示范，同事给予怎样的温暖、支持与陪伴，组织给予多大的物质性投入或发展性投入，作为依恋主体的员工，其自身的感知对其是否依恋组织也至关重要。而员工自身的依恋类型，即属于安全型、焦虑型还是回避型，面对同样的外界刺激，感受是不一样的。已有的研究发现，安全型依恋的员工其工作满意感、绩效更为理想（Hazan et al.，1990），因此安全型依恋的员工对员工和组织来说都是有利的。

尽管 Bowlby（1980）指出员工的依恋类型相对稳定，较难发生改变，但也有研究发现，人并不是固守早期的影响，而是可以发挥自身的能动性进而发生人格的成长和完善（Dweck，2015）。员工对组织和自身充满信任，即使遭遇困境也会想办法克服和解决，并从中获取经验，即使组织目前不能给员工更好的支持和投入，员工个体也能从中找到解决问题的办法进而提升自己的能力。依恋理论最初来源于婴儿对养育者的情感联结，因为婴儿十分弱小，离开了养育者的照料和陪伴很难生存。随着个体的成长和发展，由最初和养育者的互动，变得更加丰富和多元，会与同学、老师、同事、上司、客户互动，等等。根据内部工作模式的假设，与他人的互动和联结离不开早期与养育者的互动所习得的经验和感受。这是人们适应社会的基础，但在特定的时间和场合下，一些固有的模式变得不再具有适应性，这对于个体来说既是挑战，也是成长的机会。

在组织中，员工是如何看待其与组织的关系的呢？是平等的合作关系，还是受制于组织的强弱关系？如果员工可以视自身与组织是平等的合作关系，自己投入时间、精力、劳动，组织给予工资、晋升等回报，那么，是否心态就会变得更为积极和主动呢？无论组织是否提供了外在条件，员工都能明白自己想要在组织中获得什么，那他或许就可以主动选择采取怎样的措施和策略从而更符合一个理性人的决策。即使对组织的依恋，也是员工有意主动的选择，基于对自己的信任和对组织的信任，而不仅仅是依靠组织内部一些影响因素的“诱发”。

如何使员工基于相互信任的角度成为安全型依恋的个体呢？首先，通过自身在工作中的自我觉察和体验，看到不同的立场和视角，而不是固有的思维定式影响自己的判断和感受，学会理解人与人的差异，尊重自己与他人的不同，通过沟通达成共识；其次，通过对自己的信任对他人也建立信任，哪怕受到伤害或者误解，也要相信自己有能力抵御风险，化险为夷；再次，向身边的榜样学习，包括领导和同事，学习他们如何平衡对组织的信赖和自我信赖的关系，在追求稳定与寻求发展之间找到动态平衡；最后，学会用成熟、系统的视角看待自己和他人，学会对自己负责。组织没有满足自己需求的时候，应思考如何创造性地进行工作重塑，当组织满足自己当前需求，但与未来发展需求相冲突时，也需要理性评估，与组织沟通，发挥自身的能动性。

10.3 研究局限

本书在组织依恋的概念、维度、测量以及组织内的影响因素和作用结果方面进行了探索，得出了较有意义的研究结论，但仍然存在如下研究局限，有待于未来研究中加以注意和完善。

第一，研究样本的局限性。由于受到人力、财力、时间、精力的局限，以及在数据收集上的困难，本书样本主要来源于四川成都和什邡，少量来源于武汉和上海，对于部分样本，尤其是劳务派遣工和外包工抽样不足。采用方便抽样的方法降低了外部效度，可能会影响研究结论的普遍性，后续的研究可以扩大地域加以验证，或比较不同区域的样本书结论是否存在差异。

第二，从研究采用的方法来看，本书的一些变量带有明显的社会期许倾向，比如组织公民行为，可能会出现高估自己的行为表现，从而导致组织公民行为的得分偏高。尽管在问卷的设计、发放以及统计分析上尽量避免同源误差的影响，并且通过分析发现同源误差并不严重，但本书采用的自我报告调查法和截面数据仍然存在一定的局限性。因此，在未来的研究中，可加入社会期许量表，并将其作为控制变量，并且可采用自我报告和他人评估相结合的方式，并采用纵向研究的方法，以丰富数据的来源和获取动态的数据。

第三，部分量表的局限性。在研究员工的组织依恋类型的调节作用时，采用的是 Clair（2000）的量表。该量表是目前可搜索到的测量组织依恋类型的唯一量表，用三段描述指代安全型依恋、焦虑型依恋和回避型依恋的特征。虽然每一种类型仅有一段描述，由调查对象根据自身的情况选择，但每一段包含的信息比较丰富，可能并不能完全符合调查对象的情况，并且理解这些内容也有一定的难度，这导致组织依恋类型的测量相较于其他的量表有更多的漏填和错填的情况，导致无效回答。在后续的研究中，可考虑结合已有的团体依恋量表的测量开发出组织依恋类型的量表，以更符合中国的情境和语言表述习惯，更准确地测量出员工的组织依恋类型。

第四，从研究内容来看，本书重点探讨了组织内部因素对组织依恋的影响，但实际上，事物之间的关系是错综复杂的，并且这些因素的选择主要来源于已有的文献和访谈，并不包括组织内的所有影响，比如组织文化对组织依恋的影响并未涉及。此外，虽然通过结构方程模型找到了影响组织依恋的关键因素，但也基于家长式领导、人际氛围及组织投入之间，在后续研究中需要全面分析影响中国企业员工组织依恋的关键因素，比如用工模式的不同对组织依恋的影响，这一因素体现了中国企业的时代变迁背景，并且能与西方情境下的研究进行对比。笔者将用工模式作为调节变量进行分析，在未来的研究中可考虑将其作为主变量，并探讨在不同行业、不同企业发展周期下企业员工组织依恋是否存在差异。此外，除内部因素以外，外部的法律、经济、政治、人口等因素，特别是人口，影响劳动力的供给和构成，后续研究可考虑深入分析人口因素对员工组织依恋的影响。从组织依恋的结果变量来看，本书仅探讨了组织依恋对工作满意感和组织公民行为的影响，未来的研究可考虑实证组织依恋对工作绩效的影响。

此外，本书的部分理论假设在实证中没有得到研究数据的完全支持，后续研究需要通过更加深入的理论分析和实证研究对相关假设进行探讨。

10.4 研究展望

在已有研究成果的基础上，后续的研究可在以下几个方面推进：

第一，扩大样本覆盖的地域，以及增加劳务派遣工和外包工的比例，以使研究结论更具有代表性和普遍性。

第二，编制组织依恋类型的测量问卷。现有的组织依恋类型的问卷来自 Clair（2000），但该问卷在内容上、表述上及实际使用中都存在较大的问题。为了进一步实证组织依恋类型与组织依恋二者的关系，下一步需要按照问卷开发的方法，基于文献、访谈和数据分析，开发出中国企业员工的组织依恋类型问卷。

第三，深入分析中国企业用工模式的变迁对员工组织依恋的影响，从固定工制到现在以滴滴、Uber 为代表的分享经济下用工模式的变化，员工对组织的依恋经历了怎样的变化，后续将通过数据分析加以实证。

第四，组织依恋表现为员工对组织的情感联结，有学者研究了组织中高质量的联结，后续研究可对高质量的联结与组织依恋的关系进行深入探讨。

第五，员工对组织的依恋是一个动态的过程，因此可考虑后续采用纵向多时段研究的方式，研究员工在不同阶段对组织依恋产生的变化；同时还需要将中国企业员工的组织依恋与西方企业员工的组织依恋进行对比，以丰富现有的研究。

参考文献

• REFERENCES •

[1][美]FIELDS D L. 工作评价——组织诊断与研究实用量表[M]. 阳志平，王薇，王东升，等，译. 北京：中国轻工业出版社，2004.

[2] WALLIN D J. 心理治疗中的依恋——从养育到治愈，从理论到实践[M]. 巴彤，李斌彬，施以德，等，译. 北京：中国轻工业出版社，2014.

[3]曾楚宏，李青，朱仁宏. 家长式领导研究述评[J]. 外国经济与管理,2009,31(5): 38-44.

[4]陈国鹏. 依恋：人生之安全港湾[M]. 上海：华东师范大学出版社，2015.

[5]陈佳琪，陈忠卫. 企业内部人际信任对组织公民行为影响的实证研究——以工作年限为调节变量[J]. 西安财经学院学报，2014(2)：85-91.

[6]陈俊霞. 基于KPI的CH公司绩效管理系统的优化设计[D]. 成都：四川大学，2016.

[7]陈琳，乐国林，王利敏. 依恋理论在组织研究中的应用与启示[J]. 心理与行为研究，2015，13(6)：853-860.

[8]陈维政，任晗. 人情关系和社会交换关系的比较分析与管理策略研究[J]. 管理学报，2015，12(6)：789-798.

[9]陈维政，余凯成，黄培伦. 组织行为学高级教程(第二版)[M]. 北京：高等教育出版社，2015.

[10]陈晓萍，徐淑英，樊景立. 组织与管理研究的实证方法(第二版)[M]. 北京：北京大学出版社，2012.

[11]陈燕蕾，陈红. 浪漫依恋研究及其对中国化研究的启示[J]. 西南大学学报(社

会科学版)，2008，34（3）：14–18.

［12］陈跃，尤勇 . 改革开放 30 年就业政策与实践探析［J］. 西南大学学报（社会科学版)，2008，34（6）：117–121.

［13］邓志华，陈维政，黄丽，等 . 服务型领导与家长式领导对员工态度和行为影响的比较研究［J］. 经济与管理研究，2012（7）：101–110.

［14］邓志华，陈维政 . 服务型领导对员工工作行为的影响——以工作满意感为中介变量［J］. 科学学与科学技术管理，2012，33（11）：172–180.

［15］邓志华，陈维政 . 家长式领导对员工工作态度和行为影响的实证研究——以工作满意感为中介变量［J］. 大连理工大学学报（社会科学版)，2013，34（1）：24–29.

［16］丁洪娟 . 家长式领导对“80 后”员工工作满意度的影响研究——以组织公平为中介变量［D］. 长春：东北师范大学，2013.

［17］董保华 . 论非标准劳动关系［J］. 学术研究，2008（7）：50–57.

［18］董福荣，王海波 . 劳务派遣的特点、面临的问题与对策［J］. 学习与探索，2012（12）：117–120.

［19］杜跃平，王嘉彤 . 知识型员工个人期望、人际氛围与创新绩效关系研究［J］. 科技进步与对策，2015，32（7）：144–149.

［20］段锦云，钟建安 . 工作满意感与建言行为的关系探索：组织承诺的缓冲影响［J］. 管理工程学报，2012（1）：170–174.

［21］樊景立，郑伯埙 . 华人组织的家长式领导：一项文化观点的分析［J］. 本土心理学研究，2000（13）：127–180.

［22］方杰，张敏强，邱皓政 . 中介效应的检验方法和效果量测量：回顾与展望［J］. 心理发展与教育，2012，28（1）：105–111.

［23］傅晓，李忆，司有和 . 家长式领导对创新的影响：一个整合模型［J］. 南开管理评论，2012，15（2）：121–127.

［24］顾思梦 . 成人依恋影响大学生抑郁的心理机制研究［D］. 南京：南京中医药大学，2014.

［25］郭庆科，韩丹，王昭，等 . 人格测验中题目正反向陈述的效应［J］. 心理学报，

2006，38（4）：626–632.

［26］郭晓薇．儒家文化中的领导方式与上下级人际和谐［J］．唯实，2007（12）：85–88.

［27］郭亚鸣，李同归．国有企业员工的团体依恋、组织承诺与工作倦怠［C］．第十二届全国心理学学术大会论文摘要集，2009.

［28］侯典牧，刘翔平．气质性情感对工作满意度及组织公民行为的影响［J］．管理评论，2009，21（9）：48–54.

［29］黄芳铭．结构方程模式理论与应用［M］．北京：中国税务出版社，2005.

［30］黄光国，等．人情与面子：中国人的权力游戏［M］．北京：中国人民大学出版社，2010.

［31］黄江泉．企业内部人际关系资本化研究［D］．武汉：华中农业大学，2009.

［32］黄丽，陈维政．两种人际取向对下属工作绩效的影响——以领导—成员交换质量为中介变量［J］．管理评论，2015，27（5）：178–187.

［33］黄丽．工作场所疏离感影响因素、形成机制及干预策略实证研究［D］．成都：四川大学，2013.

［34］姜凌云．依恋理论的人际关系说及其实用意义［D］．南京：南京师范大学，2006.

［35］蒋建武，李南才．国内外临时雇佣研究综述与比较：基于 SSCI 和 CSSCI 文献的分析［J］．中国人力资源开发，2015（12）：30–38.

［36］揭爱花．单位——一种特殊的社会生活空间［J］．浙江大学学报（人文社会科学版），2000，30（5）：76–83.

［37］琚晓燕，刘宣文，方晓义．青少年父母、同伴依恋与社会适应性的关系［J］．心理发展与教育，2011（2）：174–180.

［38］鞠芳辉，谢子远，宝贡敏．西方与本土：变革型、家长型领导行为对民营企业绩效影响的比较研究［J］．管理世界，2008（5）：85–101.

［39］［英］凯西·卡麦兹．建构扎根理论：质性研究实践指南［M］．边国英，译．重庆：重庆大学出版社，2009.

［40］柯江林，孙健敏，李永瑞．心理资本：本土量表的开发及中西比较［J］．心理学报，2009，41（9）：875–888.

［41］李宝元，董青，仇勇，等．百年中国劳动关系演化的基本路径及走势［J］．经济

理论与经济管理，2015（6）：69–79.

［42］李汉林．中国单位社会议论、思考与研究［M］．北京：中国社会科学出版社，2014.

［43］李怀．国有工业组织权威变迁及其对劳企关系的影响［J］．学术研究，2013（8）：32–38.

［44］李敏．员工关系对组织公民行为的影响研究［J］．科技管理研究，2010，30（11）：206–208.

［45］李萍，谌新民，谢斌．劳动合同期限对制造业与非制造业部门工资差异的影响——基于广东省南海区劳动力调查的数据［J］．中国工业经济，2014（4）：123–135.

［46］李同归，刘飏．团体依恋的概念与测量：项目因子分析方法的应用［J］．北京大学学报（自然科学版），2012，48（2）：331–342.

［47］李小青，邹泓，刘艳，等．中学生同伴依恋的特点及其与友谊质量的关系：社会交往目标的中介作用［J］．心理发展与教育，2009（3）：32–38.

［48］李小瑛，赵忠．城镇劳动力市场雇佣关系的演化及影响因素［J］．经济研究，2012（9）：85–98.

［49］李晓阳．企业员工组织依恋的结构及其相关研究［D］．广东：暨南大学，2011.

［50］李艳，孙建敏，焦海涛．分化与整合——家长式领导研究的走向［J］．心理科学进展，2013，21（7）：1294–1306.

［51］李云．上下级“关系”影响中层管理者职业成长和工作投入的作用机理研究［D］．武汉：武汉大学，2012.

［52］连帅磊，孙晓军，田媛，等．青少年同伴依恋对抑郁的影响：朋友社会支持和自尊的中介作用［J］．心理科学，2016，39（5）：1116–1122.

［53］梁建，樊景立．理论构念的测量［M］// 陈晓萍，徐淑英，樊景立．组织与管理研究的实证方法（第二版）．北京：北京大学出版社，2012.

［54］林声洙，杨百寅．中韩家长式领导与组织支持感及组织公民行为之间关系的比较研究［J］．管理世界，2014（3）：182–183.

［55］林秀君．组织依恋初探［J］．铜陵学院学报，2013（5）：70–71，98.

［56］凌玲，卿涛．培训能提升员工组织承诺吗——可雇佣性和期望符合度的影响［J］.

南开管理评论，2013，16（3）：127-139.

［57］凌文辁，陈龙，王登．CPM 领导行为评价量表的建构［J］. 心理学报，1987，19（2）：199-207.

［58］刘斌．中国国有企业用工制度研究［D］．长春：吉林大学，2015.

［59］刘贯学，鲁四海．劳动合同制度的确立是我国劳动制度最成功的改革——我国劳动合同制度改革回顾与展望［J］．中国劳动科学，1996（7）：4-7.

［60］刘红霞，杨语佳，宋湛．弹性用工模式在我国事业单位中的应用研究［J］．中国行政管理，2015（4）：57-61.

［61］刘洪，马璐．用工“双轨制”存续的潜在危机及并轨路径与策略［J］．南京社会科学，2011（8）：31-37.

［62］刘善仕，凌文辁．家长式领导与员工价值取向关系实证研究［J］．心理科学，2004，27（3）：674-676.

［63］刘廷华．依恋型组织与绩效改善［J］．集团经济研究，2007（2）：198.

［64］刘翔宇，新建．信息分享对组织外获专业技术人员创新绩效的激发机理研究——以职业技能提升为中介变量［J］．管理学报，2015，12（9）：1304-1312.

［65］刘艺羚，侯志瑾，黄罡．父亲心理求助态度对男大学生求助大度的影响：依恋的调节作用［J］．中国临床心理学杂志，2015，23（1）：159-162.

［66］刘长江，邓诗懿．基于社会困境视角的组织公民行为研究［J］．外国经济与管理，2009，31（11）：52-57.

［67］龙立荣，毛盼盼，张勇，等．组织支持感中介作用下的家长式领导对员工工作疏离感的影响［J］．管理学报，2014，11（8）：1150-1157.

［68］罗霞，陈维政．组织人格：概念、维度、意义［J］．云南财经大学学报，2009（5）：121-127.

［69］马勇．劳动用工“双轨制”模式对社会生产率的影响［J］．学术交流，2014（9）：127-132.

［70］孟奕爽，唐健雄．中国情境下的精神型领导模型与测量研究［J］．管理学报，2013，10（10）：1419-1424，1506.

［71］彭璧玉．现代企业的业务外包管理［J］．企业经营与管理，2001（18）：41-45.

[72] 彭诗雯 . 华人企业主管之德行领导对部属之组织承诺、工作满意及离职倾向的影响［D］. 新北：淡江大学，2005.
[73] 齐善鸿，戴斌 . 论企业的人格化特质与组织变革——关于企业改革的经济学思考［J］. 南开管理评论，1999（5）：56-59.
[74] 邱浩政，林碧芳 . 结构方程模型的原理与应用［M］. 北京：中国轻工业出版社，2009.
[75] 邱盛林 . 转型式、家长式领导模式与效能之比较：以退辅会所属机构人员为例［D］. 高雄：台湾中山大学，2001.
[76] 全总劳务派遣问题课题组 . 当前我国劳务派遣用工现状调查［J］. 中国劳动，2012（5）：23-25.
[77] 沈士仓 . 日本终身雇佣制与中国固定工制度的异同及其改革［J］. 南开学报，1998（5）：42-50.
[78] 沈涛 .NNTV 员工组织依恋实证研究［D］. 南宁：广西大学，2015.
[79] 孙海法，王翔，伍晓奕 . 业务外包的风险与收益［J］. 经济管理，2003（20）：38-42.
[80] 覃大嘉，梁育民 . 构建和谐组织提升企业绩效实证研究——从易学视角探讨中华和谐文化的国际化管理实践［J］. 广东社会科学，2013（5）：22-28.
[81] 唐海波，蒲唯丹，姚树桥 . 社会支持与依恋的关系研究综述［J］. 中国临床心理学杂志，2008，16（5）：551-553.
[82] 汪新艳 . 组织公平与和谐组织建设［J］. 学术界，2007（3）：204-208.
[83] 王光明，佘文娟，王兆云 . 高中生数学元认知水平调查问卷的设计与编制［J］. 心理与行为研究，2016，14（2）：152-161.
[84] 王辉，忻蓉，徐淑英 . 中国企业 CEO 的领导行为及对企业经营业绩的影响［J］. 管理世界，2006（4）：87-96.
[85] 王璐，高鹏 . 扎根理论及其在管理学研究中的应用问题探讨［J］. 外国经济与管理，2010，32（12）：10-18.
[86] 王庆燕，石金涛 . 组织气氛与组织文化的研究脉络与异同［J］. 中国软科学，2005（9）：112-119.

[87] 王兴琼 . 企业组织健康及其组织内部影响因素研究 [D] . 成都：四川大学，2009.

[88] 王英芊，邹泓，侯珂，等 . 亲子依恋、同伴依恋与青少年消极情感的关系：有调节的中介模型 [J] . 心理发展与教育，2016，32（2）：226–235.

[89] 王争艳，刘迎泽，杨叶 . 依恋内部工作模式的研究概述及探讨 [J] . 心理科学进展，2005，13（5）：629–639.

[90] 温颖 . 依恋内部工作模型对心理行为的影响 [J]. 山西财经大学学报,2013,35(1)：56–57.

[91] 温忠麟，侯杰泰，张雷 . 调节效应与中介效应的比较和应用 [J] . 心理学报，2005，37（2）：268–274.

[92] 吴继红，陈维政，刘云 . 双向视角的员工——组织关系 I–P/C 模型研究 [J] . 科研管理，2009，30（6）：141–151.

[93] 吴继红 . 基于社会交换理论的双向视角员工——组织关系研究 [D] . 成都：四川大学，2006.

[94] 吴敏，黄旭，徐玖平，等 . 交易型领导、变革型领导与家长式领导行为的比较研究 [J] . 科研管理，2007，28（3）：168–176.

[95] 吴明隆 . 问卷统计分析实务——SPSS 操作与应用 [M] . 重庆：重庆大学出版社，2010.

[96] 吴薇莉，方莉 . 成人依恋测量研究 [J] . 中国临床心理学杂志，2004，12（2）：217–220.

[97] 吴雪 . 组织投入与组织承诺的关系研究——员工关系氛围的中介效应 [D] . 北京：北京理工大学，2014.

[98] 吴宗佑，徐玮伶，郑伯埙 . 怒不可遏或忍气吞声：华人企业主管威权领导与部属愤怒反应 [J] . 本土心理学研究，2002（18）：3–49.

[99] 吴宗佑 . 主管威权领导与部属的工作满意度与组织承诺：信任的中介历程与情绪智力的调节效果 [J] . 本土心理学研究，2008（30）：3–63.

[100] 武欣，吴志明，张德 . 组织公民行为研究的新视角 [J] . 心理科学进展，2005，13（2）：211–218.

[101] 许丽华 . 大学生依恋内部工作模式、人际关系与孤独感的关系研究 [D]. 石家庄：

河北师范大学，2008.

［102］杨安博，任真，陶晓春．性别在企业员工成人依恋与工作绩效关系中的调节作用［J］．心理科学，2012，35（2）：418–423.

［103］杨燕绥，赵建国．灵活用工与弹性就业机制——新规则，自由人的梦［M］．北京：中国劳动社会保障出版社，2006.

［104］尹奎，刘永仁．职场排斥与员工离职倾向：组织认同与职业生涯韧性的作用［J］．软科学，2013，27（4）：121–124，127.

［105］于海波，郑晓明．家长式领导推动组织学习的中介机制研究［J］．经济管理，2012，34（10）：107–115.

［106］张伶．依恋理论对婴幼儿依恋关系建立的启示［J］．内蒙古师范大学学报（教育科学版），2012，25（12）：33–37.

［107］张勉，张德．组织文化测量研究述评［J］．外国经济与管理，2004，26（8）：2–7.

［108］张鹏程，刘文兴，卫武．家长式领导和组织价值观对成员知识活动的影响机理［J］．管理科学，2010（2）：77–85.

［109］张荣芳，杨丰菀．劳动者或者雇员：个人承包人招用劳动者的劳动保护问题［J］．理论月刊，2015（9）：146–151.

［110］张晓舟．职场管理的新领域——职场友谊研究述评［J］．外国经济与管理，2014，36（3）：48–55.

［111］张新安，何惠，顾峰．家长式领导行为对团队绩效的影响：团队冲突管理方式的中介作用［J］．管理世界，2009（3）：121–133.

［112］张新红．分享经济［M］．北京：北京联合出版公司，2016.

［113］张燕，怀明云．威权式领导行为对下属组织公民行为的影响研究——下属权力距离的调节作用［J］．管理评论，2012，24（11）：97–105.

［114］张志学，秦昕，张三保．中国劳动用工“双轨制”改进了企业生产率吗？——来自30个省份12314家企业的证据［J］．管理世界，2013（5）：88–99.

［115］赵英杰，郭璐．论我国劳务派遣法律制度的完善［J］．学术交流，2015（2）：64–68.

［116］郑伯埙，冷元红．华人企业组织中的领导：一项文化价值的分析［J］．中山管理

评论，2000，8（4）：583–617.

［117］郑伯埙，谢佩鸳，周丽芳．校长领导作风、上下关系品质及教师角色外行为：转型式与家长式领导的效果［J］．本土心理学研究，2002（17）：105–161.

［118］郑伯埙，周丽芳，樊景立．家长式领导量表：三元模式的建构与测量［J］．本土心理学研究，2000（14）：3–64.

［119］郑伯埙，周丽芳，黄敏萍．家长式领导的三元模式：中国大陆企业组织的证据［J］．本土心理学研究，2003（20）：209–252.

［120］郑伯埙．差序格局与华人组织行为［J］．本土心理学研究，1995（3）：214–219.

［121］郑伯埙．华人文化与组织领导：由现象描述到现论验证［J］．本土心理学研究，2004（22）：195–251.

［122］郑晓芳．中小学老师职业压力对职业倦怠和工作满意感的影响研究［D］．长春：吉林大学，2013.

［123］钟歆，陈旭．不同依恋风格者对情绪面孔的加工［J］．心理科学进展，2013，21（12）：2154–2163.

［124］钟歆，刘聚红，陈旭．青少年同伴依恋：基于发展的视角［J］．心理科学进展，2014，22（7）：1149–1158.

［125］钟学忠，田皓．和谐的人际关系是促进生产力发展的重要因素［J］．陕西师范大学学报（哲学社会科学版），2005（34）：383–385.

［126］周春燕，黄希庭．成人依恋表征与婚恋依恋［J］．心理科学进展，2004，12（2）：215–222.

［127］周德生．关于用工模式的文献综述［J］．首都经济贸易大学学报，2008（2）：120–125.

［128］周浩，龙立荣．恩威并施，以德服人——家长式领导研究述评［J］．心理科学进展，2005，13（2）：227–238.

［129］周浩，龙立荣．共同方法偏差的统计检验与控制方法［J］．心理科学进展，2004，12（6）：942–950.

［130］周浩，龙立荣．家长式领导与组织公正感的关系［J］．心理学报，2007，39（5）：909–917.

[131] 周浩 . 家长式领导对下属进谏行为的影响：基于关系的视角［J］. 四川大学学报（哲学社会科学版），2014（4）：139–148.

[132] 周艳春 . 业务外包的利与弊——以“杉杉”为例［J］. 经营与管理，2004（10）：20–21.

[133] 朱苏丽，龙立荣，贺伟，等 . 超越工具性交换：中国企业员工——组织类亲情交换关系的理论建构与实证研究［J］. 管理世界，2015（11）：119–134.

[134] AINSWORTH M S，EICHBERG C. Effects on Infant–Mother Attachment of Mother's Unresolved Loss of an Attachment Figure，or Other Traumatic Experience［J］. Attachment across the Life Cycle，1991，（3）：160–183.

[135] AINSWORTH M S. Attachments beyond Infancy［J］.American Psychologist，1989，44（4）：709.

[136] BANDURA A. Self–Efficacy：The Exercise of Control［M］. New York：Freeman，1997.

[137] BARTHOLOMEW K，HOROWITZ L M. Attachment Style among Young Adults：A Test of a Four–Category Model［J］.Journal of Personality and Social Psychology，1991，61（2）：226–244.

[138] BENNETT H，DURKIN M. The Effects of Organisational Change on Employee Psychological Attachment an Exploratory Study［J］. Journal of Managerial Psychology，2000，15（2）：126–146.

[139] BERGERON D M. The Potential Paradox of Organizational Citizenship Behavior：Good Citizens at What Cost?［J］. Academy of Management Review，2007，32（4）：1078.

[140] BERSON Y，DAN O，YAMMARINO F J. Attachment Style and Individual Differences in Leadership Perceptions and Emergence［J］. The Journal of Social Psychology，2006，146（2）：165–182.

[141] BOLANOWSKI W. Organizational Attachment of Interns in Poland to Healthcare System［J］. International Journal of Occupational Medicine and Environmental Health，2007，20（3）：281–285.

[142] BOLINO M C，TURNLEY W H，NIEHOFF B P. The Other Side of the Story：

Reexamining Prevailing Assumptions about Organizational Citizenship Behavior [J] . Human Resource Management Review, 2004, 14 (2): 229–246.

[143] BOWLBY J. Attachment and Loss, Vol.1: Attachment [M] .New York, 1969.

[144] BRENNAN K A, CLARK C L, SHAVER P R. Self–report Measurement of Adult Attachment: An Integrative Overview [J]. Attachment Theory and Close Relationships, 1998: 46–76.

[145] BRENNAN K A, SHAVER P R. Dimensions of Adult Attachment, Affect Regulation, and Romantic Relationship Functioning [J] . Personality and Social Psychology Bulletin, 1995, 21 (3): 267–283.

[146] CARDADOR M T, ERIK D, MICHAEL G P. Linking Calling Orientations to Organizational Attachment via Organizational Instrumentality [J] .Journal of Vocational Behavior, 2011, 79 (2): 367–378.

[147] CARLSON V, CICCHETTI D, BARNETT D, et al. Disorganized/Disoriented Attachment Relationships in Maltreated Infants [J] . Developmental Psychology, 1989, 25 (4): 525–531.

[148] CASPER W J, HARRIS C M. Work–life Benefits and Organizational Attachment: Self–interest Utility and Signaling Theory Models [J] . Journal of Vocational Behavior, 2008, 72 (1): 95–109.

[149] CHEN X P, PENG S. Guanxi Dynamics: Shift in the Closeness of Ties between Chinese Coworkers [J] . Management and Organization Review, 2008, 4 (1): 63–80.

[150] COLLINS N L, FEENEY B C. Models of Attachment Shape Perceptions of Social Support: Evidence from Experimental and Observational Studies [J] . Journal of Personality and Social Psychology, 2004, 87 (3): 363–383.

[151] COLLINS N L, READ S J. Adult attachment, Working Models, and Relationship Quality in Dating Couples [J] . Journal of Personality and Social Psychology, 1990, 58 (4): 644–663.

[152] COLLINS N L, READ S J. Cognitive Representations of Attachment: The Structure and Function of Working Models [J] . Advances in Personal Relationships, 1994 (5): 53–90.

[153] DAUS C, JOPLIN J. Survival of the Fittest: Implications of Self-reliance and Coping for Leaders and Team Performance [J]. Journal of Occupational Health Psychology, 1999 (4): 15-28.

[154] DAVIDOVITZ R, MIKULINCER M, SHAVER P R, et al. Leaders as Attachment Figures: Leaders' Attachment Orientations Predict Leadership-related Mental Representations and Followers' Performance and Mental Health [J]. Journal of Personality and Social Psychology, 2007, 93 (4): 632-650.

[155] DEBRA S, et al. How Do Leader-departures Affect Subordinates' Organizational Attachment? A 360-degree Relational Perspective [J]. Academy of Management Review, 2016, 41 (3): 479-502.

[156] DWECK C. Carol Dweck Revisits the "Growth Mindset" [J]. Education Week, 2015, 35 (5): 20-24.

[157] ENGLAND M, SROUFE L A. Predicting Peer Competence and Peer Relationships in Childhood from Early Parent-child Relationships [J]. Family-Peer Relationships: Modes of Linkage, 1992 (77).

[158] EREZ A, MIKULINCER M, VAN IJZENDOORN M H, et al. Attachment, Personality, and Volunteering: Placing Volunteerism in an Attachment Theoretical Framework [J]. Personality and Individual Differences, 2008 (44): 64-74.

[159] FALVO R, FAVARA I, DI BERNARDO G A, et al. Attachment Styles in Organizations: A Study Performed in a Hospital [J]. Test. Psychomet. Methodol. Appl. Psychol, 2012 (19): 263-279.

[160] FARH J L, CANNNELLA A A JR, LEE C. Approaches to Scale Development in Chinese Management Research [J]. Management and Organization Review, 2006 (2): 301-308.

[161] FARH J L, CHEN Z, TSUI A S. Loyalty to Supervisor, Organizational Commitment, and Employee Performance: The Chinese Case [C]. Best Paper Proceedings of the Annual National Meeting of Academy of Management, San Diego, California, 1998.

[162] FRALEY R C, SHAVER P R. Adult Romantic Attachment: Theoretical Developments,

Emerging Controversies, and Unanswered Questions [J] . Review of General Psychology, 2000, 4 (2): 132–154.

[163] FRALEY R C, WALLER N G. Adult Attachment Patterns: A Test of the Typological Model [J] . Attachment Theory and Close Relationships, 1998: 77–114.

[164] FRAZIER M, LITTLE L, GOOTY J, et al. Birds of a Feather Work Better: Does Similarity in Leader and Follower Attachment Security Predict Performance Outcomes? [C] . New Orleans: The Annual Conference of the Society for Industrial and Organizational Psychology, 2009.

[165] GAIDUK R, GAIDUK J, FIELDS D. Limiting the Brain Drain: Determinants of Employee Organizational Attachment in Lithuania [J] . Baltic Journal of Management, 2009, 4 (2): 149–168.

[166] GELLER D, BAMBERGER P. Bringing Avoidance and Anxiety to the Job: Attachment Style and Instrumental Helping Behavior among Co–workers [J] . Human Relations, 2009, 62 (12): 1803–1827.

[167] GEORGE C, WEST M. The Development and Preliminary Validation of a New Measure of Adult Attachment: The Adult Attachment Projective [J] . Attachment & Human Development, 2001, 3 (1): 30–61.

[168] GIBSON O R, LAFORNARA P. Collective Legitimacy and Organizational Attachment: A Longitudinal Case Study of School Personnel Absences [J] . Attendance Patterns, 1972: 1–21.

[169] GILLATH O, GIESBRECHT B, SHAVER P R. Attachment, Attention, and Cognitive Control: Attachment Style and Performance on General Attention Tasks [J] . Journal of Experimental Social Psychology, 2009, 45 (4): 647–654.

[170] GOLEMAN D, BOYATZIS R M, MCKEE A. The New Leaders: Transforming the Art of Leadership into the Science of Results [M] . London: Little, Brown, 2002.

[171] GONZALEZ J A, DENISI A S. Cross–level Effects of Demography and Diversity Climate on Organizational Attachment and Firm Effectiveness [J] . Journal of Organizational Behavior, 2009, 30 (1): 21–40.

[172] GONZALEZ J A, DENISI A S. Cross-level Effects of Demography and Diversity Climate on Organizational Attachment and Firm Effectiveness [J]. Journal of Organizational Behavior, 2009 (30): 21-40.

[173] GRIFFIN D, BARTHOLOMEW K. Models of the Self and Other: Fundamental Dimensions Underlying Measures of Adult Attachment [J]. Journal of Personality and Social Psychology, 1994, 67 (3): 430-445.

[174] GROSVENOR S, BOIES K. Developmental Antecedents of Leader-follower Relationships and Trust [D]. Concordia University, 2005.

[175] GROVER S L, CROOKER K J. Who Appreciates Family-responsive Human Resource Policies: The Impact of Family-friendly Policies on the Organizational Attachment of Parents and Non-parents [J]. Personnel Psychology, 1995, 48 (2): 271-288.

[176] HALABY C N, WEAKLIEM D L. Worker Control and Attachment to the Firm [J]. American Journal of Sociology, 1989: 549-591.

[177] HAQUE A, ASLAM M S. The Influence of Distributive Justice on Organizational Citizenship Behaviors: Mediating Role of Emotional Exhaustion and Organizational Attachment [J]. International Journal of Business and Social Science, 2011, 2 (15): 155-165.

[178] HARMS P D, BAI Y, HAN G H. How Leader and Follower Attachment Styles are Mediated by Trust [J]. Human Relations, 2016, 69 (9): 1853-1876.

[179] HARMS P D. Adult Attachment Styles in the Workplace [J]. Human Resource anagement Review, 2011, 21 (4): 285-296.

[180] HAWKINS A C, HOWARD R A, OYEBODE J R. Stress and Coping in Hospice Nursing Staff: The Impact of Attachment Styles [J]. Psycho Oncology, 2007, 16 (6): 563-572.

[181] HAZAN C, SHAVER P R. Love and Work: An Attachment-Theoretical Perspective [J]. Journal of Personality and Social Psychology, 1990, 59 (2): 270-280.

[182] HAZAN C, SHAVER P R. Romantic Love Conceptualized as an Attachment Process [J]. Journal of Personality and Social Psychology, 1987, 52(3): 511-524.

[183] HINOJOSA A S, MCCAULEY D K, RANDOLPH-SENG B, et al. Leader and Follower Attachment Styles: Implications for Authentic Leader - Follower Relationships [J]. The Leadership Quarterly, 2014, 25 (3): 595 - 610.

[184] HU L T, BENTLER P M. Fit Indices in Covariance Structure Modeling: Sensitivity to Under-parametrized Model Misspecification [J]. Psychological Methods, 1998, 3(4): 424-453.

[185] HUDSON D L. Attachment Theory and Leader-follower Relationships [J]. The Psychologist-Manager Journal, 2013, 16 (3): 147-159.

[186] IJZENDOORN M H, WOLFF M S. In Search of the Absent Father-Meta-Analyses of Infant-Father Attachment: A Rejoinder to Our Discussants [J]. Child Development, 1997, 68 (4): 604-609.

[187] JALLALMANESH S, NAEINI S M K, HEIDARPOUR A. The Relationship between Attachment Styles, Stress and Job Burnout among Iran Health Insurance Organization Staff in Isfahan, Iran [J]. European Online Journal of Natural and Social Sciences: Proceedings, 2015, 4 (1): 2328-2332.

[188] JOHNSTON M A. Delegation and Organizational Structure in Small Businesses Influences of Manager' s Attachment Patterns [J]. Group & Organization Management, 2000, 25 (1): 4-21.

[189] JOPLIN J R, NELSON D L, QUICK J C. Attachment Behavior and Health: Relationships at Work and Home [J]. Journal of Organizational Behavior, 1999, 20 (6): 783-796.

[190] JULIE R, SHAVER P R. Continuity of Attachment across the Life Span [J]. Attachment in Adults, 1994: 31-71.

[191] KAFETSIOS K, ATHANASIADOU M, DIMOU N. Leaders' and Subordinates' Attachment Orientations, Emotion Regulation Capabilities and Affect at Work: A multilevel Analysis [J]. The Leadership Quarterly, 2014, 25 (3): 512-527.

[192] KASHEFI M. Racial Differences on Organizational Attachment? Structural Explanation of Attitude Differences between White and African American Employees [J]. Journal of

Black Studies, 2004, 34（5）: 702–718.

[193] KELLER T, CACIOPPE R. Leader–follower Attachments: Understanding Parental Images at Work [J]. Leadership & Organization Development Journal, 2001, 22（2）: 70–75.

[194] KELLER T. Parental Images as a Guide to Leadership Sensemaking: An Attachment Perspective on Implicit Leadership Theories [J]. The Leadership Quarterly, 2003, 14（2）: 141–160.

[195] KELLER T. The Construction of a Transformational Leader: Follower Attachment and Leadership Perceptions [J]. Journal of Applied Social Psychology, 2012, 42（6）: 1533–1549.

[196] KELVIN P T L. Re–examining the Leader–follower Relationship and Supportive Leadership: the Role of the Leader as Attachment Figure [D]. National University of Singapore, 2009: 19–24.

[197] KOBAK R R, SCEERY A. Attachment in Late Adolescence: Working Models, Affect Regulation, and Representations of Self and Others [J]. Child Development, 1988, 59（1）: 135–146.

[198] KRAUSZ M, BIZMAN A, BRASLAVSKY D. Effects of Attachment Style on Preferences for and Satisfaction with Different Employment Contracts: An Exploratory Study [J]. Journal of Business and Psychology, 2001, 16（2）: 299–316.

[199] KWAN V S, BOND M H, SINGELIS T M. Pancultural Explanations for Life Satisfaction: Adding Relationship Harmony to Self–esteem [J]. Journal of Personality & Social Psychology, 1997, 73（5）: 1038.

[200] LEE K, ALLEN N J. Organizational Citizenship Behavior and Workplace Deviance: The Role of Affect and Cognitions [J]. Journal of Applied Psychology, 2002, 87（1）: 131–142.

[201] LEITER M P, DAY A, PRICE L. Attachment Styles at Work: Measurement, Collegial Relationships, and Burnout [J]. Burnout Research, 2015, 2（1）: 25–35.

[202] LIDEN R C, BAUER T N, ERDOGAN B. The Role of Leader–member Exchange in

the Dynamic Relationship between Employer and Employee: Implications for Employee Socialization, Leaders and Organizations [J] . The Employment Relationship: Examining Psychological and Contextual Prespectives, 2004: 226–250.

[203] LIEBERMAN A F, WESTON D R, PAWL J H. Preventive Intervention and Outcome with Anxiously Attached Dyads [J] . Child Development, 1991, 62 (1): 199–209.

[204] LITTLE L M, NELSON D L, WALLACE J C, et al. Integrating Attachment Style, Vigor at Work, and Extra–role Performance [J] . Journal of Organizational Behavior, 2011, 32 (3), 464–484.

[205] LITTMAN–OVADIA H L, OREN L, LAVY S. Attachment and Autonomy in the Workplace: New Insights [J] . Journal of Career Assessment, 2013: 1–17.

[206] MANOJ M, ZAKKARIYA K A. Perceptions about Organizations and Organizational Attachment [J] . Pezzottaite Journals, 2015, 4 (2): 1714–1718.

[207] MAYSELESS O, POPPER M. Reliance on Leaders and Social Institutions: An Attachment Perspective [J] . Attachment & Human Development, 2007, 9 (1): 73–93.

[208] MAYSELESS O. Attachment and the Leader–follower Relationship [J] . Journal of Social and Personal Relationships, 2010, 27 (2): 271–280.

[209] MIKULINCER M, FLORIAN V. Appraisal of and Coping with a Real–life Stressful Situation: The Contribution of Attachment Styles [J] . Personality and Social Psychology, 1995, 21 (4): 406–414.

[210] MIKULINCER M, SHAVER P R. Attachment Security, Compassion, and Altruism [J] . American Psychological Society, 2005, 14 (1): 34–38.

[211] MIKULINCER M, SHAVER P R. Boosting Attachment Security to Promote Mental Health, Prosocial Values, and Inter–group Tolerance [J] . Psychological Inquiry, 2007, 18 (3): 139–156.

[212] MISCIAGNA M A. Measuring Workplace Attachment as the Relationship between Individuals and the Social Institutions for Which They Work [D] . The George Washington University, 2005.

[213] MOLERO F, MORIANO J A, SHAVER P R. The Influence of Leadership Style on

Subordinates' Attachment to the Leader [J] .The Spanish Journal of Psychology, 2013, 16 (E62) : 1-10.

[214] NEUSTADT E A, CHAMORRO-PREMUZIC T, FURNHAM A. Attachment at Work and Performance [J] . Attachment & Human Development, 2011, 13 (5) : 471-488.

[215] NEUSTADT E A, CHAMORRO-PREMUZIC T, FURNHAM A. The Relationship between Personality Traits, Self-esteem, and Attachment at Work [J] . Journal of Individual Differences, 2006, 27 (4) : 208-217.

[216] NICKERSON A B, NAGLE R J. The Influence of Parent and Peer Attachments on Life Satisfaction in Middle Childhood and Early Adolescence [J] . Social Indicators Research, 2004, 66 (1-2) : 35-60.

[217] NIEDENTHAL P M, BRAUER M, ROBIN L, et al. Adult Attachment and the Perception of Facial Expression of Emotion [J] . Journal of Personality and Social Psychology, 2002 (82) : 419-433.

[218] NING H Y, ZHOU M J, LU Q, et al. Exploring Relationship between Authority Leadership and Organizational Citizenship Behavior in China: The Role of Collectivism [J] . Chinese Management Studies, 2012, 6 (2) : 231-244.

[219] NOFTLE E E, SHAVER P R. Attachment Dimensions and the Big Five Personality Traits: Associations and Comparative Ability to Predict Relationship Quality [J] . Journal of Research in Personality, 2006, 40 (2) : 179-208.

[220] ORGAN D W. Organizational Citizenship Behavior: The Good Soldier Syndrome [M] . Lexington, 1988.

[221] PARK L E, CROCKER J, MICKELSON K D. Attachment Styles and Contingencies of Self-worth [J] . Personality and Social Psychology, 2004, 30 (10) : 1243-1254.

[222] PELLED L H, HILL K D. Employee Work Values and Organizational Attachment in North Mexican Maquiladoras [J] . International Journal of Human Resource Management, 1997, 8 (4) : 495-505.

[223] PICARDI A, CAROPPO E, TONI A, et al. Stability of Attachment-related Anxiety and Avoidance and Their Relationships with the Five-factor Model and the Psychobiological

Model of Personality [J] . Psychology and Psychotherapy: Theory, Research and Practice, 2005, 78 (3): 327–345.

[224] PINES A M. Adult Attachment Styles and Their Relationship to Burnout: A Preliminary, Cross–Cultural Investigation [J] . Work & Stress, 2004, 18 (1): 66–80.

[225] PODSAKOFF P M, MACKENZIE S B, PAINE J B, et al. Organizational Citizenship Behaviors: A Critical Review of the Theoretical and Empirical Literature and Suggestions for Future Research [J] . Journal of Management: Official Journal of the Southern Management Association, 2000, 26 (3): 513–563.

[226] PODSAKOFF P M, ORGAN D W. Self–Reports in Organizational Research: Problems and Prospects [J] . Journal of Management: Official Journal of the Southern Management Association, 1986, 12 (4): 531–544.

[227] POPPER M, AMIT K, GAL R, et al. The Capacity to Lead: Major Psychological Differences between Leaders and Non–leaders [J]. Military Psychology, 2004, 16(4): 245–263.

[228] POPPER M, MAYSELESS O, CASTELNOVO O. Transformational Leadership and Attachment [J] . The Leadership Quarterly, 2000, 11 (2): 267–289.

[229] POPPER M, MAYSELESS O. Back to Basics: Applying a Parenting Perspective to Transformational Leadership [J] . The Leadership Quarterly, 2003, 14 (1): 41–65.

[230] POPPER M. Narcissism and Attachment Patterns of Personalized and Socialized Charismatic Leaders [J] . Journal of Social and Personal Relationships, 2002, 19 (6): 797–809.

[231] PRONE M R. Interpersonal Conflict at Work and Psychological Outcomes: Testing a Model among Young Workers [J] . Journal of Occupational Health Psychology, 2000, 5 (2): 246–255.

[232] RAHIMNIA F, SHARIFIRAD M S. Authentic Leadership and Employee Well–Being: the Mediating Role of Attachment Insecurity [J] . Journal of Business Ethics, 2015, 132 (2): 363–377.

[233] RAVITZ P, MAUNDER R, HUNTER J, et al. Adult Attachment Measures: A 25–Year

Review [J] . Journal of Psychosomatic Research, 2010, 69 (4): 419–432.

[234] REIZER A. Influence of Employees' Attachment Styles on Their Life Satisfaction as Mediated by Job Satisfaction and Burnout [J] . The Journal of Psychology, 2014, 00 (00): 1–22.

[235] RICHARDS D A, SCHAT A C. Attachment At (not to) Work: Applying Attachment Theory to Explain Individual Behavior in Organizations [J] . Journal of Applied Psychology, 2011, 96 (1): 169–182.

[236] RIOUX L. Workplace Attachment and Request for Professional Transfer. Study on a Population of French Employees [J] . Bulletin of the Transilvania University of Brasov, 2011, 4 (53): 91–96.

[237] ROM E, MIKULINCER M. Attachment Theory and Group Processes: The Association between Attachment Style and Group-related Representations, Goals, Memories, and Functioning [J] . Journal of Personality and Social Psychology, 2003 (84): 1220–1235.

[238] RONEN S, BALDWIN M W. Hypersensitivity to Social Rejection and Perceived Stress as Mediators between Attachment Anxiety and Future Burnout: A Prospective Analysis [J] . Applied Psychology, 2010, 59 (3): 380–403.

[239] RONEN S, MIKULINCER M. Attachment Orientations and Job Burnout: The Mediating Roles of Team Cohesion and Organizational Fairness [J] . Journal of Social and Personal Relationships, 2009, 26 (4): 549–567.

[240] RONEN S, MIKULINCER M. Predicting Employees' Satisfaction and Burnout from Managers' Attachment and Caregiving Orientations [J] . European Journal of Work and Organizational Psychology, 2012, 21 (6): 828–849.

[241] RONEN S, ZUROFF D. Performance, Promotion, and Social Acceptance: The Role of Attachment and Social Rank Behaviors [C] . Montreal: The Annual Meeting of the Academy of Management, 2010.

[242] ROSS L R, SPINNER B. General and Specific Attachment Representations in Adulthood: Is There a Relationship? [J] . Journal of Social and Personal Relationships,

2001, 18 (6): 47–766.

[243] SABAG D H, ASHTON E. Prosocial Tendencies in Organizations: The Role of Attachment Styles and Organizational Justice in Shaping Organizational Citizenship Behavior [J]. International Journal of Organizational Analysis, 2006 (14): 22–42.

[244] SAHU S, PATHARDIKAR A D. Job Cognition and Justice Influencing Organizational Attachment: An Assessment through SEM [J]. SAGE Open, 2014, 4 (1): 1–12.

[245] SCHAUBROECK J. Pay Status Hierarchy and Organizational Attachment [J]. Journal of Economic Psychology, 1996, 17 (5): 579–589.

[246] SCHRIESHEIM C, TSUI A S. Development and Validation of a Short Satisfaction Instrument for Use in Survey Feedback Interventions [C]. Western Academy of Management Meeting, 1980: 115–17.

[247] SCHUSTERSCHITZ C, GESER W, NÖHAMMER E, et al. Securely Attached, Strongly Committed? On the Influence of Attachment Orientations on Organizational Commitment [J]. Zeitschrift für Personalforschung (ZfP), 2011, 25 (4): 335–355.

[248] SHAMIR B, ZAKAY E, BREININ E, et al. Correlates of Charismatic Leader Behavior in Military Units: Subordinates' Attitudes, Unit Characteristics, and Superiors' Appraisals of Leader Performance [J]. Academy of Management Journal, 1998, 41 (4): 387–409.

[249] SHAVER P R, BRENNAN K A. Attachment Style and the "Big Five" Personality Traits: Their Connections with each other and with Romantic Relationship Outcomes [J]. Personality and Social Psychology Bulletin, 1992, 18 (5): 536–545.

[250] SHEER V C. In Search of Paternalistic Leadership: Conflicting Evidence from Samples of Mainland China and Hongkong's Small Family Businesses [J]. Management Communication Quarterly, 2012, 27 (1): 34–60.

[251] SHEER V C. Transformational and Paternalistic Leadership in Chinese Organizations: Construct, Predicative and Ecological Validities Compared in a Hongkong Sample [J]. Intercultural Communication Studies, 2010 (19): 120–141.

[252] SIMMONS B L, GOOTY J, NELSON D L, et al. Secure Attachment: Implications for

Hope, Trust, Burnout, and Performance [J] . Journal of Organizational Behavior, 2009, 30 (2): 233–247.

[253] SIMPSON J A, RHOLES W S, PHILLIPS D. Conflict in Close Relationships: An Attachment Perspective [J] . Journal of Personality and Social Psychology, 1996, 71 (5), 899–914.

[254] SMITH E R, MURPHY J, COATS S. Attachment to Groups: Theory and Management [J] . Journal of Personality and Social Psychology, 1999, 77 (1): 94–110.

[255] SPECTOR P E, JEX S M. Development of Four Self-report Measures of Job Stressors and Strain: Interpersonal Conflict at Work Scale, Organizational Constraints Scale, Quantitative Workload Inventory, and Physical Symptoms Inventory [J] . Journal of Occupational Health Psychology, 1998, 3 (4): 356–367.

[256] ST CLAIR L. Organizational Attachment: Exploring the Psychodynamics of the Employment Relationship [J] . Management Working Papers, 2008 (1): 8.

[257] STAINBACK K, IRVIN M. Workplace Racial Composition, Perceived Discrimination, and Organizational Attachment [J] . Social Science Research, 2012, 41 (3): 657–670.

[258] STROH L K, BRETT J M. A Decade of Change: Managers' Attachment to their Organizations and their Jobs [J] . Human Resource Management, 1994, 33 (4): 531–548.

[259] THOMPSON C A, LAURA L B, KAREN S L. When Work-family Benefits are not Enough: The Influence of Work-Family Culture on Benefit Utilization, Organizational Attachment, and Work-Family Conflict [J] . Journal of Vocational Behavior, 1999, 54 (3): 392–415.

[260] TOWLER A. Charismatic Leadership Development: Role of Parental Attachment Style and Parental Psychological Control [J] . Journal of Leadership & Organizational Studies, 2005, 11 (4): 15–25.

[261] TSUI A S, EGAN T D, O' REILLY Ⅲ C A. Being Different: Relational Demography and Organizational Attachment [J] . Administrative Science Quarterly, 1991 (37):

549–579.

[262] TUCKER J S, SINCLAIR R R, THOMAS J L. The Multilevel Effects of Occupational Stressors on Soldiers' Well–being, Organizational Attachment, and Readiness [J] . Journal of Occupational Health Psychology, 2005, 10 (3): 276–299.

[263] UNDERWOOD R. Attachment Style, Leadership Behavior, and Perceptions of Leader Effectiveness in Academic Management [D] . Walden University, 2015.

[264] VAN IJZENDOORN M H, KROONENBERG P M. Cross–cultural Patterns of Attachment: A Meta–analysis of the Strange Situation [J] . Child Development, 1988 (59): 147–156.

[265] VAN OLFFEN W, DE CREMER D. Who Cares About Organizational Justice? How Personality Moderates the Effects of Perceived Fairness on Organizational Attachment [J] . European Journal of Work and Organizational Psychology, 2007, 16 (4): 386–406.

[266] VANHEULE S, BURNOUT D F. Adult Attachment and Critical Incidents: A Study of Security Guards [J] . Personality and Individual Differences, 2008, 46 (3): 374–376.

[267] VECCHIO R P. The Influence of Employment Screening on Employee Attachment [J] . Employee Responsibilities and Rights Journal, 1996, 9 (2): 119–129.

[268] VELDSMANA D, COETZEEB M. People Performance Enablers in Relation to Employees' Psychological Attachment to the Organisation [J] . Journal of Psychology in Africa, 2014, 24 (6): 480–486.

[269] VENKATARAMANI V, LABIANCA G J, GROSSER T. Positive and Negative Workplace Relationships, Social Satisfaction, and Organizational Attachment [J] . Journal of Applied Psychology, 2013, 98 (6): 1028–1039.

[270] WANG A C, CHENG B S. When Does Benevolent Leadership Lead to Creativity? The Moderating Role of Creative Role Identity and Job Autonomy [J] . Journal of Organization Behavior, 2010 (31): 106–121.

[271] WANG D, TSUI A S, ZHANG Y, et al. Employment Relationships and Firm

Performance: Evidence from an Emerging Economy [J] . Journal of Organizational Behavior, 2003, 24 (5): 511–535.

[272] WEISS H M, CROPANZANO R. Affective Events Theory: A Theoretical Discussion of the Structure, Causes and Consequences of Affective Experiences at Work [J] . Research in Organizational Behavior, 1996, 18 (3): 1–74.

[273] WEST A L. Associations among Attachment Style, Burnout, and Compassion Fatigue in Health and Human Service Workers: A Systematic Review [J] . Journal of Human Behavior in the Social Environment, 2015, 25 (6): 571–590.

[274] WILKINSON P B, KRALJEVIC M. Adolescent Psychological Health and School Attitudes: The Impact of Attachment Relationships [C] . Proceedings of the Australian Psychological Society' s Psychology of Relationships Interest Group 4th Annual Conference, 2004: 150–155.

[275] WU C H, PARKER S K. The Role of Leader Support in Facilitating Proactive Work Behavior: A Perspective from Attachment Theory [J] . Journal of Management, 2014: 1–56.

[276] WU M. Moral Leadership and Work Performance: Testing the Mediating and Interaction Effects in China [J] . Chinese Management Studies, 2012, 6 (2): 284–299.

[277] WU T, et al. Family Supportive Culture, Work–Life Segmentation and Employee' s Organizational Attachment: The Case of High–Tech Industry in Taiwan [J] . Frontiers of Business Research in China, 2011, 5 (1): 79–95.

[278] YANAI A M, PINES A M. When the Unconscious Chooses an Occupation [Original in Hebrew][J] . Man and Work, 2000 (10): 8–30.

· 附录 1 ·
组织依恋访谈提纲

一、开场

您好！我是 ×××，首先感谢您对我的信任和对本研究的支持！本次访谈的内容主要是了解您对所在组织的关系现状的描述和感受，您按真实情况回答就好。本次访谈内容会严格保密，仅用于科研用途，感谢您的支持！

二、正式访谈

(一) 请简要介绍一下您的基本情况，包括年龄、学历、司龄、工作经历、工作职责、行业等；

(二) 当初出于什么样的考虑进入现在的公司？

(三) 在工作中，有没有遇到让您印象比较深刻的困难、挫折或者挑战？您是怎样处理的？公司的反应如何？请举例。

(四) 公司是否会鼓励您进行工作探索和创新？请举例。

(五) 您是否信赖现在的公司？公司是否也信赖您？请举例。

(六) 您如何评估当前自己与公司的关系？（亲疏 / 远近）

(七) 如果有一天您要离开所在的公司，您内心有什么样的感受？为什么？

·附录 2·

调查问卷

尊敬的女士 / 先生：

您好！

非常感谢您抽出宝贵的时间参与我们的调研，这是一个国家自然科学基金资助的科研项目，目的是研究影响员工组织关系的因素及其对员工态度和行为的影响。请根据您的实际情况如实填答，每个问题只有一个答案，通常您的第一印象是最准确的。我们采用的是匿名调查，您选答的问卷将与几百份问卷合并用于统计分析，您的填写内容会严格保密，请您放心。

本调查问卷中写的“公司”，如果您工作单位是事业单位或政府，请把“公司”当成您所在的单位进行填写。问卷双面打印，敬请留意。

衷心感谢您对本研究的支持！

第一部分：您对所在公司以及您的直接上级的看法。1 ～ 6 表示所描述情况与您实际情况的符合程度，分值越大表示越符合。各选项数字代表的含义是：**1= 非常不符合；2= 比较不符合；3= 有些不符合；4= 有些符合；5= 比较符合；6= 非常符合**，请在 1 ～ 6 中选择您认为最贴近您真实情况的数字，并打“√”。

	非常不符合 ←→ 非常符合					
A1 公司重视我在职业上的发展	1	2	3	4	5	6
A2 公司培训我在未来事业发展上所需的知识和技能	1	2	3	4	5	6
A3 公司关心我对工作的总体满意度	1	2	3	4	5	6
A4 公司对我很公平	1	2	3	4	5	6
A5 公司创造条件让我充分发挥聪明才智	1	2	3	4	5	6
A6 公司认真地研究处理我提出的工作建议和意见	1	2	3	4	5	6
A7 公司在职责范围内充分授权	1	2	3	4	5	6
A8 公司鼓励我积极参与整个公司的经营决策	1	2	3	4	5	6
A9 公司重视我对有关公司整体决策的反馈意见	1	2	3	4	5	6
A10 公司尊重我的个人尊严	1	2	3	4	5	6
A11 公司提供较好的健康和医疗保险	1	2	3	4	5	6
A12 公司提供外出工作、学习和娱乐的机会	1	2	3	4	5	6
A13 公司提供优厚的住房补贴	1	2	3	4	5	6
A14 公司提供有竞争力的工资	1	2	3	4	5	6
A15 公司提供有竞争力的奖金	1	2	3	4	5	6
B1 领导关心我个人的生活与起居	1	2	3	4	5	6
B2 领导平常会向我嘘寒问暖	1	2	3	4	5	6
B3 我有急难时，领导会及时向我伸出援手	1	2	3	4	5	6
B4 对相处较久的下属，领导会给予无微不至的照顾	1	2	3	4	5	6
B5 领导对我的照顾会扩及我的家人	1	2	3	4	5	6
B6 领导为人正派，不会假公济私	1	2	3	4	5	6
B7 领导对待我公正无私	1	2	3	4	5	6

B8 领导不会因个人的利益去拉关系、走后门	1	2	3	4	5	6
B9 领导是我做人做事的好榜样	1	2	3	4	5	6
B10 领导能够以身作则	1	2	3	4	5	6
B11 领导不把信息透露给我	1	2	3	4	5	6
B12 本部门大小事情都由领导独自决定	1	2	3	4	5	6
B13 开会时，都照领导的意思作最后的决定	1	2	3	4	5	6
B14 与领导一起工作时，他（她）带给我很大的压力	1	2	3	4	5	6
B15 当任务无法达成时，领导会斥责我	1	2	3	4	5	6

第二部分：您对同事间人际关系的感知。1～6表示所描述情况与您实际情况的符合程度，分值越大表示越符合。各选项数字代表的含义是：**1=非常不符合；2=比较不符合；3=有些不符合；4=有些符合；5=比较符合；6=非常符合**，请在1～6中选择您认为最贴近您真实情况的数字，并打“√”。

C1 我与同事们能够互相理解	1	2	3	4	5	6
C2 我与同事们在工作中相互支持与配合	1	2	3	4	5	6
C3 我与同事们在工作中能够充分考虑对方的利益	1	2	3	4	5	6
C4 在工作中，我与同事们能够互相尊重对方的意见	1	2	3	4	5	6
C5 对工作中的问题，我与同事们能充分沟通	1	2	3	4	5	6
C6 我与同事们的性格很相似	1	2	3	4	5	6
C7 我与同事们有共同的兴趣	1	2	3	4	5	6
C8 我与同事们互相信任对方	1	2	3	4	5	6
C9 我们总是考虑他人的兴趣	1	2	3	4	5	6

第三部分：您对所在公司或单位的感受。1～6表示所描述情况与您实际情况的符合程度，分值越大表示越符合。各选项数字代表的含义是：**1=非常不符合；2=比较不符合；3=有些不符合；4=有些符合；5=比较符合；6=非常符合**，请在1～6中选择您认为最贴近您真实情况的数字，并打“√”。

D1 工作中出现问题时，我能从公司得到帮助	1 2 3 4 5 6
D2 如果知道我受到不公正的批评，公司会为我主持公道	1 2 3 4 5 6
D3 公司领导会倾听我谈工作上的压力	1 2 3 4 5 6
D4 公司会原谅我的无心之过	1 2 3 4 5 6
D5 当我工作遇到挑战时会向公司寻求帮助	1 2 3 4 5 6
D6 当我难以抉择时，我会寻求公司的帮助	1 2 3 4 5 6
D7 在我遇到挫折时，我相信公司会提供鼓励和支持	1 2 3 4 5 6
D8 公司鼓励我对工作进行创新	1 2 3 4 5 6
D9 有时候我后悔成为公司的一员	1 2 3 4 5 6
D10 对我来说，从现在的公司离职是很困难的	1 2 3 4 5 6
D11 当我离职时，由于切断了与公司的联系我会感到痛苦	1 2 3 4 5 6
D12 如果可以，我打算换另一家公司就职	1 2 3 4 5 6
D13 即使另一家公司提供更高的薪水，我也不会离开现在的公司	1 2 3 4 5 6
D14 假如我不得不暂时离开，我仍然希望今后能继续在这家公司工作	1 2 3 4 5 6
D15 如果我决定尝试不同的工作，我会首先看本公司有没有空缺	1 2 3 4 5 6

第四部分：您在工作中的态度和行为。1 ～ 6 表示所描述情况与您实际情况的符合程度，分值越大表示越符合。各选项数字代表的含义是：**1= 非常不符合；2= 比较不符合；3= 有些不符合；4= 有些符合；5= 比较符合；6= 非常符合**，请在 1 ～ 6 中选择您认为最贴近您真实情况的数字，并打“√”。

E1 我对所从事工作的性质感到满意	1 2 3 4 5 6
E2 我对我的上司感到满意	1 2 3 4 5 6
E3 我对我的同事感到满意	1 2 3 4 5 6
E4 我对我的工作收入感到满意	1 2 3 4 5 6
E5 我对公司中能获得的晋升机会感到满意	1 2 3 4 5 6
E6 考虑到工作的各个方面，我对当前的工作处境感到满意	1 2 3 4 5 6
F1 在没有被要求的情况下，我主动帮助新同事适应工作环境	1 2 3 4 5 6
F2 我常牺牲自己的时间，帮助同事解决与工作相关的问题	1 2 3 4 5 6

F3 在需要的时候，我会分担同事的工作任务	1	2	3	4	5	6
F4 我常常协调同事关系，并与之交流	1	2	3	4	5	6
F5 我对同事表示真诚的关注和殷切的关怀	1	2	3	4	5	6
F6 我常常帮助承担缺勤同事的工作	1	2	3	4	5	6
F7 我会调整自己的工作计划以配合其他人的时间安排	1	2	3	4	5	6
F8 我将帮助他人视为自己的责任	1	2	3	4	5	6
F9 我会承担非必须但对树立公司形象有重要影响的职责	1	2	3	4	5	6
F10 我能跟上公司的变革与发展	1	2	3	4	5	6
F11 当有人抨击自己所在的公司时，我会竭力维护公司	1	2	3	4	5	6
F12 我以在公共场合能代表公司为荣	1	2	3	4	5	6
F13 我常提出改善公司运作情况的积极建议	1	2	3	4	5	6
F14 我忠诚地对待自己所在的公司	1	2	3	4	5	6
F15 我关心公司的形象	1	2	3	4	5	6
F16 我渴望将公司的好消息告诉他人以澄清其对公司的误会	1	2	3	4	5	6

第五部分：以下三段内容分别描述了**您与公司互动的三种类型**，请仔细阅读每条描述，并按照您认为**每项描述与实际情况相对应的程度**，对它们**每一项**分别进行评分，在下面的表格中**圈出**相应的数字（1～6）。

类型 A：我与公司积极互动，对于我的需求，公司会支持并以前后一致的方式进行回应，我感到公司是可靠和值得信赖的，我也会以公司期待的行为回馈给公司（如：会在办公室待更长的时间，做更多的工作）

类型 B：我与公司消极互动，我的需求得不到公司的回应，我感到公司是不可靠和不值得信赖的，我会用对抗的行为以减轻对公司缺少回应的失望（如：回避工作，而且不愿意待在办公室）

类型 C：公司对我的回应并不总是一致的，有时候但并不经常会回应我的需求，对于我的需求，公司是不可预测、不确定且没有规律的，我因为不清楚公司的反应而既表现出对公司的依恋又表现出对公司的对抗（如：会在办公室待更长的时间，但却回避工作）

	非常不符合	比较不符合	有些不符合	有些符合	比较符合	非常符合
类型 A	1	2	3	4	5	6
类型 B	1	2	3	4	5	6
类型 C	1	2	3	4	5	6

第六部分：您的**基本情况**。请在符合的选项上打“√”，如果需要填答，请在横线上写明。

1. 您的**性别**是：

A. 男　　B. 女

2. 您的**出生年份**是：________年

3. 您目前的**户籍所在地**是：

A. 农村　　B. 城镇

4. 您的**学历**是：

A. 高中或中专及以下　　B. 大专　　C. 本科　　D. 研究生

5. 您的**职位**是：

A. 普通员工

B. 基层管理或基层专业技术人员

C. 中层管理或中层专业技术人员

D. 高层管理或高层专业技术人员

6. 您所在公司的**性质**是：

A. 国有或国有控股公司　　B. 民营或民营控股公司

C. 外资或外资控股公司　　D. 事业单位　　E. 其他(______)

7. 您所在公司的**行业**是：

A. IT/ 通信 / 医药生化 / 高新技术等

B. 制造 / 建筑 / 房地产 / 工程采掘等

C. 餐饮 / 娱乐 / 旅游等服务业

D. 银行 / 保险 / 投资 / 证券等金融业

E. 咨询 / 设计 / 策划 / 创意等

F. 商贸 / 物流 / 运输

G. 其他(______)

8. 您在本公司的**工作年限**是：

A. 不到 1 年　B. 1 ～ 3 年　　C. 3 ～ 5 年

D. 5 ～ 10 年　　E. 10 年以上

9. 您与公司的**劳动关系**是：

A. 无固定期限劳动合同

B. 5 年及以上劳动合同

C .3 ～ 5 年劳动合同

D. 3 年以下劳动合同

E. 劳务派遣或外包

F. 其他(______)

10. 您是否是所在单位的**工会会员**：

A. 是　　B. 否

问卷到此结束，请再次检查问卷**是否全部填答**，谢谢您的支持！

后 记

• POSTSCRIPT •

本书是基于我这4年的研究整理而来的，值此书稿付梓之际，我要向我的博士生导师陈维政教授表示深深的感谢，感谢他的指导和无私的帮助。我刚进校的时候，对如何作研究缺乏概念和认识，是在陈老师一次又一次地指导下，才终于将第一篇“惨不忍睹”的文章改得“像模像样”，并成功被接收。后面写的文章导师也是呕心沥血，反复斟酌和修改，文章上面标注的不同颜色，就是导师付出的直接证明；隔周一次的研讨课绝对是一场思想的盛宴，陈老师敏捷的思维和严密的逻辑，以及对我们批判性思维的训练让我获益匪浅；还有老师提供机会让我做他MBA和EMBA课堂的助教，老师幽默风趣的授课风格加上理论与实践的结合，使课堂既生动又深入，也让我与实业界的同学有了接触，而不光是在“象牙塔”里想当然地作研究；为了让我们走进企业、了解管理实践中存在的问题，陈老师还带着我们去企业调研，和企业管理者交谈，解决实际的管理问题。此外，导师还赞助我们参加国际和国内的学术会议，鼓励我们在会上报告和发言，拓展我们的学术视野。尤其让我感恩的是，陈老师不仅在学术上给予我耐心的指导，还关心我的生活和未来的发展，是老师的付出和指导激发了我对学术研究的兴趣和热情，是老师的关怀和帮助让我切身体会到一名好的老师是如何教书育人的。老师身上正直、真诚、严谨、细致的品质让我心生敬仰，并将鼓舞我不断完善和精进。

感谢四川大学提供了良好的学习条件和优美的校园环境。每天中午，我都习惯在校园里走一走，看着校园从春天的生机勃发到冬天的静谧祥和。四载光阴，学校的一草一木、一砖一瓦似乎也是我成长岁月的见证。感谢川大商学院徐玖平教授、谢晋宇教授、揭筱纹教授、任佩瑜教授、贺昌政教授、毛道维教授、刘莘教授、王元地教授等，你们的讲授以及与你们的交流，拓展了我的学术视野，也让我加深了对管理理论和研究方法的认识和体会。

感谢同门的师兄、师姐、师弟和师妹们，大家有缘相聚在一起，就像兄弟姐妹一样坦诚相待，真诚帮助，我特别珍惜这份同门情谊。感谢我的家人对我无条件的理解和支持。从读研到读博，七年时光，我的爱人支撑着整个家，并且把很大部分收入用于我的学习和生活；当我研究没有进展的时候，他也一如既往地相信我，不给我额外的压力，反而开导我，让我学会耐心和坚持；当我取得了一些进步的时候，爱人总是为我感到高兴和庆贺。在我求学的过程中能够有他如此付出和支持，我感到幸福和感动，并且更懂得珍惜和付出的意义。

另外，我还要感谢西华大学管理学院的各位领导和同事们，在这样一个温暖的大家庭里，大家的关心和帮助使我迅速适应了这里的生活，让我的内心时常充满感动。

陈玉玲

2020 年 3 月于成都